KB200389

날기새 : 힘든 세상에서 천국 살기

날마다
기막힌
새벽 1

김동호 지음

날기새

힘든 세상에서 천국 살기

규장

I.

2019년 4월 15일 암이 발견되었다. 그날부터 나는 생각지도 못했던 암 환자가 되었다. 당황스러웠다. 이곳저곳 인터넷을 뒤지며 정보를 수집하기 시작했다. 그러면 그럴수록 당황스러움과 불안함은 점점 더 커져만 갔다.

2.

나름 참 치열한 목회를 했다. 힘들었다. 죽을 만큼 힘들었었다. 그런데 새벽기도회가 날 살렸다. 새벽기도회가 그렇게 좋을 수가 없었다. 새벽기도회 때 설교하기 위하여 읽는 하루 한 장씩의 성경이 그렇게 좋을 수가 없었다. 상황이 죽을 만큼 힘들다 보니 성경이 더 잘 눈에 들어왔다. 너무 좋고 기가 막혀 '날마다 기막힌 새벽'이라 이름 붙여주었다. 은혜가 힘듦을 이겼다.

3.

온종일 암을 묵상하고 연구하고 거기 사로잡혀 불안하고 우울해지는 것이 싫고 창피했다. '날마다 기막힌 새벽'이 생각났다. 그래서 시작했다.

하루의 첫 생각과 마음을 암으로 시작하지 않고 말씀으로 시작하려고 결심했다.

4.

혼자만 하지 말고 나와 같은 처지에 있는 암 친구들과 공유하려고 칠십 나이에 유튜브 방송에 도전했다. 첫 방송은 2019년 6월 17일 막 항암을 시작했던 때였다. 항암 무섭다는 이야기는 들어 알고 있었으나 겪어보니 상상을 초월했다. 순식간에 몸무게는 20킬로그램 가까이 빠지고 두 번이나 졸도도 하고. 그래도 항복하지 않고 도전했다.

5.

호랑이에게 물려가도 정신만 차리면 산다는 옛말이 있다. 진짜 호랑이에게 물려가고 있는 상황이었다. 혼비백산. 무서움과 불안함과 우울함에 사로잡혀 정신을 잃으면 살아날 길이 없다. 특히 우리 같은 암 환자는 정신을 차려야 산다. 말씀이 정신이다. 일어나자마자 성경을 읽고, 묵상하고, 은혜받고,

찬송 한 장 눈물 찔끔 흘리며 부르고 나면 정신이 번쩍 든다. 나 살려고 시작한 일이 제법 많은 사람이 함께 사는 방송이 되었다.

6.

듣지 못하는 농아 한 분이 메시지를 보내왔다. 자기들은 듣지를 못하니 자기와 같은 농아를 위하여 방송에 자막을 붙여 달라고. 마음이 아팠다. 나로서는 쉽지 않은 작업이었다. 일주일에 하나도 어려운데 거의 매일 하는 방송에 자막을 붙인다는 건. 규장에 날기새 방송을 풀어서 책으로 내 달라고 부탁을 했다. 보통 힘든 작업이 아닌데, 요즘처럼 책 잘 안 팔리는 때엔 본전도 쉽지 않은데, 선뜻 응해주었다. 그래서 《날기새 : 힘든 세상에서 천국 살기》가 나왔다.

7.

날기새는 이제 막 일 년이 넘었다. 지금은 14만 명에 가까운 구독자들이 전 세계 50여 개국에서 듣는다. 힘든 친구들이 방송을 기다리고 방송을 듣고 위로를 받고 힘을 얻는다는 소식을 들을 때마다 당장 죽어도 원이 없는 행복을 느낀다. 그래서 육체적으로는 지옥같이 힘들었던 지난 한 해가 내게는 가장 행복한 한 해가 되고 말았다.

Great! My God! 할렐루야.

8.

디지털 시대라 영상의 파워가 만만치 않지만, 아날로그 대
표 선수라고 할 수 있는 책이, 활자가 주는 파워도 만만찮다.
내 힘든 친구들이, 힘든 삶을 살아가는 세상의 많은 친구들
이, 조용히 소파에 앉아《날기새 : 힘든 세상에서 천국 살기》
를 읽으며 자신의 고통과 불안과 우울을 이겨내고 하나님이
주시는 하늘로부터 내려오는 감당할 수 없는 평화와, 평안
과, 기쁨과, 위로를 느끼시기를 감히 꿈꾸며, 기도하며 나의
수많은 책 중에 가장 힘들게 출산한《날기새 : 힘든 세상에서
천국 살기》를 세상에 내어놓는다.

이번에도 소명감을 가지고 수고해 준 규장에게 감사드린다.

I.

암에 걸려보니 진짜 암에 '걸린' 게 맞다. 짐승이 덫에 걸리듯 사람이 암에 걸려든다. 마음도 걸리고, 생각도 걸리고, 정신도 걸린다. 신앙도 걸리고. 거기서 빠져나오지 못하고 불안하기도 하고, 염려도 하고, 걱정도 하고, 원망도 하고, 슬퍼도 하고, 좌절도 하고, 우울에 빠지기도 한다. 물론 암 환자 전부 다 그런 것은 아니지만.

2.

암이 충만해서, 온종일 암에 충만해서 꼼짝 못 하게 된다는 걸 알았다. 숨이 막히는 것을 알게 되었다.

3.

암 환자들과 보호자들의 숨이 트여야겠다는 생각이 들었다. 그러자 하나님의 숨이 생각났다. 하나님이 우리 인간을 창조하실 때 진흙으로 빚으시고 하나님의 숨을 불어넣어 주시지 않았는가. 그 숨을 성경은 생기라고 했다.

4.

지금 생각하니, 생기라는 말이 참 좋다. 살아 있는 기운, 살리는 기운. 그것이 '하나님의 숨'이었다.

5.

하나님의 영으로 하나님의 일을 해석하니 성경이 생각났다. 성경은 성령으로 기록된 하나님의 말씀 아닌가? 따라서 우리가 말씀을 통하여 날마다 은혜를 받으면 그 은혜가 영이 되고, 그 영이 충만해지면 기가 되고, 기는 생기가 되어서 암 환자에게, 불안하고 좌절에 떠는 모든 인간에게 살리는 기운이 되겠다는 생각이 들었다.

6.

평생 목회자로 살았다. 한국에서 목회자로 산다는 것은 엄청난 분량의 설교를 해야 한다는 것을 의미한다. 주일 설교, 수요기도회 설교, 새벽기도회 설교, 철야기도. 모든 설교를 주일설교 준비하듯 할 수는 없었다. 물론 그렇게 하시는 성실한 분들도 계시지만, 솔직히 나는 그러지 못했다. 그림 그리기에 빗대 표현하자면 주일설교와 수요기도회 설교는 정식

서양화나 동양화 그리듯 시간을 많이 들였다. 주석 보고 준비하며 원고를 쓰는 과정을 거쳤다. 그런데 새벽기도회 설교는 솔직히 그렇게 할 수가 없었다.

7.

그래서 말씀을 읽고 기도하고 순간순간 주시는 말씀을 주시는 대로 전했을 뿐인데, 새벽기도회가 주는 은혜는 내게 특별했다. 매일 아침 성경 한 장 읽고 한 10분 설교하는 게 너무 좋았다. 그 설교를 하기 위해 말씀을 묵상하는 게 즐거웠다. 그러면 하나님은 꼭 그날 필요한 양식거리를 주시곤 하셨다. 너무 좋아서 '날마다 기막힌 새벽'이라고 이름을 붙일 만큼 은혜가 컸다. 그 은혜가 내 삶의 토대가 되었다. 신앙과 목회와 삶의 영양분이 되었고 평생을 지탱할 만한 기둥이 되었다.

8.

나를 포함한 암 환자와 보호자들에게 그 은혜가 있다면, 그때 내가 체험했던, 내 평생의 큰 힘이 되었던 '날마다 기막힌 새벽'의 은혜가 있다면. 그렇다면 나도 살고, 암 환자들과 보호자들도 살고, 꼭 암이 아니더라도 지치고 억눌린 믿음의 동역자들이 같이 살아날 수 있지 않을까. 그렇게 유튜브 첫 방송을 시작하게 되었다. 드로잉 설교 하듯이.

9.

첫 방송은 창세기로 정했다. 그날 주시는 말씀을 함께 읽고,
하나님이 마음에 주시는 부분만 붙잡고 그 은혜를 나누는 식
으로, 꼭 드로잉하듯 날마다 주시는 하나님의 은혜를 사모하
는 마음으로. 날마다 기막힌 하나님의 은혜를 사모하며.

CONTENTS

힘든 세상,
하나님 뜻대로 살기

태초에 하나님이 천지를 창조하셨다

창세기 1:1-10

1 태초에 하나님이 천지를 창조하시니라 2 땅이 혼돈하고 공허하며 흑암이 깊음 위에 있고 하나님의 영은 수면 위에 운행하시니라 3 하나님이 이르시되 빛이 있으라 하시니 빛이 있었고 4 빛이 하나님이 보시기에 좋았더라 하나님이 빛과 어둠을 나누사 5 하나님이 빛을 낮이라 부르시고 어둠을 밤이라 부르시니라 저녁이 되고 아침이 되니 이는 첫째 날이니라 6 하나님이 이르시되 물 가운데에 궁창이 있어 물과 물로 나뉘라 하시고 7 하나님이 궁창을 만드사 궁창 아래의 물과 궁창 위의 물로 나뉘게 하시니 그대로 되니라 8 하나님이 궁창을 하늘이라 부르시니라 저녁이 되고 아침이 되니 이는 둘째 날이니라 9 하나님이 이르시되 천하의 물이 한 곳으로 모이고 뭍이 드러나라 하시니 그대로 되니라 10 하나님이 뭍을 땅이라 부르시고 모인 물을 바다라 부르시니 하나님이 보시기에 좋았더라

I.

평생 예수 믿으면서 내게 힘이 되는 말씀 중 첫째는 창세기 1장 1절이다. 암이라는 어려운 상황을 만나고 보니, 그 말씀

이 더 힘이 된다. 이 말씀이 없다면 나머지 성경 66권의 모든 말씀이 성립되지 않기 때문이다. 나는 누가 뭐래도 하나님이 천지를 창조하셨다고 믿는다. 아무리 생각해도 이 기막힌 창조물들이, 이 우주의 질서가 우연히 이루어졌다고 믿어지지 않는다. 오히려 하나님의 창조가 믿어지지 않는 게 이해가 되지 않는다. 창조주 하나님이 전지전능하신 능력으로 창조한 세상이 맞다. 나는 그것이 믿어지고, 이해도 된다.

2.

성경은 하나님이 천지를 창조하실 때 말씀으로 창조하셨다고 기록한다. "하나님이 이르시되 빛이 있으라 하시니 빛이 있었고." 옛 개역한글판 성경의 표현으로는 '가라사대'이다. 하나님이 '가라사대' 하시니 창조가 이루어진 것이다.

3.

나는 말씀으로 창조하셨다는 것을 단순한 언어적인 명령으로 이해하지 않는다. 말씀은 하나님 그 자체이시기 때문이다. 요한복음에서도 "태초에 말씀이 계시니라"(요 1:1)라고 하지 않았는가.
말 속에는 생각이 있고, 마음이 있고, 가치관이 있고, 철학이 있어서, 단순한 언어가 아니라 그 사람 자체를 의미한다. 하나님의 말씀도 하나님 자체이시다. 말씀을 보면 하나님이 보인다. 말씀을 보면 하나님의 생각, 하나님의 마음, 하나님의 영, 하나님의 능력까지도 이해하게 된다.

4.

나는 예수님이 가르쳐주신 주기도문이 참 좋다. 주기도문은
짧은데, 엄청난 스케일을 가지고 있다. "나라가 임하시오며."
첫 간구부터 우주적이다. '애, 하나님나라를 통째로 달라고
해. 일용할 양식도 물론 다 주시지. 그런데 하나님은 하나님
나라를 너한테 주고 싶어 하셔'라는 예수님의 코치가 보인다.

5.

예수 믿고 사는 사람들의 궁극적인 목적은 하나님나라 아닌
가? 하나님나라가 우리에게 이루어지면 지금 우리가 겪고
있는 이런저런 문제들, 꼭 암뿐 아니라 살면서 겪는 많은 아
픔과 문제들이 더 이상 문제가 아닐 것이다.

6.

예수님은 하나님나라를 구하라고 하시면서 하나님나라를
한 문장으로 풀이해주신다.
'하나님나라가 어떤 나라인지 아니? 하나님나라는 하나님의
뜻이 이루어지는 나라야. 그러니 뜻이 하늘에서 이루어진 것
같이 땅에서도 이루어지게 해달라고 기도해. 이 땅이 혼란스
럽지만 하나님의 뜻이 이루어지면 하나님나라가 이루어지
는 거야. 네 마음속에 네 욕심과 네 뜻이 아니라 하나님의 말

씀과 하나님의 뜻이 이루어지면 하나님나라가 임하는 거야.'
나는 이 말씀이 그렇게 좋다. 이 말씀이 내 신앙의 가장 큰
토대가 되었다.

7.

내가 개척해서 목회하다가 은퇴한 교회가 '높은뜻숭의교회'
이다. 많은 사람이 '높은뜻'을 'high will'로 생각해서 '우리 교
회가 가지고 있는 사상과 철학이 너희보다 더 높아. 더 고상
한 뜻을 지닌 교회야'라고 오해하는 분들도 있었다. 하지만
전혀 아니다. 교회가 내세운 '높은뜻'은 우리의 뜻, 우리의 생
각, 우리의 철학과 방식이 아니다. 'God's Will', 하나님의 뜻
이다. 그래서 지금은 여러 교회로 분립된 '높은뜻교회'의 영
어 이름은 'God's Will Church'이다. 교회 정관에도 '우리 교
회는 하나님의 식과 법을 고집하는 교회', 다시 말해서 하나
님의 뜻과 말씀에 순종하는 교회라고 기록해놓았다.

8.

이사야서에 하나님나라에 대한 기가 막힌 시적 표현이 있다.
"그때에 이리가 어린 양과 함께 살며 표범이 어린 염소와 함
께 누우며"(사 11:6). 강한 자가 약한 자를 잡아먹고 이용하는
것이 아니라 강한 자가 약한 자를 섬기고 같이 사는 모습을
하나님나라로 표현했다. 요한계시록에 나타나는 하나님나라
도 너무 좋지만 난 이 말씀에 나타난 하나님나라가 참 좋았다.

"이는 물이 바다를 덮음같이 여호와를 아는 지식이 세상에 충만할 것임이니라"(사 11:9).

여호와를 아는 지식, 말씀을 아는 은혜가 충만하면 하나님나라가 임한다.

9.

본문에 보면 하나님이 말씀으로 창조하시기 이전의 땅이 나오는데, 한마디로 공허했다. 혼돈했고, 흑암이 깊음 위에 있었다. 공허, 혼돈, 흑암. 무엇이 생각나는가? 암에 걸렸을 때, 삶의 고난에 걸려 옴짝달싹 못 하게 되었을 때 일어나는 보편적인 현상이다. 이때 필요한 것이 하나님의 창조다.

10.

나는 목사다. 평생 성경 가지고 설교하며 살았다.

그런데 목사는 성경 다 알까? 성경을 보면 눈에 다 보일까? 그렇지 않다. 캄캄하다.

목사는 직업적으로 성경을 읽을 때 호미 하나 들고 읽는다. 안 보이니까 안타까운 마음으로 캐는 것이다. 은혜 받으려고 나와서 기다리고 있는 교인들을 빈손으로 돌려보낼 수는 없으니 뭐 하나라도 캐서 전해주고 싶은 간절한 마음으로 기도하고 아파하고 소리 지르며 울다 보면 보인다. 찾아진다. 밭에 감춰진 보화를 발견하는 것과 같은 기쁨이 있다. 그 황홀함은 이루 다 말할 수 없다.

II.

일용할 양식을 구하듯 애타는 마음으로 하나님의 말씀, 하나님의 은혜, 하나님의 영을 구하고 찾고 두드리면 하나님이 반드시 주겠다고 약속하시지 않았는가. 또한 하나님은 실제로 주셨다. 말씀을 아는 은혜가 충만하면 암뿐만 아니라 살아도 사는 것 같지 않은 우리의 삶이 그 어디나 하늘나라가 될 것이다. 나는 그런 삶을 기대한다.

12.

태초에 하나님께서 천지 만물을 말씀으로 창조하셨다. 말씀에 생명이 있다. 아픈 데가 있으면 병원에 가서 치료를 잘 받아야 한다. 운동도 열심히 해야 한다. 하지만 하나님의 말씀으로 우리의 기가 살지 못하면, 하나님의 창조의 영이신 생기가 살아나지 못하면, 공허와 혼돈과 흑암을 물리쳤던 창조의 역사가 다시 일어나지 않으면 세상의 그 무엇으로도 문제를 해결할 수 없다. 말씀을 붙잡아야 산다.

●

"하나님의 말씀은 하나님의 영입니다.
하나님의 영에는 하나님의 기가 있습니다. 그것은 생기입니다.
하나님, 지금 저희에게 그 힘이 필요합니다.
그 말씀을 날마다 허락해주셔서 날마다 새로운 은혜를,
날마다 기막힌 은혜를 체험하게 하여 주시옵소서."

2

붙으면 살고 떨어지면 죽는다

창세기 2:1-3

1 천지와 만물이 다 이루어지니라 2 하나님이 그가 하시던 일을 일곱째 날에 마치시니 그가 하시던 모든 일을 그치고 일곱째 날에 안식하시니라 3 하나님이 그 일곱째 날을 복되게 하사 거룩하게 하셨으니 이는 하나님이 그 창조하시며 만드시던 모든 일을 마치시고 그날에 안식하셨음이니라

I.

늘 읽던 말씀인데 하나님의 말씀은 언제나 새롭게 들어오는 단어, 뜻, 의미가 있다. 이 말씀을 준비할 때 나에게 다가왔던 단어는 한 글자였다. '다.' 1절의 "천지와 만물이 다 이루어지니라"에서 '다'라는 단어가 아주 생생하고 벅차게 내 마음에 들어왔다.

2.

한 글자에 불과한 이 단어 속에 어마어마한 천지 만물이 담겨 있다. 원자나 전자보다 더 작은 입자부터 크기를 따지는

것은 고사하고 1초에 지구를 일곱 바퀴 반이나 도는 빛의 속도로 수억 년씩 가야 하는 우주에 이르기까지, 천하 만물이 '다'라는 단어 안에 들어 있다. 하나님이 마치 이렇게 말씀하시는 것 같았다.

"다 내가 만들었어. 내가 다 했어."

3.

나는 사도신경의 신앙고백이 참 좋다.

"전능하사 천지를 만드신 하나님 아버지를 내가 믿사오며."

전능하신 하나님, 다 이루신 창조주 하나님이 내 아버지시라는 고백처럼 우리에게 큰 힘과 위로와 능력이 되는 말씀은 없으리라 생각한다.

4.

그런데 우리는 어떤가? '다'라고 말할 수 있는 영역이 있는가? 우리는 별것 아닌 것 같아 보이는 이 한 글자 '다'라는 말을 절대로 쓸 수 없는 존재이다. 세상에 그런 사람은 없었고, 앞으로도 없을 것이다. 그것이 우리 인간의 유한함이다. '유한하다'라는 말 속에 우리의 모든 문제를 담을 수 있다. 그 빈틈과 모자람 사이로 온갖 세상의 문제, 개인적인 문제들이 스며들어온다.

5.

댐에 자그마한 틈 하나만 생겨도 결국 무너지는 것처럼 우리의 삶도 마찬가지 아닐까? 그 틈, 모자람 사이로 들어오는 온갖 문제와 한계가 우리의 삶을 무너뜨리고 있다. 그렇다면 우리는 어떻게 해야 하나? 어떻게 살 수 있을까? 그 틈을 어떻게 메꿀 수 있을까?

6.

그 '다'에 가서 붙으면 된다. 하나님께 붙으면 된다. 요한복음 15장 1절에서 예수님은 "나는 참포도나무요 내 아버지는 농부라"라고 말씀하셨다. 그리고 5절에서 이렇게 말씀하신다. "나는 포도나무요 너희는 가지라 그가 내 안에, 내가 그 안에 거하면 사람이 열매를 많이 맺나니 나를 떠나서는 너희가 아무것도 할 수 없음이라"(요 15:5).

하나님께 붙으면 살고 떨어지면 죽는다. 우리가 아무리 한계가 많고 빈틈이 많다 할지라도 '다'를 말씀하실 수 있는, "다 내가 만들었어"라고 말씀하시는 하나님께 가서 붙으면 우리는 살 수 있다.

7.

암만 묵상하면 죽는다. 암의 두려움 때문에 하나님을 잊으면, 하나님과의 틈이 생기면 죽는다. 사람인데 어떻게 삶 속에 큰물처럼 차오르는 근심, 걱정, 불안, 원망, 우울이 없을 수 있겠는가. 그러나 정신 바짝 차리고 그 틈 사이로 하나님의 기를 불어넣어야 한다. 하나님의 말씀을 채워놓아야만 한다. 그리고 하나님을 꼭 붙잡고 떨어지지 말아야 한다. 그러면 살 수 있다. 예수님의 약속이다.

8.

본문에서 두 번째로 생각해볼 수 있는 건 '안식'이다. 하나님은 엿새 동안 힘써 일하시고 이레째 되는 날 안식하셨다. 나는 하나님의 이 안식이 논리적으로 걸렸다. '전능'이란 개념과 '쉼'이란 개념은 잘 맞지 않는다. 쉼이란 단어 속에는 한계가 있기 때문이다.

쉼을 뒤집어보면 지쳤다는 개념이 나오지 않는가? 우리는 지치고 힘들어 누울 수 있지만, 전능하신 하나님, 천지 만물을 다 만드신 하나님이 지치셨다는 것은 도무지 논리적으로 이해가 되지 않았다. 어떻게 전능하신 하나님이 쉬실 수 있는가? 하나님은 왜 쉬셔야만 했는가?

9.

그런데 나는 하나님을 이해해서 믿으려 하지 않고, 믿기 때문에 이해하는 쪽으로 방향을 잡았다. 그것이 옳기 때문이다. 그래서 이해는 안 가지만 하나님을 오해할 수는 없기 때문에, 믿음을 근거로 깊이 생각해보았다. 그리고 논리적으로는 이을 수 없는 두 말을 붙였다.

"전능하신 하나님이 하루를 쉬셔야만 하실 만큼 최선을 다하신 창조다."

10.

전능하신 분은 최선을 다하지 않으셔도 다 되는 것 아닌가? 그런데 하나님은 그렇게 하지 않으셨다. 마음을 다하고 뜻을 다하셨다. 혼신의 힘을 다하셨다. 창세기 1장 2절은 "하나님의 영은 수면 위에 운행하시니라"라고 기록한다. 여기서 '하나님의 영'은 'the Spirit of God'인데, 이 말씀에 담긴 하나님의 전심과 최선이 느껴졌다. 나는 하나님의 최선에서 하나님의 사랑을 느낀다.

11.

하나님이 천지 만물을 창조하셨는데, 하나님의 창조의 목적은 무엇이었을까? 왜 만드셨을까? 하나님 자신을 위하여 만드셨을까? 나는 창세기를 읽다가 하나님의 이런 음성을 듣는 것 같다.
'너 주려고 만들었지. 다 너 주려고 만들었어. 이게 나한테 무슨 필요가 있겠니?'

12.

하나님은 천지 만물을 우리를 위해 만드셨다. 그래서 최선을 다하셨다. 그렇기 때문에 엿새 동안 최선을 다해 만드시고 이레째 되는 날에 쉬셨다. 천지 만물을 우리에게 주시려고 천지 만물을 다 만드시고 이레째 날에 쉬셔야 할 만큼 최선을 다하신 전능하신 창조주 하나님이 우리의 아버지이시다.

13.

나는 사도행전 2장 21절 말씀이 좋다. "누구든지 주의 이름을 부르는 자는 구원을 받으리라 하였느니라."

하나님의 이름을 부르면 산다. 그러면 하나님은 우리의 아버지가 되고 우리는 그분의 자녀가 된다. 부르면 붙는다. 잊으면 떨어진다. 그것을 요한복음 1장 12,13절에서 정말 잘 전해주고 있다. "영접하는 자 곧 그 이름을 믿는 자들에게는 하나님의 자녀가 되는 권세를 주셨으니 이는 혈통으로나 육정으로나 사람의 뜻으로 나지 아니하고 오직 하나님께로부터 난 자들이니라."

하나님을 영접하면, 하나님께 붙으면 하나님의 자녀가 되는 권세를 주신다.

14.

자녀의 권세는 뭘까? 자녀의 권세는 엄청난 것이다. 아버지의 것이 자기 것이 되는 권세다. 아이들이 학교 갔다 오면서 친구들을 집으로 데려올 때가 있다. 그때 "야, 우리 집 갈래?"라고 한다. 우리 집이라는 말은 곧 자기 집이라는 뜻이다. 아니, 도둑놈들 아닌가? 10원 한 장 보태지 않고 어떻게 아버지 집을 자기 집이라고 그렇게 당당하게 말할 수 있는가? 그런데 그게 자녀의 권세이다. 아버지 집이니까 당연하고도 당당하게 내 집인 것이다.

15.

베드로의 신앙고백을 보라. "주는 그리스도시요 살아 계신 하나님의 아들이시니이다"(마 16:16).
그러자 예수님이 베드로에게 천국의 열쇠를 주셨다.
"내가 천국 열쇠를 네게 주리니 네가 땅에서 무엇이든지 매면 하늘에서도 매일 것이요 네가 땅에서 무엇이든지 풀면 하늘에서도 풀리라"(마 16:19).
천국의 열쇠가 뭘까? 자녀의 권세다. "천국은 하나님 집인데다 네 집이야. 너 주려고 그런 거지."
그런데 그 권세를 무엇으로 받았는가. 주의 이름을 부르면, 예수를 영접하면 된다. 가지인 우리가 포도나무인 예수님께 붙는 것으로. 그것이 믿음이다. 우리의 행함이나 노력으로 얻을 수 없는 값진 것들이다.

16.

하나님께 붙으면 살고 떨어지면 죽는다. 하나님을 붙잡아야 산다. 세상에는 하나님과 우리 사이를 갈라놓으려고 하는 것들이 얼마나 많은지 모른다. 그게 다 마귀가 하는 일 아닌가? 마귀는 우는 사자처럼 우리를 삼키려고 돌아다니고 있다. 나도 암에 걸렸고, 암에 걸린 분들도 많고, 보호자들도 많이 계실 것이다. 암은 우리와 하나님 사이를 갈라놓지 못한다. 그러나 암에 사로잡혀서 벗어나지 못하면, 그리고 근심, 걱정, 불안, 원망, 우울에 빠져 헤어나오지 못하면 결국 암이 우리와 하나님의 사이를 갈라놓게 된다. 그 틈을 주어서는 안 된다. 우리가 연약하기에 걱정스런 마음이 안 생길 수는 없지만, 그때마다 정신 바짝 차려야 산다.

17.

졸면 죽는다. 하나님을 놓치면 죽는다고 생각하고 어려울수록 하나님께 더 가까이 가고 말씀을 사모하며 찬송 열심히 부르고 소리 질러 기도해야 한다. 그래서 하나님을 다시 붙잡아서 힘들고 어려운 삶, 우리의 부족함과 빈틈 속으로 스며들어온 모든 죽음과 걱정과 사망의 그림자들을 물리치고 이겨 살 수 있는 승리의 한 날이 될 수 있기를 바란다.

주와 같이 길 가는 것 즐거운 일 아닌가
우리 주님 걸어가신 발자취를 밟겠네
한 걸음 한 걸음 주 예수와 함께
날마다 날마다 우리 걸어가리
_찬 430장

선악과 원칙

창세기 2:16, 17

16 여호와 하나님이 그 사람에게 명하여 이르시되 동산 각종 나무의 열매는 네가 임의로 먹되 17 선악을 알게 하는 나무의 열매는 먹지 말라 네가 먹는 날에는 반드시 죽으리라 하시니라

I.

나는 4대째 예수 믿는 사람이고 목사다. 성경을 강해하고 설교하는 일을 평생 해왔다. 그러다 보니 아무래도 성경이 머릿속에 압축되고 정리가 잘된 것 같다. 내가 성경을 읽을 때 가장 중심이 되는 사건 중 하나가 본문의 선악과 사건이다. 처음에는 이해하기 어려웠지만 모든 죄가 이 사건 때문에 발생한다는 것을 알게 된 후부터 내 신앙의 중심은 선악과 사건이 되었다.

2.

천지 만물을 우리 인간을 위해서 엿새 동안 힘써 만들어주신

하나님은 에덴동산 중앙에 있는 선악과나무 열매만큼은 먹지 말라는 금지 명령을 내리신다. 다 주시고 그 나무가 뭐라고 하나님은 먹지 말라고 하셨을까? 선악과가 귀하고 특별한 열매였기 때문은 아니라고 생각한다. 여기에는 하나님이 정하신 매우 중요한 삶의 원칙이 있다.

"너 어떤 식으로 살래? 네 마음대로 살고 싶어, 아니면 내가 말하는 대로 순종하면서 살고 싶어? 말씀대로 살래, 욕심대로 살래? 네가 하나님 할 거야, 나를 하나님으로 인정할 거야? 나를 하나님으로 인정하고 네 삶의 주인으로 고백하고 이해가 되든 이해가 안 되든 순종하며 살면 너 잘 살아."

3.

나는 페이스북을 오랫동안 하고 있는데 예전에 마태복음을 묵상하며 올린 적이 있다. 그때 어떤 분이 댓글을 달았는데 아이디가 좀 섬뜩했다. 댓글 내용도 이상해서 클릭해봤더니 사탄교도였다. 사탄을 숭배하는 사탄교가 있는데, 한국에도 있는 모양이었다. 몇 번 예화로 나눈 적이 있는데, 사탄교도 바이블이 있다. 어느 전도사님이 휴가를 다녀오면서 사탄교 바이블을 들고 왔다. "목사님, 이게 사탄교 바이블인데 한번 보세요." 첫 구절을 읽고 덮어버렸다. "네 삶의 주인은 너 자신이다."

4.

사탄은 아담과 하와 때부터 지금까지 이 한 가지를 가지고 우리를 공격한다. 그게 선악과다.

"네가 하나님이야. 먹고 싶으면 먹어. 네 마음대로 살아. 네 욕심껏 살아도 돼."

왜 사탄은 우리에게 스스로 하나님이 되라고 집요하게 공격할까? 사탄은 알기 때문이다. 그러면 우리가 망한다는 것을. 우리가 낙원을 잃어버리고 구원을 잃어버린다는 것을 알기 때문이다.

5.

우리가 우리 삶의 주인이 되면 왜 죽고 망할까? 이유는 간단하다. 우리가 우리 삶의 주인이 되어 우리 생각, 우리 마음, 우리 욕심대로 살아도 잘 살 수 있으려면 우리가 전지전능해야 하기 때문이다. 그러면 된다. 하지만 우리는 무지무능하지 않은가? 유한한 존재에다 빈틈이 많지 않은가? 무지무능한 존재가 자기 스스로 하나님이 되어 "하나님, 제 마음대로 살 테니까 간섭하지 마세요. 전 제 생각대로 살래요"라고 하면 결과는 뻔하다.

6.

옛날에 텔레비전에서 〈아톰〉이나 〈마징가 제트〉, 오늘날로 치면 〈슈퍼맨〉 같은 영화가 나오면 다음 날 골목에 보자기를 묶고 날아다니는(?) 아이들이 꼭 나타났다. 그때가 참 위험하다. 어른들이 보기엔 그저 귀여운 어린아이 장난 같지만, 그 아이들은 착각한다. 보자기만 묶으면 자기도 날 수 있다고. 그래서 실제로 해마다 사고가 많았다. 지금은 청년인 교회 조카 하나도 세 살 때 보자기 묶고 3층 아파트에서 뛰어내려 큰일 날 뻔했다. 그런데 깨어나면서 하는 말이 더 가관이었다.

"어우, 나는 왜 안 날지?"

7.

내가 할 줄 모른다는 것을 모르고 내 마음대로 하기 시작하면 추락한다. 나폴레옹은 "내 사전에 불가능이란 없다"라는 아주 유명한 말을 남겼다. 많은 사람에게 신념처럼 전수되는 말이기도 한데, 그게 참 위험한 말이다.

나폴레옹은 천재였고, 아주 성실한 사람이었다. 그래서 세계를 제패했지만, 그러다가 착각했다. '유능하다'는 말은 쓸 수 있지만 '전능하다'는 말은 하나님 외에는 쓸 수 없다는 것을 몰랐던 것이다. 전능하지 않은데 어떻게 불가능이 없다는 말이 가능하겠는가?

8.

나폴레옹이 살던 궁전에 가본 적이 있다. 거기에 나폴레옹 초상화가 참 많았다. 초상화마다 빨간 망토를 두르고 있었다. 그걸 보면서 농담 반 속으로 이런 생각을 했다. '저래서 망했구나.' 자기가 뭐든지 다 할 수 있다고 착각하고 마음대로 살면, 자기에게 좋은 줄 알고 하나님 부인하며 하나님 말씀에 불순종하고 살면 그 결과는 사망이다.

9.

아담과 하와가 사탄에게 넘어가 선악과를 따 먹은 결과 하나님과의 끈이 끊어졌다. 관계가 단절됐다. 낙원에서 쫓겨나 실낙원하게 되었다. 순식간에 모든 것이 무너졌다. 생명과 행복과 아름다움과 사랑과 자유와 평화와 같은 가치들이 다 무너져내리고, 불행과 죽음과 고통과 미움과 시기와 다툼이 난무하는 지옥 같은 세상이 되고 말았다. 지금 우리가 살아가고 있는 이 세상과 같아지고 말았다.

10.

그리고 그 죄가 원죄가 되어 지금 우리에게 이어지고 있다. 그것이 우리의 삶을 철저히 파괴하고 있다. 스스로 주인이 되고 싶어 하는 마음, 하나님의 자리에 앉고 싶어 하는 마음, 주인공이 되고 싶어 하는 마음, 높임 받고 싶어 하는 마음, 영광 받고 싶어 하는 마음, 자기 욕심껏 살고 싶어 하는 본능이 선악과를 따 먹는 것과 같은 것이다.

II.

내가 폐암 판정을 받고 병원에 누워 있을 때 이사야서 40장 1절의 "내 백성을 위로하라"(Comfort my people)라는 말씀을 받았다. 그리고 암 환우들과 보호자들을 위로하는 CMP(comfort my people) 사역을 하리라 생각했다. 하나님이 주신 마음이라고 생각했다. 내가 생각해도 아주 근사하고 멋진 사역임에 틀림없었다. 내가 하면 잘될 것 같은 자신감도 솔직히 있었다. 또 실제로 제법 잘 진행되었다. 많은 분들의 호응이 있었고, 후원금도 많이 들어왔으며, 여기저기서 돕겠다는 손길이 몰려왔다. CMP 사역과 함께 시작한 유튜브 방송 '날마다 기막힌 새벽' 역시 반응이 좋았다.

I2.

그런데 본문의 말씀을 준비하면서 늘 알던 말씀인데 위기감을 느꼈다.
'네가 하면 되지. 너 김동호잖아! 넌 시작만 하면 성공할 거야. 사람들은 아마 '역시 김동호야!' 박수하고 환호할 거야. 폐암에 걸려서 도리어 영웅이 되는 거야.'
나도 모르는 사이에 걸려든 것 같다. 아니 걸려들었다. 선악과에 넘어간 것이다.
CMP와 날마다 기막힌 새벽의 주인은 누구실까? 은혜와 위로는 누가 주시는 걸까? 내가 줄 수 있는 것일까? 아니면 하나님이 하시는 것일까? 늘 정신 차리고 살려고 애썼다. 평생 선악과 문제를 붙들고 그것이 문제라는 것을 자각하며 살았다. 그래도 무너질 때가 너무나 많다.

13.
"누구든지 나를 따라오려거든 자기를 부인하고 자기 십자가를 지고 나를 따를 것이니라"(마 16:24).
주를 따라가려면 자기를 부인해야 한다. 성경은 이것을 십자가를 지는 삶이라고 얘기한다. 자기를 부인하고 자기 십자가를 지고 사는 것이다. 자기 부인하는 것이 우리가 지기 가장 힘든 십자가 중의 십자가이다.

14.
실족하면 또 일어서고 잘못하면 또 회개함으로 철저히 자기를 부인하는 삶을 살아야만 한다. 하나님만으로 주인 삼아야 산다. 우리는 주인이 아니다. 내 마음대로 살고 내 뜻대로 되면 좋을 것 같지만, 그것은 복이 아니다. 하나님의 뜻대로 사는 게 복이다.
하나님으로만 주인 삼고 하나님의 말씀이 이해되면 이해되는 대로, 이해가 안 되면 이해가 안 되는 대로 믿고 따르고 순종하여 선악과의 타락을 극복하고 새로운 구원의 삶을 시작하는 우리가 될 수 있기를 주의 이름으로 축원한다.

죽음의 공포, 그리고 부활

창세기 3:17-19

17 아담에게 이르시되 네가 네 아내의 말을 듣고 내가 네게 먹지 말라 한 나무의 열매를 먹었은즉 땅은 너로 말미암아 저주를 받고 너는 네 평생에 수고하여야 그 소산을 먹으리라 18 땅이 네게 가시덤불과 엉겅퀴를 낼 것이라 네가 먹을 것은 밭의 채소인즉 19 네가 흙으로 돌아갈 때까지 얼굴에 땀을 흘려야 먹을 것을 먹으리니 네가 그것에서 취함을 입었음이라 너는 흙이니 흙으로 돌아갈 것이니라 하시니라

I.

창세기 3장은 인간의 타락을 기록한 말씀이다. 우리의 조상 아담과 하와가 사탄의 유혹에 넘어가 선악과를 따 먹고 하나님께 범죄했다. 그것 때문에 이 땅이 저주받고 고통이 임하게 되었다. 우리는 해산하는 수고, 이마에 땀을 흘려야 먹을 수 있는 수고를 하며 엉겅퀴나 가시풀과 같은 고난의 삶을 살게 되었다.

2.

그런데 더 무서운 것은 "흙으로 돌아갈지니라"라는 하나님의 말씀이다. 하나님께서 "너는 결국 죽는다. 그것이 약속이고 원칙이다"라고 하시는 무서운 말씀이다.

3.

"한 번 죽는 것은 사람에게 정해진 것이요 그 후에는 심판이 있으리니"(히 9:27).

한 번 죽는 것은 누구도 피할 수 없다. 통과하는 수밖에 없는 것이다. 역사상 모든 사람이 죽음을 경험했다. 에녹과 엘리야 두 사람을 예외로 둘 수 있을까? 또 앞으로 수많은 사람이 그 길을 지날 것이다. 다른 길이 있다면 나도 그 길로 가고 싶다. 그러나 다른 길은 없다. 죽음은 정해진 것이다.

4.

그런데 하나님은 우리가 이 길을 혼자 걸어가기 어려울까 봐 동행해주신다. "너 혼자 가기 무섭지? 힘들지? 같이 가자" 손 잡아주시고 무사히 통과하게 하신다. 그 죽음의 길을 우리 손 붙잡고 통과시켜주시기 위해 하나님이 사람으로 이 땅에 오셨고 죽으셨다. 예수님께서 우리의 손을 붙잡고 그 죽음의 길을 같이 통과해주신 것이 십자가의 사건인 것이다.

5.

그런데 여기서 더 중요한 것은 결국 승리하게 하신다는 것이다. 죽음을 해결해주셨다. 극복하게 해주셨다. 그것이 부활 아닌가. 우리는 부활의 소망, 영생, 새로운 생명을 얻었다.

6.

죽음이 내게 객관적인 대상이었을 때는 전혀 무섭지 않았다. 그래도 예수 믿는 사람인데, 평생 설교한 목사인데, 십자가의 구원을 알기에 "죽음이 아무렇지도 않은 건 아니지만 무섭지는 않아. 무서워할 필요 없어" 큰소리 탕탕 치며 살았다.

7.

그러나 암에 걸리면서 죽음이 객관적 대상이 아닌 주관적 대상이 되는 사건이 벌어지자 전혀 다른 느낌이었다. 죽음이 코앞을 지나가는데, 무섭고 당황스럽고 두렵기도 하고 고통스럽고 우울하고 절망스러웠다. 이는 부끄러운 일이 아니라 당연한 일이었다. 사람은 그런 것이다. 평소 '잘 이겨낼 수 있어'라고 생각했지만, 그렇게 만만한 게 아니었다.

8.

죽음은 고사하고 암 투병도 만만한 일이 아니었다. 속절없이 무너지고 약해지는 것을 느꼈다. 혼자서는 못 이긴다. 우리의 힘으로 이길 수 있는 싸움이 아니다. 특히 죽음의 싸움은 주님 손을 붙잡아야만 이길 수 있다. 하나님 손을 붙잡아야만 통과할 수 있는 것이다.

9.

하나님의 손을 잡으면 통과할 수 있다. 우리의 힘이 아니라 하나님의 힘으로, 십자가의 능력으로, 부활의 능력으로 뚫고 나갈 수 있다.

10.

우리 힘으로, 우리 배짱으로, 우리 가오로? 천만의 말씀이다. 주님 손 붙잡고 하나님께 이끌려 한 걸음 한 걸음 죽음의 길, 고난의 길, 저주의 길을 통과하여 하나님이 예비하신 새로운 생명의 길로 나아가야 할 것이다. 그게 믿음이고 믿음의 승리이다.

11.

믿음의 승리는 죽음을 피하는 것이 아니다. 예수 믿는 사람은 안 죽고, 예수 안 믿는 사람은 다 죽는가? 죽음은 정해진 것이다. 믿는 사람도 죽고 안 믿는 사람도 죽는다. 믿음의 승리는 죽음을 피하는 것이 아니라 통과하는 것이다. 부활의 소망을 가지고 뚫고 나가는 것이다.

12.

바울도 죽었다. 그런데 바울은 죽음 앞에 기죽지 않았다. 바울은 우리보다 용기 있는 사람이라서 그랬을까? 우리보다 배짱이 좋아서 순교할 수 있었을까? 나는 아니라고 생각한다. 그건 사람의 힘이 아니다. 바울도 두렵지 않았을까? 바울의 힘으로 어떻게 담대할 수 있었을까? 바울의 힘은 믿음의 힘이었다. 그는 십자가를 믿었고, 예수님의 속죄와 구원을 믿었고, 부활을 믿었다. 그리고 사망을 이겼다.

"사망아 너의 승리가 어디 있느냐 사망아 네가 쏘는 것이 어디 있느냐!"(고전 15:55)

이 말씀은 성경 전체에 있는 굉장히 강력한 믿음의 승리의 외침이다. 나는 이런 것을 '믿음의 가오'라고 표현하곤 한다. 우리의 가오가 아니라 믿음의 가오이다.

13.

사실 이 말씀은 피하고 싶었다. 내가 투병 중이지 않았다면, 죽음을 코앞에 두지 않았다면 객관적으로 얼마든지 설교할 수 있었겠지만, 내가 그 앞에 서 있기에 투병 중인 암 환자들, 보호자들, 하루에도 몇 번씩 놀라며 약해져 있는 분들에게는 피하고 싶었던 말씀이다. 숨기고, 넘기고, 다른 말을 하고 싶었다. 투병 중인 환우들에게 정면으로 죽음, 십자가, 부활을 얘기한다는 건 버거운 일이었다.

그러나 하나님이 우리의 믿음을 믿어주셨다고 믿는다. 그래서 이 말씀을 전하게 하셨다고 생각한다. 바울의 신앙과 믿음으로 죽음까지 이겨내고 승리하는 우리가 될 수 있기를 축원한다. 우리의 힘으론 못 한다. 그러나 주의 손을 붙잡으면 통과할 수 있고 승리할 수 있고 가오로 지킬 수 있다.

●

우리를 죄에서 구하시려 주 예수 십자가 지셨으니
기쁘게 부르세 할렐루야 나 구원 얻었네
찬송하세 찬송하세 주님 나를 구하셨네
찬송하세 찬송하세 주가 구원하셨네

우리가 이 세상 떠날 때에 예수의 손목을 굳게 잡고
영원히 즐거운 천국에서 주 함께 살겠네
찬송하세 찬송하세 주님 나를 구하셨네
찬송하세 찬송하세 주가 구원하셨네

_찬 260장

"암이, 문제가 하나님과 우리 사이를 갈라놓는 것은 아니지만
걱정과 불안과 근심에 사로잡히면 하나님을 잊기 쉽습니다.
문제만 묵상하는 하루 되지 말게 도와주시고,
사방이 막혔을 때 하늘을 쳐다보고
그 하나님의 손을 붙잡고, 하나님의 이름을 부르게 하옵소서."

가인에게 표를 주신 하나님의 뜻

창세기 4:1-15

1 아담이 그의 아내 하와와 동침하매 하와가 임신하여 가인을 낳고 이르되 내가 여호와로 말미암아 득남하였다 하니라 2 그가 또 가인의 아우 아벨을 낳았는데 아벨은 양 치는 자였고 가인은 농사하는 자였더라 3 세월이 지난 후에 가인은 땅의 소산으로 제물을 삼아 여호와께 드렸고 4 아벨은 자기도 양의 첫 새끼와 그 기름으로 드렸더니 여호와께서 아벨과 그의 제물은 받으셨으나 5 가인과 그의 제물은 받지 아니하신지라 가인이 몹시 분하여 안색이 변하니 6 여호와께서 가인에게 이르시되 네가 분하여 함은 어찌 됨이며 안색이 변함은 어찌 됨이냐 7 네가 선을 행하면 어찌 낯을 들지 못하겠느냐 선을 행하지 아니하면 죄가 문에 엎드려 있느니라 죄가 너를 원하나 너는 죄를 다스릴지니라 8 가인이 그의 아우 아벨에게 말하고 그들이 들에 있을 때에 가인이 그의 아우 아벨을 쳐죽이니라 9 여호와께서 가인에게 이르시되 네 아우 아벨이 어디 있느냐 그가 이르되 내가 알지 못하나이다 내가 내 아우를 지키는 자니이까 10 이르시되 네가 무엇을 하였느냐 네 아우의 핏소리가 땅에서부터 내게 호소하느니라 11 땅이 그 입을 벌려 네 손에서부터 네 아우의 피를 받았은즉 네가 땅에서 저주를 받으리니 12 네가 밭을 갈아도 땅이 다시는 그 효력을 네게 주지 아니

할 것이요 너는 땅에서 피하며 유리하는 자가 되리라 13 가인이 여호와께 아뢰되 내 죄벌이 지기가 너무 무거우니이다 14 주께서 오늘 이 지면에서 나를 쫓아내시온즉 내가 주의 낯을 뵈옵지 못하리니 내가 땅에서 피하며 유리하는 자가 될지라 무릇 나를 만나는 자마다 나를 죽이겠나이다 15 여호와께서 그에게 이르시되 그렇지 아니하다 가인을 죽이는 자는 벌을 칠 배나 받으리라 하시고 가인에게 표를 주사 그를 만나는 모든 사람에게서 죽임을 면하게 하시니라

I.

하나님께서는 가인의 제물은 안 받으시고 아벨의 제물을 받으셨다. 아벨은 양을 제물로 드려서 받으시고 가인은 곡식을 드려서 안 받으셨다는 얘기도 하지만, 그것이 사실이 아니란 것은 이제 다들 안다. 하나님은 과부의 엽전 두 푼을 귀하게 여기시는 분 아니신가? 부자가 전대 자루의 돈을 쏟아부어 헌금해도 하나님을 사랑하고 섬기는 마음이 없으면 아무것도 아니다. 하나님은 부끄러워서 숨어서 드리는 과부의 엽전 두 푼을 귀하게 여기신다. 그러니 양으로 제사 드리면 받으시고 곡식으로 제사 드리면 안 받으신다는 것은 말이 되지 않는다.

하나님이 왜 그러셨는지 잘 모르지만, 이것은 틀림없다. 가인은 마음 없는 제사를 드렸고, 아벨은 정성스러운 제사를 드렸다는 것이다.

2.

예수님을 오래 믿다 보면 예배가 가인의 제사를 닮아가는 것을 느낀다. 예배가 습관이 된다. 생각 없이 뜻 없이 습관적으로 드리기가 참 쉽다. 마음을 다하고 뜻을 다하고 정성을 다해서 하나님 앞에 예배하는 일이, 신령과 진정으로 예배하는 일이 그렇게 쉽지 않다는 것을 알게 된다. 매일의 삶이 아벨의 제사가 될 수 있도록 마음을 다하고 뜻을 다하고 정성을 다하면 좋겠다. 우리의 삶 순간순간이 하나님께 드려지는 아벨의 제사와 같았으면 참 좋겠다.

3.

가인을 생각할 때 이해하기 어려운 말씀이 있다. 가인의 이마의 표이다. 가인이 "하나님이 이 땅에서 저를 쫓아내시니 이제 사람들이 저를 죽일 겁니다" 했더니 하나님이 "사람들이 너를 죽이지 못하게 표를 주마. 그리고 너를 건드리면 벌을 받는다고 경고하마"라고 말씀하셨다. 그리고 정말 뜻밖에도 하나님이 가인을 지켜주신다. 하나님은 왜 범죄한 가인에게 표까지 주시면서 보호하셨을까? 그것은 가인을 보호하려 하심이 아니다. 가인을 함부로 판단하고 가인에게 복수하려다가 실수할 많은 사람을 보호하시기 위한 것이었다.

4.

성경에 "원수를 갚지 말라"는 말씀이 있다. 왜일까? 원수를 갚고 복수할 능력이 우리에게 없기 때문이다. 심판의 가장 중요한 능력은 공정함이다. 그런데 우리는 공정함의 능력이 없다. 《베니스의 상인》에 보면, 빚을 갚지 못한 안토니오가 차용증 내용에 따라 고리대금 업자 샤일록에게 1파운드의 가슴살을 떼어줄 위기에 처했다. 진짜로 살을 도려내려고 칼을 쥐고 안토니오 앞으로 다가가는 샤일록에게 재판관은 기지를 발휘해 명판결을 내린다.

"자, 이제 살 1파운드만 증서대로 베어내시오. 만약 안토니오의 피를 한 방울이라도 흘리게 했을 경우에는 그대의 토지와 재산은 전부 베니스의 법률에 의해 정부에 몰수될 것이오. 알겠소?"

결국 샤일록은 안토니오를 심판할 수 없었고, 복수할 수 없었다.

5.

《로미오와 줄리엣》의 로미오 가문과 줄리엣 가문은 철천지원수였다. 누가 먼저 잘못했을까? 알 수 없다. 하지만 누군가 먼저 잘못한 사람이 있었고, 당한 사람은 화가 나서 복수했을 것이다. 그런데 복수가 공정하지 않았다. 작은 잘못에 더 큰 복수를 하고, 그렇게 왔다 갔다 하다 보니 감정이 격해지고 철천지원수가 되어 불행의 씨앗이 된 것이다. 공정한 심판은 하나님만 하실 수 있다. "저리로서 산 자와 죽은 자를 심판하러 오시리라." 하나님은 심판하시는 하나님이시다. 공정하신 하나님이시다. 하나님의 심판이 임해야만 어느 사람도 억울하지 않고 지나치지 않을 것이다. 그래서 원수 갚는 일은 하나님께 맡겨야 한다.

6.

심판하시는 하나님을 믿으면 억울할 것도 없다. 원수 갚는 일은 하나님께 맡기고 가인의 이마에 표를 주신 하나님의 뜻에 순종하는 삶을 살면 된다. 살다 보면 가장 힘든 게 무엇인가? 사람이 힘들다. 사람이 괴롭히는 것, 정말 힘들다. 누구에게나 말은 못 해도 힘든 사람이 있다. 심지어 원수도 있다. 갚아주고 싶은 사람, 응징해주고 싶은 사람이 있다.

내게도 당연히 있다. 나도 사람인데 왜 그런 사람이 없었겠나. 정말 힘든 사람이 있어서 어느 날은 이런 생각도 했다. '하나님이 저런 인간도 사랑하실까?' 난 하나님이 '아니다, 나도 아니다' 하실 줄 알았다. 난 하나님이 내 편 들어주실 줄 알았다. 그런데 0.1초도 안 걸린 것 같다. 하나님이 내 마음에 '그럼 내가 사랑하지'라고 말씀하셨다.

7.

그때 문득 십자가가 생각났다. '저런 인간도 하나님이 사랑하시니 십자가를 지셨지.' 하나님이 십자가까지 지신 걸 보면 그 사람도 사랑하시는 게 틀림없었다. 그 후로 그를 미워하기가 어려웠다. 하나님이 사랑하시는 사람을 미워하는 게 내게 좋은 일이 아니지 않은가?

8.

그런데 하나님의 그다음 말씀이 더 재미있었다.

'넌 좀 낫냐?'

그 말에 무너졌다. 내 눈엔 내가 좀 나아 보였다. 그런데 하나님의 기준으로 보니 그 사람이나 나나 도긴개긴이었다. 그 앞에서 내가 의롭다고 이야기할 자격이 없었다. 십자가를 통해 그를 보니 그는 하나님께서 사랑하시는 사람이었고, 십자가를 통해 나를 보니 나도 그와 같은 죄인이었다.

9.

어떻게 원수를 용서하고 사랑할 수 있을까? 예전에 내가 사역하던 교회에서 어느 장로님과 심하게 다툰 적이 있다. 흥분이 가라앉지 않아서 주일 설교 준비를 할 수가 없었다. 설교 시간은 다가오는데 새벽까지 설교 준비가 안 되어서 피가 마르는 고통을 겪었다.

힘들어서 잠시 침대에 누워 쉬는데, 그때 내가 좋아하던 찬송이 터져나왔다. "나의 갈 길 다 가도록 예수 인도하시니 어려운 일 당한 때도 족한 은혜 주시네." 속으로 눈물을 철철 흘리며 찬송을 부르고 또 불렀다.

10.

영적인 체험이라고까진 못하겠지만 신비한 체험을 했다. 에스겔서에 보면 예루살렘 성전에서 물이 흘러나와 물이 흘러가는 곳마다 모든 생물이 살아나는 말씀이 있지 않은가? 은혜가 내 발목에 차기 시작했다. 무릎에 차고, 허리에 차고, 드디어 헤엄칠 만한 물이 되었을 때 모든 것이 다 소생되었다. 그때 장로님이 이해되었다. '장로님도 다 교회를 위해 그러시는 거지' 마음이 풀리기 시작했다. 은혜가 꼭대기에 차니 장로님을 사랑할 수 있는 마음이 북받치기 시작했다. 은혜가 넘치니까 설교 준비가 금방 잘 되었다.

11.

설교를 마치고 장로님을 찾아가 꽉 안아드렸다. 장로님도 당황하셨지만 내 진심을 아시곤 나를 꽉 안아주셨다. 옳고 그른 게 꼭 중요한 건 아니다. 꼭 다 갚아주고 응징해야만 풀리는 게 아니다. 그냥 안으니까 풀렸다.

사실, 말이 쉽지 어제 심하게 다투고 밤새도록 흥분이 가라앉지 않았던 사람을 어떻게 안을 수 있었겠나? 은혜에 그 힘이 있다. 은혜를 받으니 사랑할 수 있었고, 용서할 수 있었다.

12.

결국은 은혜의 문제이다. 하나님과 우리의 관계 속에서 그 은혜를 경험하게 된다면, 그래서 날마다 기막힌 새벽을 경험하게 된다면 우리를 괴롭히고 우리의 마음을 아프게 하는, 도저히 용서할 수 없어서 그것이 병까지도 될 수 있는 사람들을 용서하며 사랑하며 살 수 있지 않을까?

13.

이 세상은 사랑과 용서가 없어서 살기 힘들고, 미움과 증오와 시기와 다툼이 난무해서 참 살기 어렵다. 그래서 이렇게 고통스럽다. 하나님이 가인의 이마에 표를 주신 뜻을 다시 한번 새길 수 있기를 바란다. 하나님께서는 본문을 통해 가인을 보호하시기 위해서가 아니라 우리를 보호하시기 위해서 가인에게 표를 주신 것임을, '원수 갚는 것은 내게 맡겨라. 내가 공정하게 다 심판할 거야. 그러니 너는 은혜 받아서 그것까지도 용서해줘라. 일곱 번을 일흔 번까지라도 용서해줘라. 사랑해라. 그게 믿음의 승리가 아니겠느냐?'라고 말씀하고 계심을 믿는다.

●

사랑하는 주님 앞에 형제자매 한자리에
크신 은혜 생각하며 즐거운 찬송 부르네
내 주 예수 본을 받아 모든 사람 내 몸같이
환난 근심 위로하고 진심으로 사랑하세
_찬 220장

하나님의 모양대로 창조하셨다

창세기 5:1,2

1 이것은 아담의 계보를 적은 책이니라 하나님이 사람을 창조하실 때에 하나님의 모양대로 지으시되 2 남자와 여자를 창조하셨고 그들이 창조되던 날에 하나님이 그들에게 복을 주시고 그들의 이름을 사람이라 일컬으셨더라

I.

창세기 5장에 매우 중요한 내용이 나온다. 하나님이 우리를 창조하실 때 하나님의 모양대로 창조하셨다는 것이다. 이것이 무슨 의미일까? 왜 그러셨을까? 왜 다른 피조물과는 달리 하나님의 모양으로, 하나님을 똑 닮게 만드셨을까?

2.

그 이유를 생각할 때, 나는 이렇게 생각했다. 하나님을 닮게 만드셨다는 것은 하나님이 우리를 그분의 아들과 딸로, 자녀로 창조하셨다는 뜻이다. 자기 닮은 자식을 낳고 싶어 하는

부모의 마음처럼 하나님이 하나님을 꼭 닮은 자녀를 창조하시고 기뻐하셨다는 뜻이다. 온 세상을 창조하신 것보다 자식을 낳은 날, 인간을 당신의 모양대로 창조하신 그날, 하나님은 참 기뻐하셨다.

3.

나는 무녀독남 외아들로 태어났다. 결혼하여 아내가 큰아이를 임신했다는 소식을 전해주었을 때 몸이 땅에 붙어 있지 않았다. 정말 공중 부양 되는 줄 알았다. 그날로 아이 이름을 지었다. 아비 부(父) 자, 기쁠 열(悅) 자를 써서 '아비의 기쁨'이라는 의미로 지었다. 얼마나 좋았는지, 퇴근하고 버스에서 내려 집까지 걸어서 3분 거리였는데 정말 한 번도 걷지 못했다. 그 3분을 뛰어다녔다. 아비의 기쁨이었다.

4.

그리고 시간이 흘러 큰아이가 결혼하고 첫 손녀 민희가 생겼다. 큰아이가 계룡대 군인이어서 계룡대에 살았었다. 서울에서 차를 몰고 가면 고속도로가 안 막혀도 3시간 정도는 걸려야 도착하는 곳이었다. 그래도 하루에 7시간의 여유만 생기면 갔다. 어느 날은 가서 50분 안아보고 돌아온 적도 있었다.

5.

스바냐서 3장 17절에 참 귀한 말씀이 있다. "너의 하나님 여호와가 너의 가운데에 계시니 그는 구원을 베푸실 전능자이시라 그가 너로 말미암아 기쁨을 이기지 못하시며 너를 잠잠히 사랑하시며 너로 말미암아 즐거이 부르며 기뻐하시리라 하리라." 하나님께서 하나님의 모양대로 우리를 창조하셨다는 의미 속에는 내가 아들과 손녀가 예뻐서 왕복 7시간 길을 달려가고, 그것 때문에 기뻐하는 마음이 담겨 있다고 생각한다.

6.

그런데 하나님의 모양대로 만드셨다고 했는데, 그 모양은 뭘까? 외모일까 아니면 다른 것일까? 하나님도 우리처럼 눈이 둘이고 코가 하나고 입이 하나고 그러실까? 나는 개인적으로는 그럴 거라고 생각한다. 우리 집 아이들이 처음 태어났을 때 나를 닮은 부분을 보면서 참 기분이 좋았다. 나 닮은 자식이 부모에게 얼마나 큰 기쁨인지 모른다.

그러나 '하나님의 모양'에서 외모보다 더 중요한 것이 있다고 생각한다. 생각, 사고방식, 철학, 가치관, 말 같은 것들 말이다.

7.

내가 미혼일 때 배우자를 위해 기도하는 중에 하나님이 주신 기도제목이 있었다. "하나님, 말 통하는 여자와 살게 해주세요." 여기서 말은 단순한 말이 아니다. 말은 철학 없이 나오지 않는다. 말 속에는 그 사람의 생각이 있고 가치관이 있고 인생관이 있다. 따라서 말이 그 사람이다.

하나님이 우리를 하나님과 닮게 하셨다면 생각이 닮지 않았을까? 철학이, 인생관이 닮지 않았을까? 그래서 인간이 하나님과 대화가 가능한 존재가 된 것이 아닐까? 하나님께서 참 기뻐하셨을 것 같다. "난 너와 말이 통해." 천하 만물 중에 하나님과 대화가 가능한 존재는 우리뿐이었다. 인간뿐이었다. 나는 그게 하나님의 모양이라고 생각한다.

8.

그런데 인간이 범죄함으로 하나님의 모양이 깨졌다. 사고방식이 하나님과 달라졌다. 가치관이 전혀 달라졌다. 인생관이 달라졌다. 말이 통하지 않게 되었다. 하나님의 모양을 잃어버린 것이다. 성경에 보면 "성령으로 거듭난다"라는 말이 있다. 성령으로 거듭나면 하나님의 영을 회복한다. 하나님의 모양을 회복하는 것이다. 하나님의 말씀, 하나님의 생각과 같아지는 것이다. 나는 하나님의 모양 하면 외모도 닮았지만 생각이 하나님과 닮았다는 것이 너무 좋다. 우리가 그런 존재로 창조되었다는 사실이 너무 좋다.

9.

나는 또한 하나님의 모양을 '마음'이라고 생각한다. 생각만큼이나 중요한 게 마음이다. 신앙은 뜨거워야 할까, 차가워야 할까? 결론을 얘기하면 둘 다여야 한다. 머리는 차가워야 하고, 가슴은 뜨거워야 한다. "cool head, warm heart." 머리가 뜨거우면 비이성적이 된다. 그래서 머리는 늘 냉철해야 한다. 이성적이어야 한다. 그러나 가슴은 늘 뜨거워야 한다. 그런데 이 둘을 동시에 갖는 일이 참 어렵다. 이성적인 사람은 가슴이 차가울 수 있다. 냉랭하고 인간미 없어 보일 수 있다. 반면에 가슴은 따뜻한데 비이성적인 사람이 있다. 나는 전자보다는 후자가 낫다고 생각하지만, 이것도 그렇게 이상적인 것은 아니다. "머리는 차갑고 가슴은 뜨겁게." 그래서 하나님이 요한계시록에서 "네가 차든지 뜨겁든지 하기를 원하노라"(계 3:15)라고 말씀하신 것이 아닐까. 하나님이 차가움과 뜨거움을 다 인정하신 말씀이라고 생각한다. 나는 하나님을 닮은 생각은 냉철하고, 그보다 더 중요한 것은 가슴이 예수님처럼 늘 따뜻했으면 좋겠다.

"너희 안에 이 마음을 품으라 곧 그리스도 예수의 마음이니"(빌 2:5). 이것이 하나님을 닮는 것이다. 그리스도의 마음은 한 마디로 사랑이다.

IO.

1980년이었던 것 같은데 1월 어느 날에 평생 잊을 수 없는 감동적인 기사가 실렸다. 그 전날 그 신문에 태어나면서부터 장애가 있는 아이들에게 사비를 털어서 직업 기술을 가르쳐 주던 분이 계신데, 돈이 다 떨어져서 겨울에 연탄도 못 피우고 집세를 못 내서 쫓겨나게 되었다는 기사가 실렸었다. 그런데 그다음 날 어떤 사십 대 여성이 190만 원을 들고 찾아와서는 그 분께 전해달라고 했다고 한다. 1980년대에 190만 원이면 꽤 큰 돈이었다. 아마 금액이 애매했던 걸 보면 자기가 동원할 수 있는 돈을 다 가져온 것 같았다. 신문사에서는 이름을 알고 싶어 했지만 끝내 이름을 밝히지 않았고, 대신 남기고 간 작은 쪽지가 신문에 실린 것이다. 그 쪽지의 내용은 대충 이랬다.

11.

"저에게는 고등학교에 다니는 아들과 중학교에 다니는 아들이 있어요. 둘 다 전교에서 1,2등을 다투는 수재입니다. 하나님께서 이런 아들을 둘씩이나 주신 것은 자랑하거나 뽐내라는 것이 아니라 그 기사처럼 태어나면서부터 장애가 있는 아이들을 돕고 섬기라는 이유일 것입니다. 하나님이 지금은 이만한 심부름밖에는 시키지 않으시지만 앞으로 더 큰 심부름을 시켜주시리라 믿습니다."
세상이 다 환해졌다. 따뜻해졌다. 그녀는 그리스도의 마음과 하나님의 머리를 가진 사람이었다. 그녀는 하나님의 모양을 닮은 하나님의 사람이었다.

12.

교회가 참 많이 커졌다. 대형교회도 많고, 대형교회 목사도 많고, 장로도 많다. 그런데 요즘 우리는 점점 예수의 마음과 생각을 잃어버리는 것 같다. 예수 믿는 사람들이 예수를 닮지 않고 세상 사람과 똑 닮았다. 아니 더하다. 욕심부리고 자기 욕심을 위하여 싸우고 모함하고 편협하게 행동하는 것은 예수 닮은 사람들의 행동이 아니다.

13.

누가 내게 이렇게 이야기해주면 너무 기뻐서 기절할 것 같다.
"김 목사, 하나님 닮았어."
그러면 얼마나 좋겠는가. 하나님이 본래 창조하신 대로 우리가 하나님의 모양을 회복하고 하나님의 생각과 예수님의 마음으로 이 세상을 근사하게 살아갈 수 있기를 주의 이름으로 축원한다.

●

내 모든 소원 기도의 제목 예수님 닮기 원함이라
예수님 형상 나 입기 위해 세상의 보화 아끼잖네
예수님 닮기 내가 원하네 날 구원하신 예수님을
내 마음속에 지금 곧 오사 주님의 형상 인치소서
_찬 452장

믿음으로 살고
믿음대로 행하기

2

이해가 먼저일까, 믿음이 먼저일까?

창세기 6:13-17

13 하나님이 노아에게 이르시되 모든 혈육 있는 자의 포악함이 땅에 가득하므로 그 끝 날이 내 앞에 이르렀으니 내가 그들을 땅과 함께 멸하리라 14 너는 고페르 나무로 너를 위하여 방주를 만들되 그 안에 칸들을 막고 역청을 그 안팎에 칠하라 15 네가 만들 방주는 이러하니 그 길이는 삼백 규빗, 너비는 오십 규빗, 높이는 삼십 규빗이라 16 거기에 창을 내되 위에서부터 한 규빗에 내고 그 문은 옆으로 내고 상 중 하 삼층으로 할지니라 17 내가 홍수를 땅에 일으켜 무릇 생명의 기운이 있는 모든 육체를 천하에서 멸절하리니 땅에 있는 것들이 다 죽으리라

I.

전도를 하다 보면 "이해가 안 돼서 못 믿겠어. 하나님 보여주면 믿지"라는 말을 종종 듣는다. 당연한 이야기다. 사람에게 가장 중요한 것은 이해가 되어야 한다는 것이다. 하나님이 그런 머리를 우리에게 주셨기 때문이다.

2.

이게 맞는 말 같은데 사실은 그렇지 않다. 우리는 이해를 통해서 믿음에 이르는 것일까? 믿음을 통해서 이해에 이르는 것일까? 요즘엔 주소만 알면 내비게이션으로 정확히 찾아갈 수 있지만, 예전에 내비게이션이 없을 때는 꼭 팩스로 미리 약도를 받았었다. 약도를 보고 따라갔다. 길을 잘 모르지만, 약도가 맞는지 안 맞는지 가보지 않아서 모르지만 믿고 가는 것이다. 가보니까 맞다. 그러면 그다음에 갈 때는 믿고 가는 게 아니라 알고 가는 게 된다.

3.

많은 사람이 이해를 통해서 믿음에 이르는 것을 생각하지만, 사실은 먼저 믿고 이해가 되는 것이다. 약도를 받아들고 믿으려 하지 않고 '모르는 길인데 이 길이 맞을까?' 의심하면 결국 목적지에 도달할 수 없는 것이다.

4.

하나님을 이해하는 것은 불가능한 일이다. 유한한 인간이 어떻게 무한하신 하나님을 이해할 수 있겠는가?

5.

창세기 6장은 노아의 이야기다. 노아 하면 생각나는 중요한 단어가 있다. '의인'. 하나님은 노아를 '의인이요 당대에 완전한 자라고 칭하셨다(창 6:9). 그러면 노아에겐 죄가 없었을까? 실수가 없었을까? 아니다. 우리가 잘 알지 않은가? 포도주에 취해 벌거벗은 채로 잠든 인간적인 사람이었다. 그런데 왜 하나님은 노아를 의인이라 하셨을까?

6.

행함으로만 보면 세상에 온전한 의인은 없다. "의인은 없나니 하나도 없다"는 로마서의 말씀이 맞다. 그러니 노아가 행함에 부족함이 없는 완전한 의인이었다는 뜻은 아니었을 것이다. 그러면 하나님은 뭘 보고 그렇게 좋으셔서 "노아는 참 좋아, 의인이야. 내 마음에 들어"라고 말씀하셨을까?
하나밖에 없다. 노아는 하나님을 믿었다. 믿었기에 하나님의 말씀을 이해하려고 들지 않았다. 이해가 되든 안 되든, 상식에 맞든 맞지 않든 하나님의 말씀이라면 묻지도 따지지도 않고 순종하는 사람이었다.

7.

성경을 보니 노아는 하나님과 동행하며 하나님이 명령하신 대로 다 준행한 사람이었다. 우리가 노아 입장이라면 어땠을까? 하나님께서 뜬금없이 "이 세상에 죄가 가득 차서 내가 홍수로 다 쓸어버릴 거야. 그러니 너는 가서 방주를 지어"라고 말씀하신다면 쉽게 믿어졌을까? 그런데 노아는 그 말씀에 토 달지 않고 순종해서 방주를 지었고 구원을 얻었다.

8.

하나님의 말씀에 순종하는 것은 어려운 일일까? 그냥 따르면 되는 것 아닌가? 노아처럼 그냥 방주를 지으면 되는 것 아닌가? 그런데 쉽지 않다. 죄로 인해 타락한 우리에게는 가장 어려운 일이다. 식이 바뀌었기 때문이다. 우리가 범죄하고 타락하여 우리의 생각, 가치관, 인생관 곧 하나님이 본래 우리에게 심어주신 형상이 망가졌기 때문이다.

9.

세상에는 세상 식이 있다. 세상의 길이 있고, 세상의 꾀와 요령이 있다. 그것은 만만치 않다. 대단하고 힘이 있다. 그래서 많은 사람이 그 길로 간다. 다들 그 길로 가는데 나만 다른 길로 간다는 것이 그렇게 쉬운 일이 아니다. 세상 입장에서 보면 하나님은 딴 길이시지 않은가?

10.

우리에게 편하고 익숙한 세상의 꾀와 법과 식과 요령을 거부하고 홀로 하나님의 식과 법을 고집하면서 산다는 건 쉽지 않다. 높은뜻숭의교회를 개척하면서 세운 목표 중 하나가 '하나님의 식과 법을 고집하는 교회'이다. 힘들 것 같아서 '고집'이라는 강한 단어를 넣었다.

II.

높은뜻숭의교회는 학교 강당을 빌려서 시작했다. 나는 교회가 예배당을 건축하거나 건물을 갖는 일이 잘못된 일이라곤 생각하지 않는다. 다만 너무 지나친 것은 문제라고 생각한다. 그래서 몇십 년 걸려서 성당 짓는 것을 별로 좋아하지 않는다. 그렇지만 교회가 예배드릴 예배당은 있어야 한다. 실제로 나도 작지 않은 예배당을 지어봤다. 그런데 교회의 생명은 보이는 예배당에 있는 게 아니라고 생각해서, 높은뜻숭의교회를 개척했을 때는 예배당 짓는 일부터 하지 말고 하나님의 일부터 하자는 생각을 갖게 되었다.

I2.

하나님의 은혜로 교인들이 제법 많이 모이게 되었다. 충분히 예배당을 지을 수 있을 만한 능력을 갖추었을 때 성전 건축을 시작했다. 그런데 그 성전 건축이 재미있었다. 우리가 건축한 성전은 보이는 성전이 아니라 보이지 않는 성전이었다. 교인들이 다 동의하고 좋아해주셨다. 그리고 적지 않은 돈 200억 정도를 헌금해주셔서 예배당을 짓는 대신 하나님이 기뻐하시는 일들을 하기 시작했다. 열매나눔재단, 열매나눔인터내셔널, 높은뜻씨앗스쿨과 같은 것들이 지금까지 이어지고 있다. 보이지 않던 것들이 결국 보이게 되었다. 나는 그 일들을 열심히 한 것을 하나님이 기뻐하셨다고 생각한다. 그게 하나님의 식이니까. 그게 하나님의 법이니까.

13.

그런데 하나님의 식과 법을 고집하면 평탄하지 않다. 왜일까? 사탄이 싫어하기 때문이다. 사탄이 배 아파서 어떻게든 막으려 하지 않겠는가. 곧 사탄의 시험이 닥쳤다. 학교에서 "이제 강당이 필요하니 그만 나가주시면 좋겠습니다"라는 공문을 받았다. 그때 주일 출석 인원이 5천 명 정도 될 때였다. 적지 않은 숫자였다. 어디 나갈 데가 없었다. 때마침 보이지 않는 성전 건축 헌금으로 받은 200억이 내 손에 있었다. 그 돈을 사용하면 됐다. '우선 급하니까 예배당을 해결하는 데 쓰고, 그다음에 안정되면 다시 헌금하면 되지.' 아주 합리적인 생각이었고 그렇게 했어도 틀림없이 나중에 그 약속을 지켰을 것 같다.

그런데 그때 하나님이 주신 말씀 중의 하나가 누가복음 9장 62절이었다. "손에 쟁기를 잡고 뒤를 돌아보는 자는 하나님의 나라에 합당하지 아니하니라."

14.

아, 망치로 뒤통수를 한 대 꽝 맞는 느낌이었다. 할 말이 없었다. '하나님 너무하신다. 하나님 참 꽉 막히셨구나. 우리가 지금 궁지에 몰려서 이것밖엔 길이 없어서 그러는데, 외길이어서 그러는데 그것도 안 된다고 막으시나' 하는 마음이 스쳐갔다. 그런데 표어를 참 잘 세웠다. '하나님의 법을 고집하자'는 말이 퍼뜩 떠올랐다. 그리고 임시 당회를 열었다. 그날 모든 장로님의 동의를 받아 결정된 사항은 이렇다.

"200억 원 중에 단돈 10원도 예배당을 위해서는 전용하지 않는다."

15.

사탄이 내 마음에 속삭였다. '너 그러면 길바닥에서 예배드려 볼 테야?' 나도 응수했다. '길바닥에서 예배드려보지 뭐. 재밌겠다.' 그 주에 우리 길바닥에서 예배드리자고 설교했다. "우리 진짜 길바닥에서 예배드리게 되면 교회 이름을 '높은뜻광야교회'로 바꾸자. 본래 광야에 은혜가 많다더라. 우리 거기서 하나님을 만나자."

16.

그래서 오늘 여기까지 이르렀다. 망하지 않았다. 하나님이 생각지도 못한 길을 열어주셨다. 교회 분립이라는 길이었다. '5천 명이 한꺼번에 움직이려 하지 말고 흩어져. 사탄이 핍박할 때는 사방으로 흩어지는 거야. 사탄은 흩어지면 불 꺼질 줄 알겠지? 하지만 사도행전 교회를 봐라. 흩어놓았는데 도리어 사방이 불바다가 되지 않았니. 높은뜻교회도 그렇게 될 거야'라는 마음을 주셨다. 그래서 사도행전의 초대교회를 생각하며 교회를 넷으로 분립했다. 그렇게 나뉜 네 교회가 지금은 십여 개의 교회가 되었다.

17.

결국 교회도 살았다. 보이는 성전도 무너지지 않았다. 마태복음 6장 말씀이 맞았다. "먼저 그의 나라와 그의 의를 구하라 그리하면 이 모든 것을 너희에게 더하시리라"(마 6:33). 먼저 하나님의 나라와 의를 구했더니 하나님이 낮은 곳, 우리에게 필요한 것들도 놓치지 않고 지켜주셨다.

18.

나는 방위 훈련을 받았다. 방위도 훈련을 받는다. 처음에 제식 훈련을 3주 정도를 받았다. "앞으로 가. 뒤로 돌아가." 이게 무슨 똥개 훈련도 아니고 한 번 이야기하면 알아듣는데, 밤낮 반복했다. 그러다가 나중에 알게 되었다. '아, 군대에서 가장 중요한 것이 이것이구나. 가라면 가고, 돌아보라면 돌아보고, 서라면 서고. 그게 가장 중요한 것이구나.' 이해가 되니까 짜증 나지 않았다.
예수 믿는 일에도 가장 중요한 것이 있다. 하나님이 가라고 하시면 가고, 서라고 하시면 서는 것이다.

19.

내비게이션에 따라 운전하다 보면 재미있는 생각이 든다. '내가 생전 보지도 못한 이 사람 말도 믿고 다니는데 하나님을 못 믿을까? 하나님의 말씀을 못 믿을까?' 그리고 하나님께 이야기한다. "하나님, 그냥 말씀하세요. 묻지도 따지지도 않을게요. 가라고 하시면 가고, 서라고 하시면 서겠습니다."
그게 믿음의 생활인 줄을 믿는다. 그러면 언제나 우리의 삶
속에 구원의 방주가 지어지는 줄을 믿는다. 하나님께서 요구
하시는 것은 별것이 아니다. 하나님은 노아처럼 하나님의 말
씀에 따라 순종하는 그 마음을 기뻐하시고 의인이라고 칭해
주시는 분이시다.

예수 따라가며 복음 순종하면
우리 행할 길 환하겠네
주를 의지하며 순종하는 자를
주가 늘 함께하시리라
의지하고 순종하는 길은
예수 안에 즐겁고 복된 길이로다
_찬 449장

"하나님의 식과 법을 고집하며 살아가는
우리 되게 하옵소서.
가라 하면 가고 서라 하면 서는
노아 같은 사람 되게 하여 주옵소서."

주를 기쁘시게 하는 사람

창세기 7:1-5

1 여호와께서 노아에게 이르시되 너와 네 온 집은 방주로 들어가라 이 세대에서 네가 내 앞에 의로움을 내가 보았음이니라 2 너는 모든 정결한 짐승은 암수 일곱씩, 부정한 것은 암수 둘씩을 네게로 데려오며 3 공중의 새도 암수 일곱씩을 데려와 그 씨를 온 지면에 유전하게 하라 4 지금부터 칠일이면 내가 사십 주야를 땅에 비를 내려 내가 지은 모든 생물을 지면에서 쓸어버리리라 5 노아가 여호와께서 자기에게 명하신 대로 다 준행하였더라

I.

32살에 영락교회 부목사로 가서, 부목사 생활을 하였다. 부목사님 중에 아마 내가 제일 막내였던 것 같은데, 주로 하는 일이 심방 다니는 일이었다. 교구의 규모가 꽤나 커서 1년 내내 바빠 소화하지 않으면 내가 맡은 교구를 다 심방할 수 없을 정도였다.

심방을 가면 보통 식사 대접을 해준다. 요즘엔 식당에서 주

로 하거나 그나마도 생략할 때가 있지만, 그때는 가정에서 정성껏 준비하여 대접하는 게 예의라고 생각했던 것 같다.

2.

어느 날, 점심 준비를 하기로 하신 권사님 한 분이 아내에게 전화를 걸어 물어보셨다. "사모님, 제가 목사님 점심을 대접하기로 했는데 이왕이면 목사님이 좋아하시는 것 해드리고 싶어서요. 목사님 뭐 좋아하시는지 좀 일러주세요." 이럴 때 뭐 좋아한다고 잘못 말하면 낭패다. "칼국수 좋아해요"라고 하는 순간, 심방 가는 집마다 칼국수다. 그래서 우리 아내는 지혜롭게 "아무거나 잘 드세요"라면서 끝내 알려드리지 않았다. 그리고 그날 권사님께서 정성껏 준비해주신 점심을 잘 먹고 심방을 잘 마치고 돌아왔다.

3.

그런데 그 이후로 신기한 일이 일어나기 시작했다. 그날 권사님이 차리신 음식 중에 내 입맛에 맞는 음식이 하나 있었는데, 그다음 날부터 심방 가는 집마다 그 음식이 나오는 것이었다. 참 신기한 일이다 싶어서 어느 날 심방 간 가정에 물어보았다. "이 음식이 절 따라다니네요." 그랬더니 그 권사님이 이렇게 이야기하는 것이다. "저도 사모님께 목사님이 좋아하는 음식을 알아보려고 전화했더니 안 가르쳐줍디다. 그래서 전에 점심을 대접했던 권사님 댁에 전화했지요." "뭐라고 전화하셨어요?" 그랬더니 평생 잊을 수 없는 말을 하셨다.
"목사님 젓가락이 어디로 많이 갔나요?"

4.

그래서 내 젓가락이 많이 갔던 그 음식이 나를 따라다닌 것
이었다. 아들뻘 되는 목사인데, 그냥 정성껏 준비해주시면
되는데 젓가락이 어디로 많이 향하는지까지 알아보고 점심
을 준비하신 것을 보고 '아, 내가 저 마음으로 목회를 해야겠
다. 하나님의 젓가락이 어디로 많이 가는지 그걸 보고 목회
하면 되겠다'라고 마음먹었다.

5.

언젠가 어느 지방의 교회들이 연합하여 재직수련회를 하는
데, 사흘 저녁을 설교하기로 했다. 둘째 날 저녁에 설교하러
가기 전에 전화가 왔다. "목사님, 오늘은 좀 일찍 오셔서 우
리 교회 목사님들과 같이 식사하시면 어떨까요?" "예, 그러
지요" 약속하고 식당으로 찾아갔다. 아주 유명한 보신탕집
이었다. 목사님들이 내게 물어보지도 않고 데려가신 것이다.
아는 사람은 다 알 텐데, 나는 굉장한 애견가다. 개가 나한테
는 가족 같다. 그래서 보신탕을 못 먹는다. 사실 밖에서 음식
을 먹다 보면 잘 안 먹거나 못 먹는 음식을 대할 때가 많다.
그래도 다른 음식이었다면 억지로라도 먹었을 거다. 하지만
보신탕은 내게 그렇게 할 수 있는 음식이 아니었다.

6.

난감했다. 음식을 못 먹어서 난감한 게 아니라 내가 못 먹는 줄 알면 목사님들이 얼마나 무안하고 당황하실까 걱정되었다. 습관적으로 기도가 나왔다. '하나님, 큰일 났습니다. 이 상황을 모면하게 해주세요.' 결국 밑반찬만 먹으며 밥을 먹었는데, 다행히 눈치를 못 채셨다.

위기를 모면하고 집회도 잘하고 나왔는데, 차를 몰고 집으로 오면서 갑자기 궁금한 생각이 들었다. '아까 밥값 결제할 때 영수증을 받으신 것을 보니 연합회 공적 비용으로 사용하신 것일 텐데, 장부에 뭐라고 쓰셨을까? 당연히 강사 접대비겠지?' 순간 웃음이 나왔다. '난 하나도 못 먹었는데, 강사 접대비라니.'

그때 이런 생각을 했다. '아, 목회도 이럴 수 있겠구나. 자기가 좋아하는 일, 자기 영광을 드러내는 일 하면서 하나님의 영광을 위해 일한다고 착각하며 목회하기 쉽겠구나.'

7.

고린도후서 5장 9절에 내가 참 좋아하는 말씀이 있다. "그런즉 우리는 몸으로 있든지 떠나든지 주를 기쁘시게 하는 자가 되기를 힘쓰노라." 나라고 하나님을 빙자해서 잘난 척하는 일 안 하고 살았겠는가? 나도 그랬다. 하지만 늘 하나님의 젓가락을 생각하면서 목회하려고 애는 썼었다.

8.

하나님이 무엇을 기뻐하실까? 하나님은 우리가 무얼 하면 가장 기뻐하실까? 골똘히 생각해보았다. 하나님이 기뻐하시는 일은 참 많다. 그런데 하나님이 가장 기뻐하시는 일은 하나님을 믿어드리는 것이라는 생각이 들었다. 진짜로 믿어드리는 것이다. '다른 사람들은 다 안 믿어주는데, 세상의 말과 다르기 때문에 예 그래 놓고 불순종하는데, 애는 진짜 나를 믿네. 내가 말하는 대로 살려고 하네.' 그게 하나님을 가장 기쁘시게 하는 일인 것 같다.

9.

노아 이야기를 다루면서 보물 같은 이야기가 많은데도 내 눈에는 하나만 들어온다. 하나님이 노아를 기뻐하신 이유는 노아가 하나님의 말씀을 믿었기 때문이라는 것이다. 그리고 방주를 지었다는 것이다. 하나님의 식대로. 뭐 하나 어기지 않고 몇 규빗 하면 몇 규빗, 높이는 얼마 하면 얼마, 창을 어디다 내라고 하면 그곳에다가 그냥 시키는 대로 했다는 것이다. "노아가 하나님의 말씀을 다 준행하였더라."

IO.

노아가 하나님의 말씀을 다 준행했다고 하는데, '준행'이란 말의 뜻이 참 깊다. 준행이 뭔가? 믿고 그대로 행했다는 것이다. 그대로, 표준대로. 그래서 노아는 말씀에 순종하여 '하나님 저 믿습니다'라고 말만 하지 않고 결국 방주를 지었다. 하나님이 지으라니까 지은 것이다.

II.

그런데 그 준행의 복은 누가 받았는가? 노아가 받았다. 방주는 하나님을 위해서 짓게 하신 것일까, 노아를 위해서 짓게 하신 것일까? 노아를 위해서 짓게 하신 것이다. 하나님이 기뻐하시는 방주를 지었더니 그게 자기를 구원하는 구원의 방주가 되었다.

I2.

'하나님의 젓가락이 어디로 향하지? 하나님을 기쁘시게 해드려야지.' 그렇게 살면 하나님을 위하여 사는 것인데, 그게 다 나를 위하여 방주 짓는 결과로 이어진다. 나를 위해서 산 것은 다 나를 위한 결과를 맺지 못했다. 그런데 믿음의 마음을 가지고 '하나님을 기쁘시게 해드려야지. 하나님이 뭘 좋아하실까. 어떻게 하면 하나님이 좋아하실까?' 하고 살았던 삶은 다 나에게 복이 되었다. "주의 말씀 듣고서 준행하는 자는 반석 위에 터 닦고 집을 지음 같아. 비가 오고 물 나며 바람 부딪쳐도 반석 위에 세운 집 무너지지 않네"라는 찬송처럼 하나님의 영광을 위해서 사는 것이 곧 나를 위하여 사는 것이구나 깨닫게 되었다.

13.

노아가 방주를 지어서 그와 그의 가족이 구원을 얻었다. 그런데 그 믿음은 노아만 살린 것이 아니다. 멸절해서 세상 끝내고 싶었는데 하나님께서 노아의 방주를 통해 모든 동물의 씨를 살리고 보전해서 다시 우리에게 새 생명을 주시지 않았는가. 말씀의 순종은 자기를 살리고 나라를 살리고 민족을 살리고 세상을 살리고 자연을 살리고 모든 것을 살리는 그런 구원, 삶, 생명의 능력이 되었다.

14.

우리에게는 선악과를 따 먹고 타락한 원죄가 있다. 스스로 하나님이 되어 하나님으로 삶의 목적을 삼지 않고 자기 자신으로 삶의 목적을 삼아 하나님의 영광을 위해서 말씀대로가 아니라 욕심을 따라 욕심대로 사는 사람이 되어 자신도 망치고, 자연도 망치고, 세상도 망치고, 역사와 정치와 경제를 망치며 살아가고 있지 않은가? 노아처럼 하나님 잘 믿고 살자. 말씀하시는 대로 준행하자. 하나님 믿어드리자. 그리고 나를 위한 방주를 짓고, 세상을 구원할 방주를 짓고 살아가는 역사를 이루면서 살아가자.

노아가 부럽다

창세기 8:1-5

1 하나님이 노아와 그와 함께 방주에 있는 모든 들짐승과 가축을 기억하사 하나님이 바람을 땅 위에 불게 하시매 물이 줄어들었고 2 깊음의 샘과 하늘의 창문이 닫히고 하늘에서 비가 그치매 3 물이 땅에서 물러가고 점점 물러가서 백오십 일 후에 줄어들고 4 일곱째 달 곧 그달 열이렛날에 방주가 아라랏 산에 머물렀으며 5 물이 점점 줄어들어 열째 달 곧 그달 초하룻날에 산들의 봉우리가 보였더라

I.

이제 드디어 비가 그치고 물이 잦아들고 봉우리가 보인다. 그래서 마른 땅에 내려와 제사 드리는 내용까지 기록되어 있다. 노아를 생각하며 말씀을 읽는데 문득 이런 생각이 들었다. '아, 노아 할아버지 때문에 내가 있는 거구나. 그때 노아 할아버지마저 없었으면 세상은 다 끝났겠구나. 나는 아예 생기지도 못했겠구나.'

2.

노아, 그 한 사람 때문에 세상이 다시 기회를 얻었다. 하나님이 우리에게 다시 기회를 주셨다. 실망하셨다가 다시 기대를 가지고 축복해주셨다. 그 세대에 단 한 사람 노아 때문에 하나님이 생각을 바꾸시고 다시 기대를 품으시고 우리의 삶을 이어주셨다고 생각하니, 노아 할아버지가 참 대단한 분이라는 생각이 들었고 문득 부러웠다.

3.

나도 그랬으면 좋겠다. 하나님이 나를 그렇게 생각해주시면 얼마나 좋을까? 노아 할아버지는 얼마나 좋았을까?

4.

77년도에 결혼하고 몇 달 지나지 않았을 때, 어느 집회에서 설교를 들었다. 그때 목사님이 설교 중에 함석헌 선생의 시 〈그 사람을 가졌는가〉를 읽어주셨다. 가슴이 뛰었다. 그래서 설교가 끝나자마자 목사님을 쫓아가서 그 시를 베껴왔다.

만리 길 나서는 길
처자를 내맡기며
맘놓고 갈 만한 사람
그 사람을 그대는 가졌는가

온 세상이 다 나를 버려
마음이 외로울 때에도
"저 맘이야"하고 믿어지는
그 사람을 그대는 가졌는가

탔던 배 꺼지는 시간
구명대 서로 사양하며
"너만은 제발 살아다오" 할
그 사람을 그대는 가졌는가

불의의 사형장에서
"다 죽여도 너희 세상 빛을 위해
저만은 살려두거라" 일러줄
그 사람을 그대는 가졌는가

잊지 못할 이 세상을 놓고 떠나려 할 때
"저 하나 있으니" 하며
빙긋이 웃고 눈을 감을
그 사람을 그대는 가졌는가

온 세상의 찬성보다도
"아니" 하고 가만히 머리 흔들 그 한 얼굴 생각에
알뜰한 유혹을 물리치게 되는

그 사람을 그대는 가졌는가

5.

내가 참 좋아하는 시이다. 참 근사하다. 이 시를 들었을 때 '난 있는데'라는 생각이 먼저 들었다. 나에겐 그런 친구가 있다. 고등학교 3학년 때 캐나다로 이민 간 친구인데, 그 친구에게 편지를 쓰며 이 시를 적어 보냈다. 그리고 이렇게 썼다. "내가 있는 너는 행복이니라. 네가 있는 나도 행복이니라. 너와 내가 있는 이 세상도 행복이니라."

나는 함석헌 선생이 이 시를 통해서 얘기하려고 하는 게 행복이라고 생각했다. 돈이 많을 때 행복한 것이 아니고, 권력이 있을 때 행복한 것이 아니다. 오히려 골치만 아플 수도 있다. 그런데 정말 친구가 있을 때 행복하다.

6.

나는 만 리 길 떠날 때 미안하다는 말도 안 하고 처자를 내맡길 친구가 있다. 미안하다고 말하면 미안할 친구, "미안하지만 내 처자 좀 맡아줘야겠다"라고 하면 "내가 너한테 그런 친구냐" 하고 화낼 친구가 있다. 만일 그 친구가 만 리 길 떠난다면 당연히 그 처자는 내가 맡는다. 우리 아이가 밥을 먹으면 그 아이도 밥을 먹고, 우리 아이가 학교에 가면 그 아이도 학교에 갈, 그렇게 대해줄 친구가 있다. 감사하게도 점점 그런 친구가 많아지는 것이 참 행복하다.

7.

하나님의 행복도 거기에 있지 않을까? 하나님이 인간을 창조하시고 늘 기뻐하셨는데, 인간이 타락했다. 하나님의 마음을 아프게 하고 하나님이 사람을 만드신 것을 후회하게 하실 만큼 타락했다. 하나님의 기쁨이 되는 사람이 없었는데, 겨우 한 사람 노아가 남았다. 큰일 날 뻔했다. 하나님께 노아는 그때 그 세대에 남은 유일한 사람이었다.

8.

나라고 욕심이 없겠나. 사람이라면 다 욕심이 있다. 그런데 제일 큰 욕심이 뭐냐고 물으면 지금 생각이 분명해졌다. "하나님, 저 하나님의 기쁨이 되고 싶어요. 하나님의 마음속에 그 사람이고 싶어요."
하나님께서 '너 하나 때문에 내가 참는다. 내가 다시 기회를 주마' 하는 그런 사람이 되면 얼마나 좋을까. 우리 모두 그 복을 꼭 받을 수 있었으면 좋겠다.

9.

"나 주님의 기쁨 되기 원하네"라는 찬송이 있다. "나 주님의 기쁨 되기 원하네. 내 마음을 새롭게 하소서. 새 부대가 되게 하여 주사 주님의 빛 비추게 하소서." 하나님의 기쁨이 되려면 어떻게 해야 할까? 어떻게 하면 그런 사람이 될 수 있을까? 가능한 일일까? 어려운 일은 아닐까?

10.

본래는 어렵지 않았다. 자식이 부모의 기쁨이 되기 위해서 해야 할 일은 없다. 부모는 자식의 존재만으로 기뻐하는 사람이지 않은가? 하나님도 우리가 특별히 훌륭하고 엄청난 일을 해서 기뻐하시는 것이 아니다. "그냥 네가 있다는 그 자체가 나는 기쁘다." 본래 그러셨다.

11.

그런데 왜 사람 지으신 것을 후회하셔서 홍수로 쓸어버리실 만큼, 하나님께 사람이 아픈 존재가 되었을까? 하나님께 힘든 존재가 되었을까? 선악과 따 먹고 타락했기 때문이다. 그래서 이제는 하나님의 기쁨 되기가 참 힘들어졌다.

12.

성경에 "사람이 물과 성령으로 나지 아니하면 하나님의 나라에 들어갈 수 없느니라"(요 3:5)라고 하는데, 물과 성령으로 사람이 완전히 뒤바뀌기 전에는 하나님나라에 들어갈 수 없고, 하나님을 볼 수 없고, 하나님 마음에 들 수 없다는 뜻이다. 그런데 성령 받는 일은 어려울까? 쉬울까?

13.

예수님은 승천하시면서 제자들에게 예루살렘을 떠나지 말고 아버지가 약속하신 성령을 기다리라고 말씀하셨다. 그 말씀에 순종하여 제자들은 예루살렘에 머무는 것이 참 위험한 일이었음에도 불구하고 떠나지 않고 열심히 기도하다가 오순절날 성령을 받았다.

14.

"구하라 찾으라 두드리라"(마 7:7)라는 마태복음 말씀이 있다. 누가복음에도 등장하는데 마무리가 조금 다르다. "너희 하늘 아버지께서 구하는 자에게 성령을 주시지 않겠느냐"(눅 11:13).

'하나님나라부터 일용할 양식까지 구하면 다 주는데, 왜 성령은 구하지 않니? 다른 것은 잘 구하는데, 왜 거듭나게 해달라고는 기도하지 않니?'라는 예수님의 마음이 담겨 있어서 나는 이 말씀이 참 좋다.

15.

성령의 은사 중에 방언이 있다. 오순절날 초대교인이 제일 먼저 받았던 은사 방언. 나는 아직 방언을 못 한다. 아마 앞으로도 큰일이 없는 한 못 할 가능성이 크다. 방언이 은사인 것은 틀림없지만 방언만 은사는 아니지 않은가. 방언을 못 한다고 성령을 못 받은 것은 아니다. 그러나 성령을 받으면 방언의 은사도 일어난다.

16.

우리 아이들이 나를 참 많이 닮아서 내 생각에 방언을 못 할 것이라고 생각했는데 큰아이가 우리 집에서 제일 먼저 방언이 터졌다. 큰아이가 고등학교 1학년 때라고 기억한다. 우리 교회 교육전도사님이 성령파였다. 은사가 많으셨다. 중3, 고1 아이들을 데리고 교회 기도원에 올라가서 수련회를 하는데 어떻게 하셨는지 한 아이만 빼고 다 방언이 터졌다. 그때 방언이 안 터졌던 그 한 아이가 바로 큰아들이었다.

그런데 우리 아들놈은 남이 하는 것을 못 하면 잘 못 견디는 아이 같다. 집회가 다 끝나고 친구들이 모두 잠든 틈에 기도원 옥상에 올라가서 방언을 달라고 시멘트 바닥에 뒹굴었던 모양이다.

17.

하나님이 주셨을까, 안 주셨을까? 주셨다. 그날 방언을 받아왔다. 하나님께서 "야, 너는 아버지 닮아서 방언 잘 안 어울려. 내가 다른 은사 줄게"라고 하셨을지 모르지만, 큰아이가 그랬을 것이다. "그건 나중에 주시고요. 지금은 방언 주세요." 그때 알았다. '아, 한 바퀴만 구르면 되는구나. 그렇게 간절한 마음으로 사모하면 성령을 받을 수 있구나.'

18.

지금 우리에게 하나님께서 성령으로 거듭남에 대한 간절함을 주셨으면 좋겠다. 우리는 거듭나지 않으면, 통째로 바뀌지 않으면 하나님의 기쁨이 되기 어렵다. 우리의 생각, 우리의 가치관, 우리의 철학, 우리의 마음 갖고는 안 된다. 통째로 바뀌어야 한다. "하나님, 성령을 주세요. 그래서 거듭나게 해주세요. 생각이 바뀌게 해주세요. 하나님의 기쁨이 되기를 원합니다"라고 기도하며 살아갈 수 있기를 주의 이름으로 축원한다.

노아처럼 살면 좋겠다. 나 때문에 하나님이 생각을 바꾸신다는 것은 얼마나 근사한 일인가. 노아 할아버지가 참 부럽다. 우리도 그와 같은 삶을 살 수 있기를.

"하나님, 노아 할아버지가 참 부럽습니다.
하나님의 생각을 바꾼 사람,
하나님이 다시 사람과 세상에 기대를 갖게 할 만한
희망이 되었던 그 한 사람.
노아 할아버지 없었으면 세상은 다 끝났습니다.
그 한 사람 보시고 하나님이 다시 구원의 길을 열어주셨던
그 노아 할아버지의 삶이 부럽습니다.
하나님, 우리도 그렇게 되게 하여 주옵소서.
성령으로 거듭나게 하시고 하나님의 기쁨 되는 삶 살게 하옵소서."

번성하고 충만하라

창세기 9:1-7

¹ 하나님이 노아와 그 아들들에게 복을 주시며 그들에게 이르시되 생육하고 번성하여 땅에 충만하라 ² 땅의 모든 짐승과 공중의 모든 새와 땅에 기는 모든 것과 바다의 모든 물고기가 너희를 두려워하며 너희를 무서워하리니 이것들은 너희의 손에 붙였음이니라 ³ 모든 산 동물은 너희의 먹을 것이 될지라 채소같이 내가 이것을 다 너희에게 주노라 ⁴ 그러나 고기를 그 생명 되는 피째 먹지 말 것이니라 ⁵ 내가 반드시 너희의 피 곧 너희의 생명의 피를 찾으리니 짐승이면 그 짐승에게서, 사람이나 사람의 형제면 그에게서 그의 생명을 찾으리라 ⁶ 다른 사람의 피를 흘리면 그 사람의 피도 흘릴 것이니 이는 하나님이 자기 형상대로 사람을 지으셨음이니라 ⁷ 너희는 생육하고 번성하며 땅에 가득하여 그중에서 번성하라 하셨더라

I.

본문에서 하나님은 하나님께 제사를 드린 노아와 그 자손들을 축복하신다. 하나님이 처음 아담과 하와를 창조하시고 축복하신 내용과 같다. "생육하고 번성하여 땅에 충만하라." 하

나님의 마음이다. 자식에 대한 부모의 마음이 무엇이 더 있겠는가. "잘 살아라. 너 잘 살면 되지." 부모는 자기가 잘 사는 것보다 자식이 잘 사는 것을 더 좋아한다. 하나님이 그 마음으로 노아와 그 자손을 축복하신다.

2.

지금 세상에 현존하는 인류는 다 노아의 자손들이다. 한 사람도 빼놓을 수 없이 노아의 자손들이다. 그러니까 본문에 나오는 하나님의 축복은 다 우리를 향한 것이라는 의미다. 하나님께서는 세상의 모든 민족과 백성이 복 받고 잘 살기를 원하신다. "충만해라. 번성해라. 잘 살아라. 항상 기뻐하고 감사하며 행복하게 살아라."

3.

하지만 우리는 행복한가? 충만한가? 하는 일이 다 잘 되고 번성하는가? 아니다. 세상은 그렇지 않다. 왜일까? 사람이 너무 많아져서 하나님이 주신 복이 모자란 것일까? 많은 사람이 풍족하게 살기에는 자원이 부족해서일까? 절대로 그렇지 않다. 그런데 세상은 왜 부족할까? 충만하라 하셨는데 왜 충만해지지 않는 것일까? 인간의 탐욕 때문이다. 인간의 탐욕이 힘 있고 능력 있고 권세 있는 사람들에게만 그 모든 풍부와 번성과 충만을 몰아갔기 때문이다. 다 먹지도 못하고 다 쓰지도 못할 것을 욕심 때문에 쌓아놓고 썩힌다.

4.

이번에 항암치료를 받으면서 일주일은 아주 힘들었고, 열흘까지는 참 많이 힘들었다. 물 한 모금 마시는 게 힘들었다. 자꾸 토할 것 같아서 거의 먹지 못하고 지냈다. 그랬더니 몸무게가 쭉쭉 빠지고 땅이 몸속으로 끌려가는 것처럼 어떻게 할 수가 없었다.

5.

그때 주기도문이 생각났다. "일용할 양식을 주시옵고." 내가 참 좋아하고 깨달음이 많았던 기도인데, 그때는 이 기도가 그렇게 되지 않았다. "일용할 양식을 먹을 수 있게 해주시옵고." 하나님이 일용할 양식은 주셨는데 먹을 수가 없는 것이다. 그때는 먹을 수 있으면 참 좋겠다, 물은 마실 수 있으면 참 좋겠다 싶었다. 다행히 요즘은 하나님의 은혜로 잘 먹힌다. 얼마나 행복한지 모르겠다.

6.

그런데 그렇게 먹는 데 많은 돈이 필요한 게 아니었다. 내가 큰 부자도 아닌데 필요 이상으로 많이 가졌음을 알게 되었다. 하나님께서 주시는 일용할 양식으로 행복하게 살 수 있는데 우리는 다 먹지도 못할 것을 욕심부리며 산다. 죄짓고 산다. 쌓아두고는 썩힌다. 자기도 못 먹고 남도 못 먹게 한다. 그동안 약하고 힘없는 사람들은 아무리 수고해도 먹을 게 없다. 일용할 양식조차 없어 쩔쩔맨다.

7.

3절에 보니 하나님께서 채소만 주시다가 모든 동물을 먹을 수 있도록 허락해주시는 내용이 나온다. "그래, 육식도 해라. 동물도 내가 먹을 것으로 너희에게 주마. 그런데 피째 먹지는 말아라."

피를 금지하는 조항이 뒤이어 나오는 것은 무슨 의미일까? 주술적인 의미는 아닐 것이다. 하나님께 그런 것은 없다. 해석이 좀 비약됐는지 모르겠지만 '너희가 먹고살기 위해서 애쓰는 건 좋은데 그것 때문에 다른 사람 눈에서 피눈물 나게 하지는 말아라'라는 의미라는 생각이 들었다. 생명을 존중하고 귀히 여기라는 정신이 그 금지조항에 들어가 있는 게 아닐까 하는 생각이 문득 들었다.

8.

내가 좋아하는 말씀, 그리고 내 인생에 굉장한 영향을 끼친 말씀 중의 하나가 레위기 19장이다. 레위기 19장에 보면 이런 말씀이 있다. "네가 농사지었다고 다 네 것 아니야. 가난한 이웃을 위해서 네 귀퉁이는 남겨. 이삭 들고 가다가 떨어지면 줍지 말아라. 너는 먹을 것이 많지 않니. 가난한 사람이 주워가게 버려두어라." 나는 이 말씀이 참 좋았다.

9.

영락교회에서 부목사로 2년 반 정도 시무하다가 다른 교회에 담임 목사로 부임하여 4년 반을 목회했다. 그리고 영락교회 임영수 목사님이 협동 목회를 제안해주셔서 88년도에 다시 영락교회에서 사역하게 됐다. 영락교회로 다시 가니 교인들이 참 반겨주셨다. 그때가 연말을 앞두고 있던 때였는데, 애들 주라고 자꾸 과일도 주시고 과자도 주시고 케이크도 주시고 많이 주셨다. 늘 가난하게 살았는데 집에 과일도 있고, 과자도 있고, 케이크도 있으니 애들이 참 좋아했다.

10.

어느 날 심방을 가는데 아내가 지나가는 말로 "야단났어요"라는 것이다. "왜 그래?" 했더니 "애들이 귀한 걸 몰라. 귀한 줄을 몰라요"란다. "왜?" 하고 묻자 "너무 많아서…"라고 한다. 그날 온종일 고장 난 레코드처럼 그 말이 내 머리를 때렸다. '너무 많아서 귀한 줄을 몰라? 귀한 줄 모르는 건 귀한 게 없는 것보다 더 심각한 문제네. 귀한 줄 몰라도 가난한 거네. 그런데 이건 아주 질이 나쁜 악성 가난이네.'

11.

지나친 풍요로움이 나와 내 삶을 더 빈곤하게 한다는 사실을 그날 깨달았다. 그리고 집에 돌아와 아이들에게 얘기했다. "너무 많아서 귀한 줄 모르고 사는 건 불행한 일이지 않니?

아주 질이 나쁜 가난이야. 어떻게 하면 좋겠니?" 당시 초등학생이었던 큰놈이 그랬다. "너무 많아서 가난해지면 없애면 되잖아. 그러면 귀해지잖아." 그래서 큰 비닐봉지에 먹을 것을 담아 몇십 개를 만들어 돌렸다. 신문 배달하는 아이도 주고, 쓰레기 치워주시는 미화원 아저씨에게도 드리고, 노숙하는 분들에게도 다 나눠드리고 왔다.

12.

저녁을 먹으면서 아내에게 사과 하나 깎아 먹자고 했더니 없다는 것이다. '좀 남겨두지 어떻게 싹 다 없앴나' 싶었다. 그래서 할 수 없이 집 앞 가게에 가서 사과 몇 알 사다가 깎아 먹었다. 큰아이가 이렇게 말했다. "야, 이제 우리도 부자다. 사과가 귀하잖아." 나는 그 말을 아직도 기억한다.

13.

나 혼자 잘 먹고 잘 사는 건 번성이 아니다. 나도 번성하지 못하고 남도 번성하지 못하는 인간 최대의 어리석음이다. 그리고 최대의 악이다. 하나님은 모든 인류와 민족이 번성하고 충만하고 잘 먹고 행복하고 감사하며 살아가기를 원하신다. 나만이 아니라 함께 더불어 잘 사는 것이다.

14.

세상을 살다 보면 강한 사람도 있고 약한 사람도 있다. 왜 하나님은 평등하게 만들지 않으시고 어떤 사람은 부자가 되게 하시고, 어떤 사람은 가난하게 하셨을까? 이 고저장단이 왜 있을까? 하나님이 참 불공평하시단 생각을 했는데, 그 불공평하심에 하나님의 의도가 있다는 것을 알게 되었다. 나는 그것을 '흐름'이라고 정의했다. 흐름이 굉장히 중요하다.

15.

나는 32년 차 당뇨병 환자이다. 당뇨병 환자는 혈중 당 수치가 높아져 피가 끈적끈적해지고 잘 흐르지 않는다. 그래서 당뇨병 환자들은 의사가 처방해주는 저용량 아스피린을 매일 먹는다. 피를 묽게 하여 혈액순환에 도움을 주기 때문이다. 피가 순환해야 살고, 혈관이 막히면 죽는다.

16.

물도 흘러야 깨끗하다. 공기도 흘러야 깨끗하다. 돈도 흘러야 깨끗하다. 흐르지 않고 고여 있으면 썩는다. 세상 모든 이치가 그렇다. 흐름이 생명인데, 흐르려면 편편해서는 안 된다. 강약이 없으면 흐르지 않는다. 강과 약, 높음과 낮음이 있을 때 흐름이 발생한다. 그런데 이 흐름에는 또 원칙이 있다. 높은 데서 낮은 데로 흐른다. 강한 데서 약한 데로 흐른다. 이 모든 것이 생명의 조화를 이룬다.

17.

그런데 인간이 타락하니까 흐르기는 흐르는데 거꾸로 흐른다. 약한 데서 강한 데로 흐른다. 가난한 사람의 돈이 부한 사람에게로 흐른다. 빈익빈 부익부가 되어서 세상은 점점 생명의 흐름이 아닌 사망의 흐름을 타게 되는 것이다. 이게 지금 우리가 살아가는 세상이다. 우리는 이 흐름을 바꿔야만 한다. 나는 로마서 15장 1절 말씀이 좋다. "믿음이 강한 우리는 마땅히 믿음이 약한 자의 약점을 담당하고 자기를 기쁘게 하지 아니할 것이라"(롬 15:1).

이것이 기독교의 가장 중요한 사상이라고 생각한다. "너 복 받고 잘 살아라"라는 말씀은 성경에 없다. "너는 복의 근원이 될지라. 너로 인하여 나라와 민족이 복을 얻을 것이니라." 성경은 있는 사람이 없는 사람을 섬기며 더불어 먹고 살라고 말한다.

18.

큰아이가 고3 때 공부를 조금 게으르게 하는 것 같아서 "공부 좀 해라"라는 얘기를 이렇게 한 적이 있다. "소위 성공했다는 사람 중에 두 종류의 사람이 있어. 5천 명 분을 혼자 깔고 앉아 먹는 놈, 그리고 5천 명을 먹이는 사람. 세상 사람들은 5천 명 분을 혼자 깔고 앉아 먹는 것도 잘 산다고 하지만, 그게 뭐 잘 사는 거니? 부끄러운 부자로 사는 거지. 5천 명을 먹이는 사람이 잘 사는 사람이야. 공부해서 남 주냐고 하는데 그거 틀렸어. 그건 기독교적인 사고방식이 아니야. 공부는 남 주려고 하는 거야. 공부 잘하면 남을 더 잘 섬길 수 있어. 너는 공부해서 남 줘라. 5천 명을 먹이는 사람이 되라."

그 말에 충격을 받았는지, 감동을 받았는지 아이는 다음 날 책상 앞에 이렇게 써 붙였다. "5천 명을 먹이는 사람이 되자. 공부해서 남 주자." 그리고 한 가지 덧붙였다. "최상의 것을 하나님께 드리자."

19.

오늘 노아의 자손들에게 하나님의 축복이 임했다. 우린 다 노아의 후손이다. 아프리카 사람도 노아의 후손이고, 우리도 노아의 후손이고, 부자도 노아의 후손이고, 먹을 것이 없어서 굶어 죽어가는 사람도 모두 노아의 후손이다. 하나님의 자녀. 하나님이 축복하신 백성들인데 인간의 탐욕이 번성하고 충만하라는 하나님의 말씀을 가로막아서 또다시 이 세상을 망가뜨리고 있다. 우리 예수 믿는 사람들이라도 돈 벌어서 남 주고, 출세해서 남 주고, 성공해서 남 주고, 공부해서 남 주고, 예수 믿어서 남 주는 삶 살아서 오늘 주신 하나님의 축복의 말씀을 이루어가는 사역을 감당할 수 있기를 하나님의 이름으로 축원한다.

나를 잘 아시는 하나님

창세기 10:1-5

¹ 노아의 아들 셈과 함과 야벳의 족보는 이러하니라 홍수 후에 그들이 아들들을 낳았으니 ² 야벳의 아들은 고멜과 마곡과 마대와 야완과 두발과 메섹과 디라스요 ³ 고멜의 아들은 아스그나스와 리밧과 도갈마요 ⁴ 야완의 아들은 엘리사와 달시스와 깃딤과 도다님이라 ⁵ 이들로부터 여러 나라 백성으로 나뉘어서 각기 언어와 종족과 나라대로 바닷가의 땅에 머물렀더라

I.

성경을 한 장 한 장 차례대로 읽어나가거나 설교할 때 가장 난감할 때는 족보가 나올 때다. 계속 족보가 이어지면 이 본문을 가지고 어떻게 설교해야 하나 난감할 때가 많다. 본문에 노아의 족보에 대한 얘기가 나온다. 그런데 어느 날 이런 족보 이야기에서 큰 은혜를 받았다. 아주 단순한 생각이었다. '하나님이 다 알고 계시는구나. 시시콜콜 집안 구석구석 사람을 다 살피고 계시는구나.'

2.

아신다는 건 뭘까? 관심이 있으시다는 것이다. 관심 없으면 모른다. 관심이 있으시다는 것은 무엇인가? 사랑한다는 것이다. '하나님이 나를 사랑하시는구나. 그래서 나를 아시는구나.' 이것이 내 신앙생활에서 매우 중요한 깨달음이 되었다.

3.

하나님이 나를 아신다고 할 때, 무얼 아시는 걸까?

4.

첫째, 내 힘듦과 아픔과 어려움을 아신다. 정말 아프고 힘들고 어려울 때 우린 가끔 '하나님이 나를 버리셨나, 나를 잊으셨나' 생각할 때가 있다. 그러나 그렇지 않다. 하나님은 아신다. 그런데 왜 가만히 계실까? 하나님은 다 아시면서, 내가 이렇게 힘든 걸 다 아시면서 왜 지켜만 보실까? 왜 손 놓고 그냥 계시는 걸까?

5.

어느 날 깨닫게 되었다. 그 아픔과 기다림 속에 하나님의 숨겨진 의도가 있다는 걸. 왜 하나님이라고 마음이 안 아프시겠는가? 예레미야서 12장에 보면 예레미야가 하나님 앞에 질문하는 장면이 나온다. 우리도 이해가 잘 되지 않는 일인데, 예레미야가 대신 질문해줬다.

"하나님 잘 믿고 하나님 뜻대로 순종하면 잘 살아야 하는 것 아닙니까? 형통해야 하는 것 아닙니까? 편안해야 하는 것 아닙니까? 그런데 저는 왜 이렇게 힘들죠? 죽을 지경입니다. 하나님을 믿지 않고 불순종하면 못 살아야 되는 것 아닙니까? 벌 받아야 되는 것 아닙니까? 하는 일마다 안 되고 저주 받아야 되는 것 아닙니까? 그런데 악인들은 왜 저렇게 형통합니까? 악인이 형통하고 의인이 멸절하게 되었습니다."

이게 우리가 보통 갖는 질문 아닌가? 하나님이 계시다면 세상이 어떻게 이럴 수 있느냐는.

6.

그 질문에 하나님이 질문으로 대답하신다.

"만일 네가 보행자와 함께 달려도 피곤하면 어찌 능히 말과 경주하겠느냐 네가 평안한 땅에서는 무사하려니와 요단 강물이 넘칠 때에는 어찌하겠느냐"(렘 12:5).

나는 이 말씀을 읽을 때 뭔가 탁 터지는 느낌을 받았다. '아, 그래서 그러셨구나.' 질문 속에 답이 있었다.

'난 너를 강한 자로 키우고 싶었어. 말과 경주해서 이기는 사람이 되면 보행자하고 다닐 때 뭐가 힘들겠냐. 그까짓 것 일도 아니지. 네가 요단 강물이 넘치는 것도 이겨낼 수 있는 강함을 갖게 된다면 어디서든 살 수 있고 무엇이든 겁나지 않을 거야. 나는 너를 온실에서 키우고 싶지 않았어. 약한 식물로 화초로 기르고 싶지 않았어. 그래서 네가 지금 좀 힘들어

하는 건 알지만, 나도 그게 마음 아프지만 훈련 중이야. 연단 중이야.'

7.

하나님이 모르셔서 우리가 힘든 게 아니다. 하나님이 모르셔서 우리가 고난 받는 게 아니다. 그 속에는 하나님의 의도가 있다. 하나님이 아시므로 그 힘든 것 때문에 죽지 않는다. 망하지 않는다.

8.

요셉이 형들에게 팔려 가기 전에 구덩이에 던져지지 않는가. 우물에 갇혔다. 그런데 성경은 이렇게 말한다. "그 구덩이는 빈 것이라 그 속에 물이 없었더라"(창 37:24). 우물에 갇혔지만 그 속에 물이 없어서 죽지 않았다는 것이다. 하나님이 허락하신 고난은 이렇듯 물 없는 우물과 같다고 생각한다. 지금 고난 중에 있는가? 하나님이 당신을 잊었거나 버리신 것 같은가? 아니다. 하나님은 아신다. 그러니 염려하지 말고 하나님을 믿고 연단 받아서 강한 자로 거듭나길 바란다.

9.

둘째, 하나님은 내 죄악을 아신다. 사탄은 쥐도 새도 모른다며 늘 우리를 속인다. 그러면 우리는 또 잘 속는다. 정말 아무도 모르는 줄 안다. 그런데 어떻게 아무도 모르겠는가. 나는 아이들에게 우스갯소리로 그런다. "쥐도 새도 모른다는 것, 사실이야. 그런데 본래 쥐하고 새는 몰라. 쥐하고 새 빼고 다 알아." 혹시 사탄의 말이 맞아서 정말 쥐도 새도 모른다 할지라도 하나님이 모르실 순 없다. 하나님은 우리가 숨어서 짓는 은밀한 죄도 다 아시는 분이다.

10.

요셉이 보디발 장군의 집에 종으로 있을 때 보디발 장군의 아내가 유혹하지 않았는가. 보는 이가 아무도 없다고 했다. 그때 요셉의 대답은 단호했다. "내가 어찌 이 큰 악을 행하여 하나님께 죄를 지으리이까"(창 39:9). 요셉은 늘 하나님 앞에 서 있던 사람이다. 하나님이 늘 자기를 보고 계신다고 생각했다. 그래서 그의 삶을 지킬 수 있었다. 하나님은 우리의 은밀한 죄를 보시고 아시는 분이다.

11.

셋째, 하나님은 내 수고를 아신다. 수고했는데 사람들이 알아주지 않을 때가 있다. 그러면 수고하고 싶지 않다. 세상에는 수고에 정당한 보상이 따르지 않는 경우가 참 많지만, 그렇다고 해서 수고하지 않는 것은 어리석은 일이다. 하나님이 우리의 수고를 아시고 갚아주시는 분이시기 때문이다.

12.

나는 78년도에 신대원을 졸업했다. 그때 교회에서 받았던 봉급이 7만 원이었다. 당시 우리나라 경제가 발전하기 시작하던 때라 해마다 봉급이 많이 오르던 때였는데, 어느 날 신문에 "버스 안내양 봉급이 드디어 10만 원 넘었다"는 기사가 실렸다. 그 기사를 보고 낙심이 됐다. '대학도 졸업하고 신대원도 마쳤는데 7만 원밖에 안 줘. 버스 안내양도 10만 원 받는다는데.' 이게 며칠 갔다. 여러 날 맥이 빠졌다. '사람 대접을 이렇게 하나?' 싶었다. 그렇다고 봉급을 더 달라고 할 수도 없고.

13.

이런 생각이 좀 오래가서 하루는 아예 작심하고 앉아서 곰곰히 생각했다. 그때 하나님이 좋은 답을 주셨다. '수고하고 봉급 받는 일이 잘못된 일은 아니지만 너 봉급 받으려고 전도사 했나. 좋은 봉급 받고 싶어서 했다면 뭐하러 신학교 갔냐. 다른 일하지. 그런 마음 버리고 소명을 받아 신학교에 가고 전도사가 된 것 아니냐. 넌 그저 하나님을 위해서 일해. 그러면 하나님이 너 필요한 것 따라서 주시겠지.'

그래서 수고하는 것과 월급 받는 것을 연결 짓지 않고 끊었다. '나는 하나님이 좋아서 하나님이 하라고 하시는 일이니까 하나님의 일을 해. 하나님은 내가 일했기 때문이 아니라 내가 하나님의 일을 하려면 필요한 것들이 있으니까 그것을 아시고 주시는 거야.' 이렇게 받는 것과 일하는 것의 연결을 끊었다. 그랬더니 자유해졌다. 그래서 월급 얼마 주는지에 큰 관심을 갖지 않게 되었다.

14.

'안내양이 10만 원을 받고 내가 7만 원을 받는 일은 하나님이 알아서 하시는 일이고, 나는 내 일을 하면 된다'라고 생각을 정리했을 때 일이 생겼다. 내가 말 한마디 한 것도 아닌데 어느 집사님이 제직회 시간에 엉뚱한 발언을 하기 시작했다. 내가 본 기사를 그 분도 본 모양이었다.

"우리 전도사님들 월급이 얼마인지 아세요? 7만 원이에요. 지금 버스 안내양 월급도 10만 원이 넘는데 우리가 너무 무심했습니다." 그러자 제직들이 술렁거리기 시작했다. "어, 그러면 안 되지. 우리가 너무했네."

분위기가 갑자기 확 바뀌었다. 보통 봉급은 연말에 올려주는데, 그때 내 봉급이 많이 올랐다. 미신적인 예화로 들려질까봐 조심스럽긴 한데, 이런 일을 통해 하나님이 정말 내 수고를 아시는구나 감사했던 적이 있다.

15.

하나님은 우리의 모든 수고와 고통과 아픔과 죄를 아시는 분이다. 하나님은 우리를 사랑하신다. 하나님은 우리밖에 모르신다. 온 관심이 도무지 우리밖에 없다. 뭐 먹는지, 뭐 마시는지, 힘든 일은 없는지, 견딜 수 있는지 눈동자처럼 지키시고 살피시는 하나님이신 줄을 믿는다.

16.

오늘 하루 살아갈 때 힘든 일이 있을지 모른다. 힘든 일이 계속되면 '하나님이 나를 잊으셨나? 나를 버리셨나?'라는 생각이 들 때가 있다. 하지만 그럴 리가 있나. 우리가 수고하고 어려운 일을 할 때, 세상이 알아주지 않아도 하나님이 알아주신다. 하나님이 다 갚아주신다.

그러니 괜히 맥 빠져 있을 것 없다. 우린 그저 신나게 우리에게 맡겨주신 일을 하면서 살아가면 된다. 그리고 사탄에게 속아 넘어가지 말고 은밀한 죄, 아무도 모르는 줄 알고 덥석덥석 저지르는 실수 하지 않고 승리하는 삶 살아가는 우리가 되기를 축원한다.

●

예수 사랑하심을 성경에서 배웠네
우리들은 약하나 예수 권세 많도다
날 사랑하심 날 사랑하심 날 사랑하심 성경에 쓰였네
_찬 563장

흩어짐과 하나됨

창세기 11:1-9

1 온 땅의 언어가 하나요 말이 하나였더라 2 이에 그들이 동방으로 옮기다가 시날 평지를 만나 거기 거류하며 3 서로 말하되 자, 벽돌을 만들어 견고히 굽자 하고 이에 벽돌로 돌을 대신하며 역청으로 진흙을 대신하고 4 또 말하되 자, 성읍과 탑을 건설하여 그 탑 꼭대기를 하늘에 닿게 하여 우리 이름을 내고 온 지면에 흩어짐을 면하자 하였더니 5 여호와께서 사람들이 건설하는 그 성읍과 탑을 보려고 내려오셨더라 6 여호와께서 이르시되 이 무리가 한 족속이요 언어도 하나이므로 이같이 시작하였으니 이후로는 그 하고자 하는 일을 막을 수 없으리로다 7 자, 우리가 내려가서 거기서 그들의 언어를 혼잡하게 하여 그들이 서로 알아듣지 못하게 하자 하시고 8 여호와께서 거기서 그들을 온 지면에 흩으셨으므로 그들이 그 도시를 건설하기를 그쳤더라 9 그러므로 그 이름을 바벨이라 하니 이는 여호와께서 거기서 온 땅의 언어를 혼잡하게 하셨음이니라 여호와께서 거기서 그들을 온 지면에 흩으셨더라

I.

노아 홍수 이후에 인간은 또다시 타락했다. 하나님을 거스르고 심지어 하나님을 대적하려는 참 상상할 수도 없는 일을 기획하고 실제로 벌였다. 이것이 우리가 잘 아는 바벨탑 사건이다.

노아의 후손들은 하나님이 다시 홍수를 일으키셔도 죽임을 면하고 흩어짐을 면하자는 생각으로 하늘에 닿는 탑을 쌓고자 했다. 인간이 능력은 있다. 바벨탑을 쌓겠다는 자신감이 있었고 실제로 쌓을 수 있었다. 그 능력을 하나님을 대적하는 데 쓴다는 것이 참 어리석은 일 중의 어리석은 일이었지만 말이다.

순종하면 되는데, 그게 참 어렵다. 하나님의 뜻에 순종하면 하나님의 나라를 이 땅에서 누리며 살 수 있는데, 바벨탑부터 쌓느라고 애쓰다가 벌 받아 흩어지는 것이 인간의 최대의 어리석음이 아닌가 싶다.

2.

바벨탑을 쌓는 사람들에게 하나님이 재밌는 벌(?)을 내리신다. 그런데 그것이 참 무서운 벌이었다. 홍수를 내리신 것도 아니고, 유황불로 쓸어버리신 것도 아니고, 그저 말을 혼잡하게 하셨다. 서로 말이 안 통하니 일을 할 수 없었다. 함께 있을 수가 없었다. 결국 탑 쌓는 일을 멈추고 말 통하는 사람들끼리 온 지면으로 흩어지고 말았다.

3.

사람의 가장 큰 행복이 뭘까? 사람은 언제 가장 행복할까? 돈만 좀 있으면 행복하겠다는 생각을 많이들 한다. 사람들은 돈과 행복을 제일 먼저 연관 짓고 사니까 가난하면 불행하다고 생각한다. 너무 가난하면 불행하다. 그건 인정한다. 그런데 부자라고 행복하지는 않다. 부자가 행복하다면 세상에 많은 사람이 행복해야 할 것이다. 그런데 부자가 되어도 불행한 사람이 많다.

4.

그렇다면 사람을 정말 행복하게 하는 것은 뭘까? 나는 그게 '사람'이라고 생각했다. 말이 통하고 마음이 맞는 사람을 만나면 얼마나 행복한가? 서로 대화하며 "맞아, 넌 어쩜 나하고 생각이 똑같니. 어떻게 내 마음과 같아"라고 맞장구칠 수 있는 사람과 함께 산다면 그 이상의 축복은 세상에 없을 것이다. 남편과 아내가 말이 안 통해서 힘든 경우가 참 많다. 그런데 말 통하는 사람이 남편과 아내라면 어떻겠는가? 부모와 자식이 서로 말이 통해서 하나님 안에서 소통하며 마음이 하나 되어 산다면, 세상에 그보다 더 큰 축복이 어디 있겠는가?

5.

"마른 떡 한 조각만 있고도 화목하는 것이 제육이 집에 가득하고도 다투는 것보다 나으니라"(잠 17:1). 가난하지만 서로 다투지 않고 격려하고 위로하며 살면 그곳이 하나님나라다. 고기반찬이 가득하고 부자로 떵떵거리며 살아도 서로 다투고 미워한다면 그곳은 지옥과 다름없다.

6.

사람들이 하나 되어서 서로 화평하게 사는 것, 화목하게 사는 것이 최고의 축복이자 행복이다. 우리는 그것을 히브리어로 '샬롬'이라고 이야기한다. 샬롬, 평화, 화목, 사랑은 기독교의 가장 중요한 가치에 속한다. 그런데 하나님을 주인으로 모시지 않고 자기 자신을 주인으로 삼고 하나님을 대적하게 되면 다른 사람들이 자기보다 높아지는 꼴을 못 본다. 견제하며 밟고 찌르고 무너뜨리려 하기 때문에 진정한 친구가 생길 수 없다. 자기가 제일이니까 남이 잘되는 꼴을 볼 수 없는 것이다.

7.

마피아 같은 범죄 조직이 있지 않은가. 참 무섭다. 마피아를 누가 막겠는가. 그런데 마피아는 마피아가 막는다. 저들끼리 치고 찌르고 죽이고 누가 올라가려고 하면 끌어내린다. 누가 잘되나 싶으면 틈을 보다가 암살한다. 그래서 범죄 조직은 어느 규모 이상 커질 수 없는 특성이 있다. 그 안에서 서로 쫓고 쫓기는 일이 끊임없이 반복되다가 괴멸되고 만다.

8.

성령은 인간을 하나 되게 하지만, 악한 영은 인간을 혼자 두게 한다. 그리고 모두를 적이 되게 한다. 외로움과 두려움 속에서 평생 벗어날 수 없다. 이것이 지금 우리에게 가장 큰 문제가 아닌가.

꼭 먹을 것이 없어서가 아니다. 입을 것이 없어서가 아니다. 풍족하지 못해서가 아니다. 자기만 잘 먹고 잘 살겠다는 생각 때문에 서로 적이 되어 밟고 찌르다가 불통하고 외로운 세상이 되고 말았다.

9.

예수님은 승천하시면서 제자들에게 예루살렘을 떠나지 말고 아버지가 약속하신 성령을 기다리라고 말씀하셨다. 예수님이 십자가에 못 박히시고 제자들에게 핍박이 오기 시작했을 때, 예루살렘에 머물러 있는다는 것은 참 위험한 일이었다. 그러나 그들은 예수님의 말씀에 순종하여 예루살렘에 모여서 함께 열심히 기도하다가 성령을 받았다. 성령을 받았을 때 제일 처음 나타난 은사가 '방언의 은사'였다.

10.

나는 이 방언의 은사가 본문의 바벨탑 사건과 연관된다고 생각한다. 하나님을 대적했더니 말이 흩어졌다가 기도의 탑을 쌓고 성령을 받게 되니 흩어졌던 언어가 하나로 모여들기 시작했다. 갑자기 말이 통하게 되었다. '어? 저 사람, 다른 나라 사람인데 말이 같아졌어. 다 알아듣겠는데?' 그리고 말이 통하니 마음이 통했다.

11.

창세기 11장은 '흩어짐'이 핵심이다. 그런데 제자들이 성령을 받고 방언이 터졌을 때 가장 중요한 단어가 무엇인지 아는가? "모이기를 힘쓰고"(행 2:46). 같이 모이는 게 즐거워졌다. 서로 만나고 하나 되기를 힘썼다. 그리고 욕심이 사라지니, 내가 하나님이 되려는 마음이 없으니 내 것과 네 것의 개념이 하루아침에 무너졌다. "내 것이 어딨어. 같이 쓰면 되지. 우리 같이 먹고 살자." 유무상통하는 사회가 단번에 완벽히 이루어졌다. 하나님을 찬미하고 성령 충만한 공동체가 되었다. 이것이 하나님나라 아닌가? 제자들은 이 땅에 하나님나라를 이루게 되었다.

12.

나는 내가 생각할 때 예수님을 썩 잘 믿으며 살지 못했다. 하지만 예수님께 벗어나지 않고 넘어지면 다시 일어나고, 잘못하면 다시 회개하고 그렇게 버둥거리며 살았더니 하나님이 '그래, 너 믿는 것으로 인정해주마' 하신 것 같다. 복을 참 많이 받았다. 영적으로나 육적으로나 모든 면에서 쌓을 곳이 없는 복을 참 많이 받았다. 언젠가 아내에게 "하늘이 뚫린 것 같아"라고 고백한 적도 있다.

13.

나는 외롭게 자란 사람이다. 무녀독남 외아들로 자라다 보니 혼자 있는 게 익숙해서 사람을 대하는 일이 참 서툴렀다. 마음은 그렇지 않은데 다른 사람들에게 잘 다가가지 못하고 사람을 잘 사귀지 못해서 늘 외로웠다. 형, 동생 하면서 친하게 지내는 사람들도 많은데 나는 그런 말도 잘 할 줄 모르면서 살아왔다. 그런데 이제 나이 먹고 보니 주변에 말이 통하는 사람, 마음이 통하는 사람, 가족같이 느껴지는 사람이 가득하게 되었다는 사실을 알게 되었다. 그것이 최고의 복임을 알게 되었다.

14.

목회할 때 어른 목사님에게 배운 하나의 목회관이 있는데 "목회자와 교인들 사이에는 함부로 넘어서는 안 되는 선이 있어야 한다"라는 것이다. 사람을 멀리하라는 뜻이 아니다. 어떤 교인과는 친하고 어떤 교인과는 안 친하면 교회 안에 문제가 생길 수 있으니 목사는 선을 딱 지키고 요구해야 한다는 의미이다. 잘 지켜온 것 같다. 그래서 교인들에게 얻은 별명이 하나 있다. '가까이하기엔 너무 먼 당신.'

하지만 은퇴하니 그 선을 꼭 지켜야 할 이유가 없어졌다. 내가 목회했던 교인들이 이제는 친구가 되었다. 친구같이, 가족같이, 형제같이 느껴지는 교인들이 주변에 많아졌다. 무엇보다 가장 큰 축복은 자식이다. 아들 셋을 주셨는데, 하나님이 자녀와 말이 통하는 복을 주셨다. 얼마나 큰 축복인지 이루 말로 다 할 수 없다.

15.

바벨탑을 쌓지 말고 기도의 탑을 쌓는 사람들이 되기를 바란다. 바벨탑은 창세기 11장의 노아의 후손들만 쌓은 줄 알지만 사실 그렇지 않다. 나도 쌓고 있고 당신도 쌓고 있다. 의식 중에 혹은 무의식 중에 바벨탑을 쌓으며 사는 것을 조심해야 한다.

우리는 다른 탑을 쌓아야만 바벨탑을 쌓지 않을 수 있다. 그것이 기도의 탑이다. 말씀의 탑이다. 찬양의 탑이다. 그것이 우리가 날마다 기막힌 새벽으로 말씀을 묵상하고 은혜를 사모하는 가장 큰 이유가 아닌가. 날마다 기막힌 새벽을 통해서 기도의 탑, 말씀의 탑, 찬양의 탑을 쌓아 성령이 하나 되게 하신 축복을 누리며 이 땅에서 천국을 살아가게 되기를 주의 이름으로 축원한다.

●

"우리도 모르는 사이에 바벨탑 많이 쌓고 삽니다.
하나님, 바벨탑 쌓지 않기 위해 기도의 탑 쌓게 하옵소서.
찬송의 탑, 말씀의 탑을 쌓게 하옵소서!"

세상에 복으로
사는 것

3

세상에 복이 되는 사람

창세기 12:1-4

1 여호와께서 아브람에게 이르시되 너는 너의 고향과 친척과 아버지의 집을 떠나 내가 네게 보여줄 땅으로 가라 2 내가 너로 큰 민족을 이루고 네게 복을 주어 네 이름을 창대하게 하리니 너는 복이 될지라 3 너를 축복하는 자에게는 내가 복을 내리고 너를 저주하는 자에게는 내가 저주하리니 땅의 모든 족속이 너로 말미암아 복을 얻을 것이라 하신지라 4 이에 아브람이 여호와의 말씀을 따라갔고 롯도 그와 함께 갔으며 아브람이 하란을 떠날 때에 칠십오 세였더라

I.

창세기 12장은 하나님이 아브라함을 축복하신 축복의 장이다. 하나님은 축복하시는 분이시다. 우리에게 복 주시는 것을 즐거워하시는 하나님이시다. 왜 그러실까? 하나님이 우리 아버지이시기 때문이다. 부모는 자식이 잘되는 것을 바란다. 자식이 잘되는 게 기쁨이다. 마찬가지로 하나님도 우리에게 복 주시는 것을 좋아하시고, 우리가 복을 누리며 사는

것을 보시는 것을 그 무엇보다 즐거워하신다.

2.

그런데 하나님이 아브라함을 축복하실 때 그 축복이 좀 특이하다. 보통 축복이라 하면 "잘 먹고 잘 살아라"라며 행복을 비는 것인데 하나님의 축복은 그렇지 않다. "너는 복이 될지라." 개역한글 성경에는 "너는 복의 근원이 될지라"라고 되어 있다. 아브라함이 복을 받고 잘 사는 것이 아니라, 아브라함 덕분에 나라와 민족이 복을 받으리라는 것이 하나님의 축복이었다.

3.

구약부터 성경을 쭉 읽어보면 기독교는 자기만 잘 먹고 잘 사는 것을 복이라고 생각하지 않는다. 그건 그냥 부자로 사는 것이다. "내 영혼아, 평안히 쉬고 먹고 마시고 즐거워하자"(눅 12:19). 남이야 굶든 말든 내 창고가 꽉 찼으면 되는 것이다. 곧 어리석은 부자다.

4.

정말 잘 사는 사람은 남을 잘 살게 하는 사람이다. 나는 이것이 기독교의 핵심이라고 생각한다. 물론 나도 잘 살아야 하지만, 잘 사는 사람은 남을 잘 살게 해야 할 책임도 있음을 성경은 끊임없이 가르쳐준다. 기독교 TV 프로그램 중에 〈세바시〉곧 '세상을 바꾸는 시간, 15분'이라고 짧은 강연이 진행되는 프로가 있다. 2011년 〈세바시〉가 처음 시작했을 때 나도 강연자로 참여한 적이 있다. 그때 내가 정한 주제가 '잘 사는 것 vs 잘 살게 하는 것'이었다.

5.

나는 목회 일선에서 제법 일찍 손을 뗐다. 은퇴는 만 65세에 했지만, 담임 목사 자리에서 내려온 것은 만 57세 때였다. 그리고 은퇴할 때까지 교회 지원을 받아서 교회 목회가 아닌 NGO 목회를 했다. 교회에서 재단을 설립하여 그 재단의 일을 주로 하고, 교회 연합회 일을 하다가 은퇴했다. 이런 선택을 하게 된 중요한 동기가 있었다. 마태복음 20장의 포도원 주인의 비유에 대한 새삼스러운 깨달음 때문이었다.

6.

마태복음 20장에는 우리가 잘 아는 포도원 주인의 이야기가 나온다. 이른 새벽에 포도원 주인이 장터에 나가서 품꾼들에게 하루 1데나리온의 품삯을 약속하고 포도원 일을 맡긴다. 오전 9시, 정오, 오후 3시, 심지어 오후 5시까지 장터에 나가서 일자리를 구하는 사람들을 보면 자기 포도원에 들여보냈다. 오후 5시에 들어간 사람은 한 시간밖에 일을 못 한 셈이다. 그들에게는 품삯으로 1데나리온을 주겠다는 약속도 하지 않았다. 그들도 아마 기대하지 않았을 것이다. 한 시간 일하고 하루 품삯을 받으려는 양심 불량인 사람이 어디 있겠는가. '아, 오늘은 시급만 챙겨도 감사하다'라는 마음으로 들어갔을 것이다. 그런데 포도원 주인이 임금을 계산할 때 마지막에 들어온 자부터 주는데 하루치 품삯인 1데나리온을 턱 주는 게 아닌가? 그러자 먼저 온 사람들은 속으로 은근히 기대하기 시작했다. '그럼 우린 좀 더 주겠네.' 하지만 처음 온 사람도 모두 똑같이 1데나리온을 받았다.

7.

당연히 항의가 있었다. 불공평하다고. 그런데 주인은 이렇게 이야기한다. "나는 잘못한 일이 없어요. 약속한 대로 1데나리온을 주지 않았나요? 나는 나중에 온 사람들에게도 당신과 같이 주고 싶어요. 내 것을 가지고 내 뜻대로 하는 것이 무슨 잘못이죠?" 그 말씀을 읽다가 이 포도원 주인은 우리와 사고방식이 다른 사람이라는 생각이 들었다. 그는 포도원을 위해서 일꾼을 고용한 사람이 아니라, 일꾼을 고용하여 품삯을 주고 싶어서 포도원을 경영한 사람같이 보인다. 그때 큰 감동이 있었다.

8.

무릎을 탁 쳤다. 이 포도원 주인의 비유는 예수님이 우리에게 천국을 설명하시기 위한 비유였다. "천국은 마치 이와 같으니…"(마 20:1). 맞다, 천국이다. 그런 마음씨, 그런 가치관,

그런 사고방식을 가지고 사는 사람들이 사는 곳이 하나님나라다.

9.

요즘도 계속되고 있지만, 내가 이 말씀을 깨달을 즈음에 사회적기업이 운동처럼 유행처럼 퍼져나가기 시작했다. 사회적기업에 대한 조그마한 팸플릿 정도 되는 책을 읽었는데 거기에 내 인생에 큰 감동을 준 문장이 하나 있었다. 일반기업과 사회적기업의 차이를 설명하는 내용이었다. "일반기업은 빵을 팔려고 고용한다. 그런데 사회적기업은 고용하려고 빵을 판다."

10.

일반기업이 빵을 팔아 돈을 벌기 위해 일꾼을 고용하는 것은 잘못된 일이 아니다. 좋은 일이다. 고용을 창출하는 훌륭한 일이다. 사회적기업도 돈을 벌어야 운영이 가능하다. 그런데 목적이 다르다. 일반기업은 투자한 기업에게 모든 이윤이 돌아간다. 기업이 부자가 된다. 하지만 사회적기업은 취약 계층에게 일자리를 제공하는 등의 사회적 목적을 추구하면서 얻은 이윤을 사회로 환원한다. 이것이 기독교의 사상이다. 그래서 NGO를 만들고 일하기 시작했다.

11.

친한 동기 목사들이 조언했다. "야, 너는 목사인데 왜 밤낮 공장 세우고, 기업 만들어주고, 카페 만들어서 일자리 만드는 엉뚱한 짓을 하니? 전도해야지. 복음의 씨를 뿌려야지." 친한 친구라서 내가 그랬다. "야, 씨 뿌리기 전에 먼저 해야 할 일이 있어. 그게 뭔지 아니? 밭을 가는 거야. 너 밭 안 갈고 씨 뿌리는 것을 뭐라고 하는지 아니? 씨도 안 먹히는 소리라고 그래." 이러고 한바탕 웃었던 적이 있다.

12.

얼마나 답답했으면 오후 5시까지 장터에 남아 일자리를 구하고 있었겠는가. 한 푼이라도 벌지 않으면 빈손으로 집에 갈 수밖에 없는 절박한 사람, 인생의 5시에 서 있는 그런 사람 아니었겠는가. 그에게 포도원 주인의 등장은 '복음'이었다. 포도원 주인이 직접 예수 믿으라고 복음을 전하지는 않았지만, 나는 전도가 되었을 것이라고 생각한다. 복음의 씨를 뿌리기 위해서 먼저 밭을 가는 행위가 필요하다. 그것이 바로 복의 근원이 되는 길이다. 나로 인해 오후 5시에 온 사람도 밥을 먹고, 아침에 일자리를 구한 사람도 밥을 먹는, 그렇게 함께 살아가는 세상을 만드는 것. 이것이 예수 믿는 사람의 본분이 아닐까.

13.

예수 믿지 않는 사람 중에도 그런 착한 마음을 가지고 사회적기업이나 NGO를 운영하는 사람들이 많다. 그런데 정작 그 일에 원조가 되고 숙달된 조교처럼 보여야 할 우리 크리스천들은 자기 교회의 부흥, 성장만 생각하고 이 중요한 복의 근원이 되는 사역에서 손을 떼는 경우가 많다. 그래서 하나님나라가 점점 위축되는 것이 아닐까?

14.

하나님은 오늘도 우리를 아브라함의 축복으로 부르신다. 그 복을 사모하는 우리가 될 수 있기를 바란다. 겨우 나 혼자 먹으려고, 나 혼자 부자 되려고, 남이야 어찌 되든지 간에 나만 잘 먹고 잘 살려는 생각은 예수 믿지 않아도 얼마든지 할 수 있는 생각이 아닌가. 아브라함처럼 우리 덕분에 나라가 복을 받고, 민족이 복을 받을 수 있기를 바란다. 오후 5시에 장터에 남아 있는 사람들도 희망을 품을 수 있는 세상을 만들어가는 일에 쓰임 받는 우리가 될 수 있기를 바란다.

15.

복의 근원이 되는 삶을 위하여 하나님이 아브라함에게 명하신 일은 "너의 고향과 친척과 아버지의 집을 떠나 내가 네게 보여줄 땅으로 가라"(창 12:1)는 것이었다. 나는 아직 소심해서 그런지 이민 가서 살 수 있겠다는 용기가 없다. 아는 사람

이 있고 친구도 있는 이 땅이 더 좋지 않겠는가. 낯설고 물설
은, 다른 사람들이 주인 노릇 하는 땅에 가서 살려면 얼마나
힘들겠는가. 지금도 고향과 친척과 아버지의 집을 떠난다는
건 특별한 용기가 없으면 할 수 없는 일이다.

16.

특히 아브라함 당시에는 고향을 떠나면 생명이 위태했다. 사
는 건 고사하고 공격을 받기 쉬웠다. 그런데 하나님은 명령
하신다. "떠나라. 고향 의지하지 마라. 네 친척들 의지하지
마라. 아버지의 집 의지하지 마라. 나만 의지하고 살아." 아
브라함은 그 말씀에 순종했다. 욕심을 다 버린 것이었다. 그
리고 복의 근원이 되었다. 다른 사람이 복 받고 사는 일에 관
심을 가질 수 있는 하나님의 사람이 될 수 있었다.

17.

우리도 그런 믿음의 용기를 가질 수 있기를 바란다. 하나님
이 떠나라 하시면 떠나고 하나님 외에는 다른 것 의지하지
않는, 욕심을 극복하는 삶을 살아가길 바란다. 나만 생각하
는 이기적인 마음에서 벗어나 작은 사람 한 명에게라도 도움
이 될 수 있는, 그래서 복의 근원이 되며 천국을 사는 우리가
될 수 있기를 주의 이름으로 축원한다.

14

평화의 길

창세기 13:1-13

1 아브람이 애굽에서 그와 그의 아내와 모든 소유와 롯과 함께 네게브로 올라가니 2 아브람에게 가축과 은과 금이 풍부하였더라 3 그가 네게브에서부터 길을 떠나 벧엘에 이르며 벧엘과 아이 사이 곧 전에 장막 쳤던 곳에 이르니 4 그가 처음으로 제단을 쌓은 곳이라 그가 거기서 여호와의 이름을 불렀더라 5 아브람의 일행 롯도 양과 소와 장막이 있으므로 6 그 땅이 그들이 동거하기에 넉넉하지 못하였으니 이는 그들의 소유가 많아서 동거할 수 없었음이니라 7 그러므로 아브람의 가축의 목자와 롯의 가축의 목자가 서로 다투고 또 가나안 사람과 브리스 사람도 그 땅에 거주하였는지라 8 아브람이 롯에게 이르되 우리는 한 친족이라 나나 너나 내 목자나 네 목자나 서로 다투게 하지 말자 9 네 앞에 온 땅이 있지 아니하냐 나를 떠나가라 네가 좌하면 나는 우하고 네가 우하면 나는 좌하리라 10 이에 롯이 눈을 들어 요단 지역을 바라본즉 소알까지 온 땅에 물이 넉넉하니 여호와께서 소돔과 고모라를 멸하시기 전이었으므로 여호와의 동산 같고 애굽 땅과 같았더라 11 그러므로 롯이 요단 온 지역을 택하고 동으로 옮기니 그들이 서로 떠난지라 12 아브람은 가나안 땅에 거주하였고 롯은 그 지역의 도시들에 머무르며 그 장막을 옮겨 소돔까지 이르렀더라

I.

세상 살면서 힘든 일이 참 많은데 가장 힘든 일은 뭘까? 나는 사람과 사람 사이에서 일어나는 갈등, 곧 어긋난 인간관계라고 생각한다. 앞서 보았듯이 "마른 떡 한 조각만 있고도 화목하는 것이 제육이 집에 가득하고도 다투는 것보다 나으니라"(잠 17:1)라는 말씀이 있지 않은가. 그런데 세상에는 평화, 샬롬이 없다. 밤낮 다투고 편 가르고 찌르는, 잠 못 이루는 날의 연속이다.

2.

하나님이 아담을 만드셨을 때, 그 기막힌 세상을 다 주셨는데도 아담은 그렇게 흡족해하지 않았다. 그러자 하나님은 아담을 위해서 하와를 만들어주셨다. 아담이 잠에서 깨어 눈앞의 하와를 보고 하는 말이 참 기가 막히다. "이는 내 뼈 중의 뼈요 살 중의 살이라"(창 2:23). 둘인데 하나로 인식하고 있다. 그게 하나님의 창조이다. 그게 평화가 아니겠는가? 그러니 아담과 하와 사이에 갈등이 없다. 하나로서 평화, 샬롬이 이루어졌다. 최고의 축복은 둘인데 하나가 되는 것이다.

3.

이것이 어떻게 가능할까? 둘이면 둘이지, 둘인데 하나라고? 나 아니면 남 아닌가? 우리 욕심으로 타락한 본성이라면 아담이 하와를 봤을 때 "내 뼈 중의 뼈요 살 중의 살이라"라고 말하지 못했을 것이다. 이렇게 얘기했겠지. "어디서 굴러먹다가 온 뼉다구야!"

4.

하와가 생기는 바람에 에덴 절반이 날아갔다. 혼자 먹을 것을 나눠 먹게 되었다. "이거 본래 다 내 거야." 이게 지금 우리의 모습이 아닐까. '하나 더하기 하나는 둘이지, 어떻게 하나야? 나 말고 다른 하나는 다 남이고 적이지. 밟아야 하고 이겨야 해. 그래야 혼자 다 먹을 수 있어.' 그런데 성경의 논리는, 샬롬은 하나 더하기 하나가 하나가 되는 것이었다.

5.

엄밀히 하나 더하기 하나는 둘이지 하나는 아니다. 그런데 하나 더하기 하나가 하나가 되려면 둘 중의 하나가 자기를 부인해야 한다. "나 그냥 0할게." 0은 없는 게 아니다. 아무런 값을 갖지 않을 뿐 0은 존재하는 수이다. 누구 한 사람이 양보하면 하나 더하기 하나는 하나가 된다.

6.

이것이 본문에서 아브라함이 조카 롯에게 보여준 등식이다. 아브라함도 가축과 은금이 풍부했고, 함께 살던 조카 롯도 부자가 되었다. 나는 이 모습이 참 좋다. "너는 복이 될지라"(창 12:2)라는 하나님의 말씀이 이루어진 것 아닌가. 아브라함은 자기만 잘 살려고 하지 않았다. 자기만 부자 되려고 하지 않았다. 함께한 롯도 부자가 되었다.

7.

그런데 아브라함의 목자와 롯의 목자 사이에 자꾸 다툼이 생겼다. 가축을 기르기 위해 좀 더 좋은 풀밭을 차지하려고 '내가 먼저 왔네, 네가 먼저 왔네' 하는 갈등이 생긴 것이다. 그러자 아브라함이 제안한다. "야, 우리 이렇게 살면 안 되겠다. 너와 내 사이가 나빠지기 전에 서로 독립하자." 여기서 중요한 것은 누가 먼저 땅을 선택하느냐는 것이다. 이 순서는 굉장히 중요했다. 그런데 그 우선을 이야기하자면 당연히 아브라함이 먼저 아니겠는가. 하지만 아브라함은 기득권을 양보한다. "네가 좌하면 나는 우하고 네가 우하면 나는 좌하리라"(창 13:9). 자신의 값을 주장하지 않고 "내가 0할게. 네가 하나 해." 그러니 둘 사이의 평화, 샬롬이 이루어졌다.

8.

아브라함은 어떻게 그럴 수 있었을까? 12장의 말씀, 하나님의 축복을 늘 마음에 새기고 살았기 때문이 아닐까? "너로 인해 나라와 민족이 복을 얻어야지. 너만 잘 살면 뭐하니. 남을 잘 살게 해야지." 이 마음이 아브라함을 주장하였기 때문 아니었을까?

9.

그리고 더 중요한 것이 있다. 아브라함은 기득권을 믿지 않고 하나님을 믿었다. 먼저 선택할 권리는 만만한 게 아니다. 그것은 실질적인 이익이 보장되는 아주 확실한 수였다. 하지만 아브라함에게는 그보다 더 확실한 수가 있었다. 믿고 의지하는 하나님이 계셨다. '하나님이 축복하시면 나중에 선택해도 복 받고 잘 살아.' 하나님을 향한 진정한 믿음이 있었기 때문에 아브라함은 그 엄청난 권리를 포기하고 살 수 있었다.

10.

"하나님께 나아가는 자는 반드시 그가 계신 것과 또한 그가 자기를 찾는 자들에게 상 주시는 이심을 믿어야 할지니라"(히 11:6). '하나님이 상 주시니까 난 나중에 선택해도 돼. 하나님이 다 갚아주셔. 하나님이 계시면 어디로 가든 살 수 있어.' 하나님 없는 사람은 살 만한 곳에 가야만 살지만, 하나님 믿는 사람은 여기 가도 살고 저기 가도 산다. 이것을 믿었기에 아브라함은 아무런 거리낌 없이 기득권을 포기하고 자기를 0으로 만들어 샬롬을 이루는 주체가 될 수 있었다.

11.

반면에 롯은 참 염치없는 사람이다. 사실 롯이 부자가 된 것은 삼촌을 잘 만났기 때문이다. 삼촌이 욕심 안 부리고 조카를 챙겼기 때문이다. 그렇다면 삼촌의 제안에 이렇게 대답했어야 하지 않았을까. "삼촌 그게 무슨 말씀이세요? 삼촌이 먼저 택하셔야죠. 삼촌이 왼쪽으로 가시면 제가 오른쪽으로 가고, 삼촌이 오른쪽으로 가시면 저는 왼쪽으로 가겠습니다." 이게 인간의 도리가 아닌가? 그런데 롯은 그 말을 못한다. 빈말이라도 그렇게 했다가 우선권이 뺏기면 손해니까. 결국 먼저 기회를 잡아 여호와의 동산과 같아 보였던 요단 지역을 택하고 소돔까지 이르러 멸망하게 된다.

12.

욕심은 눈을 어둡게 한다. 그래서 나를 위하여 선택한 것이 나를 해하는 결과를 가져오기도 한다. 그런데 마음이 깨끗한 사람은 하나님을 본다(마 5:8). 하나님의 수를 읽는다. 그리고 하나님의 인도하심으로 후수를 둔 줄 알았는데 그것이 선수가 되고, 복의 근원이 되는 결과를 가져오게 되는 것이다. 말은 참 쉽다. 이렇게 성경을 해석하니 참 근사하다. 그런데 문제는 그게 내 삶이 되느냐는 것이다.

13.

오늘도 우리는 세상에서 장사를 하든, 직장에 나가 회사 일을 보든 여러 사람을 만나며 생존 경쟁 속에 살아간다. 남을 이겨야만, 남을 앞서야만 내가 성장할 수 있는 세상이라는 강박관념에 시달리며 산다. 속는 것이다. 그렇지 않다. 이 세상은 하나님이 주관하신다. 하나님이 일일이 간섭하신다. 아브라함처럼 살아도 우린 죽지 않는다. 손해 보는 것 같지만 두고 보라. 결국 승리하게 될 것이다.

14.

내가 자라난 모교회는 청량리중앙교회이다. 정말 사랑하는 교회다. 거기서 좋은 목사님, 좋은 장로님과 권사님, 선생님들을 만나고 좋은 친구들을 만나 그 관계가 지금까지 이어지고 있다. 그런데 참 마음 아프게도 여러 해 전에 교회가 둘로 나뉘게 되었다. 각기 다른 곳에서 예배드리며 몇 년을 싸웠다. 나름 성경적으로 싸우기 위해 친구 장로들이 애를 썼다. 그러다가 옳고 그른 것도 중요하지만 더 이상 싸우면 안 되겠다 싶어서 손들고 나왔다. 권리 주장하지 않았다. 마지막 떠나는 날, 밥상을 잘 차려서 갈등 관계에 있던 교인들을 잘 대접하고 남아 있는 교인들을 축복하며 떠났다.

높은뜻숭의교회가 흩어지면서 당시 비어 있던 수요예배 공간으로 우선 들어와 예배드리라고 했다(지금은 열매나눔재단에서 쓰고 있다). 거기서 몇 년 예배드리다가 지금은 높은뜻섬기는교회가 되었다.

15.

결론만 얘기하면 제일 작은 교회 중 하나이자 개척한 지 얼마 안 된 교회인데 하나님께서 좋은 땅을 주시고 작지만 아주 예쁜 예배당을 허락해주셨다. 내가 과장하기 좋아하는지라 좀 과장해서 얘기하자면, 거기에 세상에서 제일 예쁘고 아름다운 배나무가 있다. 봄마다 배꽃이 아름답게 피어나는 그곳에 교회가 있다.

16.

나는 높은뜻섬기는교회에 갈 때마다 이 말씀이 떠오른다. "온유한 자는 복이 있나니 그들이 땅을 기업으로 받을 것임이요"(마 5:5). 양보하여 제로가 되고, 권리 주장하지 않고 축복하며 떠났더니 하나님이 더 큰 복을 주셨다. 난 그게 하나님의 식(式)이라고 생각한다.

하나님이 안 계신다면 우리도 경쟁해야 하지 않겠는가? 왜 바보같이 밤낮 후수를 두는가? 왜 양보하는가? 악착같이 경쟁해야지. 그러나 하나님이 계시니 양보해도 된다. 실력이 없어서 놓치는 것이 아니라 실력으로 남을 섬기면 하나님이 갚아주시고 복 주실 줄을 믿는다.

큰 물주와 조물주

창세기 14:17-23

17 아브람이 그돌라오멜과 그와 함께한 왕들을 쳐부수고 돌아올 때에 소돔 왕이 사웨 골짜기 곧 왕의 골짜기로 나와 그를 영접하였고 18 살렘 왕 멜기세덱이 떡과 포도주를 가지고 나왔으니 그는 지극히 높으신 하나님의 제사장이었더라 19 그가 아브람에게 축복하여 이르되 천지의 주재이시요 지극히 높으신 하나님이여 아브람에게 복을 주옵소서 20 너희 대적을 네 손에 붙이신 지극히 높으신 하나님을 찬송할지로다 하매 아브람이 그 얻은 것에서 십 분의 일을 멜기세덱에게 주었더라 21 소돔 왕이 아브람에게 이르되 사람은 내게 보내고 물품은 네가 가지라 22 아브람이 소돔 왕에게 이르되 천지의 주재이시요 지극히 높으신 하나님 여호와께 내가 손을 들어 맹세하노니 23 네 말이 내가 아브람으로 치부하게 하였다 할까 하여 네게 속한 것은 실 한 오라기나 들메끈 한 가닥도 내가 가지지 아니하리라

I.

소돔과 고모라를 선택한 아브라함의 조카 롯은 결국 전쟁에

휘말려 포로로 잡혀가는 신세가 되고 말았다. 하나님을 선택한 아브라함은 땅을 먼저 선택할 권리를 조카인 롯에게 양보하고도 형통하고 복된 길을 걸었는데, 하나님 생각은 하지 않고 눈앞의 이익만 좇아 살던 롯에게는 어려움이 많았다. 마치 우리의 삶의 모습을 보는 것 같다.

2.

아브라함이 사병 318명을 이끌고 가서 롯과 잡혀간 포로들과 모든 빼앗긴 물건을 되찾아 온다. 그러자 소돔 왕이 너무 감사하면서 포로로 잡혀갔던 백성들만 돌려주고 그 빼앗겼던 것들은 아브라함에게 다 가지라고 한다. 아브라함이 싸워서 되찾았으니 당연한 얘기다.

3.

그런데 뜻밖에도 아브라함은 사양한다. 함께 전쟁에 참여했던 젊은이들의 몫은 다 챙겨주고 하나님의 몫인 십일조도 떼었지만, 자기 몫은 가지지 않았다. 그 이유가 참 대단하다. 자기는 하나님 때문에 복 받고 형통했다는 소리를 듣고 싶지, 소돔 왕 때문에 부자 됐다는 소리는 듣기 싫다는 것이다. 하나님께만 받고 싶다는 것이다. 참 대단한 자존심이다. 나는 그런 마음이 참 좋다. '난 하나님이 주시는 것만 먹고 살아도 돼'라는 마음이 예수 믿는 사람들의 믿음이고 자존심이 아닐까 생각한다.

4.

그런데 그게 어디 쉬운가? 부자만 된다면, 잘살게만 된다면 하나님이 아닌 다른 길을 통해서라도 눈 한 번 딱 감고 그 기회를 잡고 싶은 게 우리의 죄된 본능이 아니겠는가?

5.

옛날에는 개가 집을 지켰다. 그래서 도둑이 범행을 저지르기 며칠 전쯤에 미리 와서 동네 개를 다 죽였다. 독약이 든 고깃덩어리를 주고 오는 것이다. 좋은 개를 기르는 주인들은 그런 일을 당하지 않으려고 개를 훈련시켰다. 무슨 용도로 쓰이는 약인지는 잘 모르겠지만, 친구들과 짜고 굉장히 쓴 약을 고깃덩어리에 잔뜩 발라서 친구들이 주게 했다. 개들이 덥석덥석 받아먹는데 써서 아주 죽겠는 것이다. 주인이 주는 걸 먹으면 편안한데, 주인이 아닌 다른 사람이 주는 걸 먹으면 힘들다는 것이 학습되기 시작한다. 그러면 그 개는 앞으로 모르는 사람이 주는 것은 절대로 먹지 않는다. 그래서 도둑으로부터 생명을 지킨다.

6.

이런 험한 말을 해서 괜찮을까 싶은데, 우린 참 개만도 못하다. 개도 주인이 주는 것인지 주인이 아닌 다른 사람이 주는 것인지 분별해서 자기 생명을 지키는데, 우리는 평생 예수님을 믿고 살아도 우리에게 오는 복이 하나님으로부터 오는 것인지, 세상으로부터 오는 것인지 묻지도 따지지도 않는다. 혹 묻는다면 "얼마야?" 한다. 큰 복이면 하나님이 주신 것이 아니더라도 받고 싶고, 작은 복이면 아닌 척하고 "난 하나님이 주시는 것만 받아"라고 이야기하고 싶은 것이 우리의 진심이 아닐까.

7.

이미 여러 번 했던 이야기인데, 내가 동안교회에서 시무하다가 높은뜻숭의교회를 개척하러 나올 때 사람들 사이에 이상한 말이 돌기 시작했다.

"김동호 목사가 큰 물주를 잡았다."

어느 학교(숭의여대)를 빌려서 예배 드리게 되었는데, 그 이사장님이 꽤 큰 부자셨다. 이사장님의 도움으로 그 학교로 가게 되니 '돈도 한 백억 받았다'는 말이 돌기 시작한 것이다. 나는 교회 홈페이지에 "큰 물주와 조물주"라는 제목의 글을 써서 올렸다. 그 내용은 이러했다. "사람들이 제가 큰 물주를 잡았다는 말들을 하는데 사실입니다. 제가 큰 물주를 잡았습니다. 백억 정도 받았다는 말들도 있던데 그보다 훨씬 더 보장받았습니다. 그 물주의 이름은 큰 물주가 아니라 조물주입니다."

8.

내가 말을 잘한 것도 맞지만, 그때 내 마음이 그랬다. 하나님을 붙잡아야 살지, 돈 좀 있다고 힘 좀 있다고 사람을 붙잡으면 썩은 동아줄을 잡은 것과 같아서 결국 승리하지 못한다. 천지를 창조하신 조물주를 믿는데 그까짓 큰 물주가 무슨 소용이 있겠는가. 그 작은 믿음에도 하나님이 복을 주셔서 내가 아브라함과 같은 복을 받지 않았나 감히 생각해본다.

9.

큰아이가 한동대에 갔다. 큰아이는 공부를 좀 잘했던지라 더 좋은 대학에 갈 수 있는데 한동대를 가겠다니, 학교에서 원서를 안 써주려 해서 꽤 실랑이가 있었다. 그래도 우리 아이가 "한동대 참 좋더라. 너도 거기 가면 좋겠다"라는 내 말을 받아줘서 결국 한동대에 입학했다.

포항이라 기숙사에서 지냈는데 첫 학기 동안 학교 다니는 걸 보니 아주 좋아하고 만족스러워했다. 새벽기도를 7시에 하는데 하루도 안 빠지고 다녔다. 피아노 반주를 연습해서 찬송 반주도 했다. 그래서 이 학교 보내길 정말 잘했다고 생각했는데 1학기가 끝나고 방학이 끝났을 때 아이가 이런 얘기를 꺼냈다. "저 재수하면 안 될까요?" 전혀 예상하지 못했다. 학교가 불만스럽다거나 실망했다거나 하는 눈치가 있었으면 예상했을 텐데, 집에 오면 밤낮 학교 자랑하고 교수님들 칭찬만 하던 아이가 재수를 하겠다니까 얼떨떨했다.

IO.

왜 그러냐 했더니 아이가 이제 뭔가 좀 알게 됐단다. 한국은 학연, 지연이 이끌어주는 사회라는 것을. 한동대에 가보니 다 좋은데 선배가 없다는 것이다. 자신이 3기니까 선배가 위에 두 기수밖에 없고, 또 지방에 있으니 사람들이 잘 모르는 것이다. 공부깨나 했으니 친구들을 만나면 "너 어느 대학 갔냐?" 묻는데 "한동대 갔어"라고 하면 모르는 거다. 그냥 지방 삼류대가 되고 만다. 그렇지 않은데. 그래서 자존심이 상했던 모양이다. 재수해서 소위 말하는 일류 대학을 가보겠다고 내게 의견을 물었다. 그때 나는 이렇게 대답했다. "네 인생이니까 네가 기도하고 결정해라." "기도하고 재수한다 하면 시켜주실 거예요?" "기도하고 결정하면 시켜주마."

II.

우리 집은 목사 집안인데도 기도원 찾아다니면서 기도하는 것을 잘 못한다. 그냥 방에서 혼자 기도할 줄만 알지. 그런데 이 아이가 수소문해서 어느 기도원에 사흘 정도 가서 기도하고 오겠다고 배낭 메고 올라갔다. 그리고 이틀 만에 자기 나름대로 큰 응답을 받고 보따리 싸 들고 내려왔다. 그때 하나님께서 우리 아이에게 주신 응답이 이사야서 31장 1절에서 3절 말씀이었다. 참 기가 막혔다.

"도움을 구하러 애굽으로 내려가는 자들은 화 있을진저 그들은 말을 의지하며 병거의 많음과 마병의 심히 강함을 의지하

135

고 이스라엘의 거룩하신 이를 앙모하지 아니하며 여호와를 구하지 아니하나니 여호와께서도 지혜로우신즉 재앙을 내리실 것이라 그의 말씀들을 변하게 하지 아니하시고 일어나사 악행하는 자들의 집을 치시며 행악을 돕는 자들을 치시리니 애굽은 사람이요 신이 아니며 그들의 말들은 육체요 영이 아니라 여호와께서 그의 손을 펴시면 돕는 자도 넘어지며 도움을 받는 자도 엎드러져서 다 함께 멸망하리라"(사 31:1-3).

12.

소위 말하는 일류 대학이 애굽은 아니다. 하지만 우리 아이가 그 학교에 가고 싶어 했던 마음, 그 생각은 도움을 구하러 애굽으로 내려간 것에 비유된다. '선배 잘 만나야 해. 유명한 학교를 다녀야 내 앞길이 열리지.' 그런 상식적인 생각을 했던 아이는 도움을 구하러 하나님께 내려가야지 선배 잘 만난다고 되는 것이 아님을 알고 돌이켰다. 그때 내가 좀 건방진 이야기를 해줬다.

"아빠는 네가 학교 덕 보는 것 싫어. 넌 하나님 덕만 보면 돼. 학교가 네 덕 볼 거야."

13.

"복의 근원 강림하사 찬송하게 하소서. 한량없이 자비하심 측량할 길 없도다." 우리는 하나님이 복의 근원이라고 찬송은 늘 부른다. 그런데 엉뚱한 데서 복을 찾고 세상이 준 고기

속에 독이 있는 것도 모른 채 덥석덥석 받아먹다가 패가망신하고 마는 것이 우리의 현실이 아닌가?

14.

아브라함은 정말 믿음의 조상답다. "너 때문에 부자 됐다는 소리 듣기 싫어. 난 하나님이 주시는 것만으로도 충분해." 그렇게 살아도 가난하지 않았다. 하지만 혹 설령 가난했으면 어떤가? 우리는 하나님이 주시는 것만 먹어야 건강하고 형통하고 편안하고 복된 삶을 살 수 있다. 하나님을 믿는다는 것은 하나님께 나아가는 자에게 하나님이 상 주신다는 것을 믿는 것이다.

15.

진짜 복은 하나님만 주실 수 있다. 하나님이 우리의 복의 근원이다. 아브라함처럼 하나님이 주시지 않는 것은 억만금이 생겨도 외면하고, 하나님이 주시는 것은 작은 것이라도 감사하면서 받을 수 있기를 바란다. 그래서 하나님이 주시는 아브라함의 복을 이 땅에서도 함께 누리며 살아가는 우리가 다 될 수 있기를 축원한다.

16

하늘 가는 밝은 길

창세기 15:1-5

¹ 이후에 여호와의 말씀이 환상 중에 아브람에게 임하여 이르시되 아브람아 두려워하지 말라 나는 네 방패요 너의 지극히 큰 상급이니라 ² 아브람이 이르되 주 여호와여 무엇을 내게 주시려 하나이까 나는 자식이 없사오니 나의 상속자는 이 다메섹 사람 엘리에셀이니이다 ³ 아브람이 또 이르되 주께서 내게 씨를 주지 아니하셨으니 내 집에서 길린 자가 내 상속자가 될 것이니이다 ⁴ 여호와의 말씀이 그에게 임하여 이르시되 그 사람이 네 상속자가 아니라 네 몸에서 날 자가 네 상속자가 되리라 하시고 ⁵ 그를 이끌고 밖으로 나가 이르시되 하늘을 우러러 뭇별을 셀 수 있나 보라 또 그에게 이르시되 네 자손이 이와 같으리라

I.

창세기 12장에서 하나님께서는 아브라함에게 "내가 너로 큰 민족을 이룰 것이다"라는 말씀을 주셨다. 그러면 그다음에 아들을 낳았어야 했다. 민족을 이루려면 아들 하나는 있어야 될 텐데, 하나님은 아브라함에게 자식을 주시지 않았다.

2.

본문은 그 분명한 약속이 있고도 약 20년이 지나간 상황이다. 아브라함의 아내 사라의 월경도 그쳤으니 상식적으로 창세기 12장의 축복이 이루어질 것을 기대할 수 없게 되었다. 아브라함은 양자를 얻거나 젊은 아내를 맞이해 자식을 낳아야겠다고 생각했다. 아마 하나님께서 그런 경우까지 포함하여 약속을 주신 것 아닌가 해석했다.

3.

아브라함에게는 엘리에셀이라는 신실한 종이 있었다. 곁에 두고 보니 참 훌륭하고 믿을 만했다. 그래서 아브라함은 엘리에셀을 양자로 삼겠다고 하나님께 말씀드렸다. "하나님, 엘리에셀을 양자로 삼겠습니다."
그런데 하나님께서 아니라는 것이다. "사라를 통해서 나온 네 자식만이 네 후손이 될 것이다."
여기서 매우 중요한 사실이 있다. 하나님의 축복은 완전하다는 것이다. 속된 말로 정품이다. 가품이 없다. 돌아가는 것 없고, 꾀부리는 것 없다. 하나님의 말씀은 한 획 보탤 것도 없고 뺄 것도 없는 완전무결한 말씀이자 축복이다. 하나님의 축복은 완전하고 완벽하다.

4.

결국 아브라함은 사라를 통해 이삭을 낳지 않았는가? 어떻게 그런 일이 일어날 수 있는가? 100살에, 그것도 아내 사라가 임신할 수 없게 된 지 꽤 오래되었는데 어떻게 그런 일이 일어날 수 있는가?

5.

내가 중학생 시절에는 한 반에 교회에 다니는 아이들이 한두 명 있을 정도였다. 그래서 기도하고 밥 먹는 것이 참 힘들었다. 도시락 꺼내놓고 기도하려고 하면 머리 쥐어박고 도망가는 놈, 도시락 들고 뛰는 놈이 많았다. 물론 장난으로. 그래서 애를 많이 먹었다.

그런데 친해지면 같이 교회 가자고, 예수 믿으라고 전도했다. 그러면 아이들이 이렇게 얘기하곤 했다. "야, 예수님이 물 위를 걸으셨다며? 왼발 빠지기 전에 오른발 놓고, 오른발 빠지기 전에 왼발 놨냐?", "홍해를 갈랐다고? 어떻게 바다를 가를 수 있냐?" 성경의 이적들이 비상식적이라 믿을 수 없다고 했다.

6.

그때 내가 그 친구들에게 했던 말이 기억난다. "네가 얘기하는 건 사람이고 내가 믿으라고 하는 분은 하나님이야. 야, 사람이 물 위를 걷는 게 말이 되냐. 그건 뻥이지. 그건 사기야. 그런데 하나님이 물에 빠지는 법이 어딨냐? 하나님이니까 걸으셨지. 물에 빠지는 하나님을 누가 믿냐? 홍해를 만드신 분이 하나님이신데 갈랐다가 모으는 걸 왜 못하냐?" 그러면 애들이 아무 말 못 했다.

7.

어릴 적 내게 이런 믿음이 있었다. 그래서 성경에 이해가 안 가고 상식에서 벗어난 일들이 많아도 별로 고민하지 않았다. '하나님이니까 하실 수 있지. 하나님께 불가능은 없잖아.'

8.

우리는 하나님을 믿지 못할 때, 믿음이 흔들릴 때 자꾸 편법을 쓰려 한다. 돌아가려 하고 꾀부리려 한다. 아브라함도 하나님이 막으셔서 엘리에셀을 양자로 들이지는 않았는데, 나중에 보게 되겠지만 편법을 썼다. 사라가 권하는 바람에 그렇게 됐다. 당시 문화적으로 종을 사람이 아니라 자기 소유로 취급했던 인식이 있어서 그런지 모르겠지만, 사라는 자신의 종 하갈이 자식을 낳으면 자기 자식이라고 생각했던 것 같다. 이에 아브라함은 그럴듯하다 싶어서 하갈과 동침하여 이스마엘을 낳았다.

9.

이후에 아브라함의 집안은 갈등과 불화가 계속되었다. 하나님은 죄가 없는 이스마엘은 축복하셨다. 정식 자손으로 계보를 잇지는 못했지만, 이스마엘에게도 복의 몫을 주셨다. 하나님은 그런 분이시다. 그러나 아브라함의 편법은 지금까지 중동지역에 일어나는 분란과 불화의 씨앗이 되었다. 어차피 우리는 하나님을 이해하는 것이 아니라 믿는 것이다. 하나님을 믿으려면 그냥 눈 딱 감고 믿어야 한다.

10.

눈앞이 깜깜해지고 누구도 도움이 안 될 때, 나는 그 해결법을 성경에서 찾으려고 나름 노력한다. 성경과 성경 사전이 들어 있는 휴대전화, 메모지와 볼펜 하나 들고 책상 앞에 무작정 앉는다. 그러면 그동안 암송했던 말씀들이 기억난다. 완벽히 몇 장 몇 절로 기억이 나지는 않지만 팝콘 터지듯 툭툭 말씀들이 생각나면 메모지에 다 옮겨 적는다. 한참을 다 옮겨 적은 후에는 적어놓은 말씀들을 쭉 읽어나간다. 그러면 그 말씀들이 유형별로 나뉜다. A유형, B유형…. 여기서 '아, 이렇게 해야겠구나. 저렇게 해야겠구나'라는 답들이 나온다.

11.

답이 나오면 깜깜했던 눈앞이 환해질까? 그렇지 않다. 더 깜깜해진다. 말씀 속에서 길을 찾았는데 왜 더 깜깜해질까? 내가 생각했던 길이 아니라서다. 하나님이 생각하시는 길과 내가 생각하는 길이 전혀 다르다. '살라고 주시는 거야, 아니면 죽으라고 주시는 거야?' 싶을 만큼 앞이 깜깜하다.

12.

그런데 그때 믿음이 작동한다. '하나님이 옳으셔. 이 길이 맞
아. 가기는 싫지만, 좁고 험해서 죽을 것 같지만 이 길이 생명
이라 하셨어.' 말씀대로 순종하려고 자꾸 기도하다 보면 '내
뜻대로 마옵시고 아버지의 원대로 되기를 원하나이다'라는
고백이 나온다. 하나님이 말씀에 순종할 용기를 새싹처럼 조
금씩 조금씩 돋아나게 하신다. 그렇게 용기가 자라면 '죽으
면 죽으리라'는 생각으로 이제 말씀대로 저지른다. 바보가
되는 마음으로, 망하는 심정으로 주님께 순종하면 놀라운 일
이 일어난다. 그때 하늘 가는 길이 환해진다.

13.

나는 모든 문제를 그렇게 풀었다. 그렇게 푼 문제들은 다 해
결이 되었다. 해결된 정도가 아니라 도리어 큰 복이 되었다.
"고난 당한 것이 내게 유익이라 이로 말미암아 내가 주의 율
례들을 배우게 되었나이다"(시 119:71)라는 말씀의 뜻을 이해
하게 되었다. 고난 당했기 때문에 하나님의 법을 찾았고, 하
나님의 법이 힘들고 어려웠지만 순종했더니 그것이 내게 축
복이 되는 것을 경험하며 살았다.

14.

언제나 말하기는 쉽고, 듣고 은혜 받는 것도 쉬운데 막상 살
려면 참 어렵다. 기도는 그래서 하는 것 아닐까? 하나님께서

날마다 기막힌 새벽을 통해서 주신 말씀을 깨달아 머릿속은 환한데 막상 그대로 하려면 손발이 떨릴 때, 그때 하나님 앞에서 기도하는 것이다. '하나님, 말씀대로 살게 해주세요.'

15.

아브라함에게 20년을 기다리게 하셨지만 결국 약속을 지키신 하나님. 어떻게 월경이 끊어진 여자에게서 아이를 낳게 하실 수 있었을까? 그건 과학적으로, 상식적으로 말이 안 된다. 하지만 하나님이 하신 일이다. 천지를 창조하신 하나님이 그렇게 하시겠다면 믿을 수 있는 믿음, 이게 우리의 믿음이어야 하지 않을까. 편법 쓰지 말고, 악인의 꾀를 부리지 말고 하나님이 주시는 정품 복을 사모하며 살아가는 우리가 될 수 있기를 축원한다.

하늘 가는 밝은 길이 내 앞에 있으니
슬픈 일을 많이 보고 늘 고생하여도
하늘 영광 밝음이 어둔 그늘 헤치니
예수 공로 의지하여 항상 빛을 보도다
_찬 493장

딴 길로 가지 맙시다

창세기 16:1-6

1 아브람의 아내 사래는 출산하지 못하였고 그에게 한 여종이 있으니 애굽 사람이요 이름은 하갈이라 2 사래가 아브람에게 이르되 여호와께서 내 출산을 허락하지 아니하셨으니 원하건대 내 여종에게 들어가라 내가 혹 그로 말미암아 자녀를 얻을까 하노라 하매 아브람이 사래의 말을 들으니라 3 아브람의 아내 사래가 그 여종 애굽 사람 하갈을 데려다가 그 남편 아브람에게 첩으로 준 때는 아브람이 가나안 땅에 거주한 지 십 년 후였더라 4 아브람이 하갈과 동침하였더니 하갈이 임신하매 그가 자기의 임신함을 알고 그의 여주인을 멸시한지라 5 사래가 아브람에게 이르되 내가 받는 모욕은 당신이 받아야 옳도다 내가 나의 여종을 당신의 품에 두었거늘 그가 자기의 임신함을 알고 나를 멸시하니 당신과 나 사이에 여호와께서 판단하시기를 원하노라 6 아브람이 사래에게 이르되 당신의 여종은 당신의 수중에 있으니 당신의 눈에 좋을 대로 그에게 행하라 하매 사래가 하갈을 학대하였더니 하갈이 사래 앞에서 도망하였더라

I.

사람은 누구나 하나님과 하나님의 말씀을 믿는 믿음이 흔들릴 때가 있다. 믿음이 흔들릴 때 나타나는 현상이 있는데, 꾀, 요령, 편법 같은 것들을 생각하고 자꾸 딴 길로 눈을 돌리게 되는 것이다. 왜 그럴까? 안 믿어지기 때문이다.

2.

그런데 사실 하나님이 안 믿어지게 하시는 부분도 있다. 주신다고 해놓고 안 주시니까. 아브라함에게도 민족을 이루겠다고 하시고는 자식을 안 주시니 '이 길이 아닌가, 하나님의 생각과 내 생각이 좀 다른가, 다른 방법이 있는 것 아닌가'라는 생각을 자연 하게 되는 것이다.

3.

그런데 하나님은 왜 그렇게 하실까? 주신다고 하셨으면 즉시 주시거나 말씀하셨으면 금방 이루어주시면 되는데, 왜 그렇게 안 믿어질 때까지 그냥 두시는 걸까? 물론 매번 그러시는 것은 아니지만 말이다.

4.

나는 하나님의 일종의 테스트가 아닌가 생각했다. 이 테스트는 유혹과는 다르다. 유혹으로 다가오는 사탄의 시험과는 전혀 다른 것이다. 하나님께서 그런 시험은 우리에게 안 한다고 하셨다. 그러나 성경을 보면 '네가 이래도 날 믿을 거야? 네가 여기까지 믿을 수 있어?'라는 테스트는 종종 하시는 것 같다.

5.

비슷한 예 중 하나가 수로보니게 여인이 아닌가 싶다. 수로보니게 여인이 귀신 들린 딸을 고쳐달라고 간구하니 예수님이 이해가 안 되는 말씀을 하신다. "자녀의 떡을 취하여 개들에게 던짐이 마땅하지 아니하니라"(마 15:26). 당시 유대인들이 가지고 있었던 그릇된 선민의식이 담긴 말이다. 자기들만 하나님의 백성이고 나머지 사람들은 다 이방인이다. 게다가 이방인은 다 개다. 사람이 아니다. 예수님이 이 사고를 그대로 받아들이셔서 여인에게 "너는 이방인이잖아. 너는 유대인이 아니잖아. 내 능력은 내 자녀인 유대인들에게만 줄 거야. 개에게 주는 것은 마땅치 않아"라고 말씀하셨다. 깜짝 놀랐다. 예수님이 사람을 그렇게 대하시다니, 내가 아는 예수님이 아닌데 하는 생각을 했다.

6.

그런데 그것이 일종의 하나님의 테스트였다. '너 이래도 나 믿을 거야? 이래도 나 붙잡을 거야?' 수로보니게 여인은 그 시험을 당당히 통과했다. "주여 옳소이다마는 개들도 제 주인의 상에서 떨어지는 부스러기를 먹나이다"(마 15:27).

부스러기만 주셔도 내 딸은 살겠다고 했을 때, 예수님이 하신 말씀을 잘 기억해보라. "네 믿음이 크도다"(마 15:28). 예수님이 이것을 확인하신 것이다.

7.

아브라함과 사라가 하갈을 통해 대를 이으려고 했다. 하나님이 자녀를 안 주시니 딴 길을 찾아본 것이다. 그런데 사실 꾀, 편법, 요령이 모든 인간사의 원흉이다.

8.

시편 1편을 보면 "복 있는 사람은 악인들의 꾀를 따르지 아니하며 죄인들의 길에 서지 아니하며 오만한 자들의 자리에 앉지 아니하고 오직 여호와의 율법을 즐거워하여 그의 율법을 주야로 묵상하는도다"(시 1:1,2)라고 말씀하셨다. 그러면서 꾀부리는 사람, 편법 쓰는 사람의 결국에 대해 말씀하실 때 "오직 바람에 나는 겨와 같도다"(시 1:4)라는 표현을 사용하셨다. 쌀이든 겨든 모양은 똑같다. 하지만 겨는 속이 없다. 그것이 편법의 결과이다.

9.

하나님의 말씀을 끝까지 믿고 지키는 사람은 "시냇가에 심은 나무"(시 1:3) 같아 철을 따라 열매를 맺지만, 편법은 쭉정이다. 바람에 나는 겨와 같다. 그것이 우리가 이제껏 경험하며 살아온 바이다.

10.

그런데 오해하면 안 된다. "율법, 곧 하나님의 법을 지키면 복 받고 편법을 쓰면 망한다"라고 할 때, 이것을 구원의 문제까지 연결시키면 성경 해석이 달라진다. 성경은 우리에게 구원은 율법을 지킴으로 얻는 것이 아니라고 분명하게 말한다. 율법을 다 지켜야 구원받을 수 있다면 우리 중에 구원받을 사람이 어디 있을까? 우리는 하나님의 법을 다 지키지 못할 뿐더러 실족할 때가 많다.

11.

믿음의 조상 아브라함도 실족하고 실수하여 고통당하지 않았는가. 자기 의로 자신을 구원한다? 어불성설이다. 우리의 의로 우리의 허물을 가린다? 있을 수 없는 일이다. 우리에겐 그럴 능력이 없다. "오직 의인은 믿음으로 말미암아 살리라"(롬 1:17). 이것이 구원의 도리이다.

12.

그렇다고 '율법은 아무것도 아니야. 율법을 지키라고 하는 것은 하나님의 식이 아니야. 잘못된 거야. 이단이야'라고 생각하는 것도 옳지 않다. 율법을 누가 만드시고, 누가 지키라고 하셨는가? 율법을 주신 분은 하나님이시다. 하나님께서는 우리에게 "너 이거 지켜서 구원받으라고 주는 것 아니야. 구원은 내가 예수 그리스도를 십자가에 못 박음으로, 그 핏 값으로 너희에게 거저 주는 거야. 믿음으로 얻는 거지. 하지 만 너희에겐 율법도 있어야 해"라며 율법을 주셨다.

13.

하나님이 왜 우리에게 율법을 주셨을까? 이 땅에서 사는 동 안 복되게 잘 살라고 십계명을 주신 것이다. "이렇게 해라, 저렇게 하지 말아라"라는 율법이 너무 많으면 못 지키니까 그래도 열 가지는 꼭 지켜보라고 주신 것이 십계명이다. 십 계명을 지키면 복이 된다.

하나님은 까다로운 시험으로 우리를 떨어뜨리려고 율법을 주신 것이 아니다. 우리를 복되게 잘 살게 하려고 계명을 주 셨다. 어기면 화가 되고 지키면 복이 되는 것이 하나님의 말 씀이다. 그러므로 우리는 함부로 하나님의 율법을 무시하며 아무렇게나 살아도 구원을 얻는다는 어리석은 생각에 빠져 서는 안 된다.

14.

그런데 우리는 타락한 죄인이지 않은가? 우리에게는 원죄 가 있다. 하나님을 자꾸 거스르려는 본능이 있다. 그래서 하 나님의 말씀을 끝까지 믿고 지키려면 훈련이 필요하다. 훈련 없이 거저 얻을 수 없다. 하나님의 법을 지키고 꾀와 요령을 피우지 않는 훈련이 필요하다.

15.

어떻게 하면 하나님의 말씀을 잘 지킬 수 있을까? 어떻게 말씀대로 사는 삶을 훈련할 수 있을까? 이것을 생각하다가 나는 '운전할 때 교통신호부터 잘 지켜보자'는 엉뚱한 생각을 했다. 빨간불이면 서고 초록불이면 가고. 별것 아니지만 세상의 작은 규칙부터 지키는 훈련을 하다 보면 하나님의 말씀 지키는 것도 훈련이 되지 않을까 생각하면서 제법 열심히 교통신호를 지켜보려고 애를 썼다.

16.

교통신호 지키기가 뜻밖에 참 어렵다. 나만 잘하면 되는 것이 아니다. 제일 지키기 어려울 때가 새벽기도에 갈 때이다. 새벽 4시쯤 운전해서 교회에 가다 보면 길거리에 차가 별로 없다. 차도가 텅 비고 아무도 없을 때 빨간불에 선다는 것이 쉽지 않다. 그래도 선다. 그런데 뒤차가 내버려두지 않는다. 빵빵. 번쩍번쩍. 순경 없다고, 아무도 없는데 왜 안 가냐고 난리다. 그래도 교통신호를 지키는 것을 연습하고, 그것을 통해 말씀 지키는 훈련을 하려는 것이니까 버티고 안 간다. 그러면 뒤차는 비어 있는 옆 차선으로 옮겨 "빵~" 하면서 간다. '별 미친놈 다 보겠네. 그래 너 잘났다'라는 무언의 말을 남기고. 그럴 때 지키기가 어렵지만 끝까지 버티고 지켰다.

17.

아브라함과 사라는 꾀부리고 편법을 쓰다가 혹독한 대가를 지불해야 했다. 가정에 분란이 일어나고 그것이 지금까지 중동 사태로 이어지고 있는 것을 우리가 알지 않은가? 이런 일들이 우리가 세상을 살면서 수없이 경험하는 일들이다. 그러니 기도하자. 끝까지 하나님의 법과 말씀을 믿고 지킬 수 있게 해달라고, 편법 쓰고 싶은 유혹에서 지켜주시고 딴 길로 가지 않게 해달라고. 그래서 끝까지 하나님의 말씀과 법을 지킴으로 복을 받게 해달라고 기도하자. 기도하고 싸우고 훈련하고 연습하는 하루하루 될 수 있기를 주의 이름으로 축원한다.

●

예수가 함께 계시니 시험이 오나 겁 없네
기쁨의 근원 되시는 예수를 위해 삽시다
날마다 주를 섬기며 언제나 주를 기리고
그 사랑 안에 살면서 딴 길로 가지 맙시다

주께서 심판하실 때 잘했다 칭찬하리니
이러한 상급 받도록 예수를 위해 삽시다
날마다 주를 섬기며 언제나 주를 기리고
그 사랑 안에 살면서 딴 길로 가지 맙시다

_찬 325장

18

너희도 거룩하라

창세기 17:9-14

9 하나님이 또 아브라함에게 이르시되 그런즉 너는 내 언약을 지키고 네 후손도 대대로 지키라 10 너희 중 남자는 다 할례를 받으라 이것이 나와 너희와 너희 후손 사이에 지킬 내 언약이니라 11 너희는 포피를 베어라 이것이 나와 너희 사이의 언약의 표징이니라 12 너희의 대대로 모든 남자는 집에서 난 자나 또는 너희 자손이 아니라 이방 사람에게서 돈으로 산 자를 막론하고 난 지 팔 일 만에 할례를 받을 것이라 13 너희 집에서 난 자든지 너희 돈으로 산 자든지 할례를 받아야 하리니 이에 내 언약이 너희 살에 있어 영원한 언약이 되려니와 14 할례를 받지 아니한 남자 곧 그 포피를 베지 아니한 자는 백성 중에서 끊어지리니 그가 내 언약을 배반하였음이니라

I.

창세기 17장에는 할례의 법이 나온다. 하나님께서 아브라함에게 너희 모든 남자는 태어난 지 8일 만에 할례를 행하라고 하시는 말씀이다. 왜 그러셨을까? 할례를 행하라고 하신 하

나님의 의도는 무엇일까?

2.

나는 그것을 "너희는 세상 사람들과 구별되어 하나님의 백성답게 거룩하게 살아라"라는 것으로 생각했다. 그리고 "예, 그렇게 살겠습니다" 하는 약속으로 할례를 해석했다. 구별과 거룩의 언약과 그 표식이라고 해석한 것이다.

우리는 세상에서 세상 사람들과 함께 살고 또 그들을 위해 살지만, 그들의 식대로 살아서는 안 된다. 하나님의 식대로 사는 사람이 되어야 한다. 할례는 '하나님의 식대로 사는 사람'이라는 표식이었다.

3.

하지만 나중에 이스라엘 백성들에게 할례는 하나의 부적과 같이 되고 말았다. 하나님의 언약을 지키는 것에는 관심 없고, 구별된 삶도 살지 않으면서 할례만 받으면 하나님의 백성이 된다고 생각했다. 세상 사람들과 달리 선민의 축복을 받은 것으로 착각했다. 그래서 사도 바울은 "할례는 마음에 할지니 영에 있고 율법 조문에 있지 아니한 것이라"(롬 2:29)라고 말했다. 마음의 할례를 강조하는 것이 본래 하나님의 의도였다.

4.

할례를 세상 사람과의 구별, 조금 더 넓게 보자면 거룩함으로 생각할 수 있는데, 하나님이 우리에게 요구하시는 구별과 거룩함은 도대체 뭘까? 하나님이 "세상 사람들처럼 살지 말아라"라고 하실 때 과연 무엇을 이야기하는 걸까 생각해봤다. 떠오르는 대로 몇 가지만 정리해보았다.

5.

첫째, 욕심대로 살지 말고 말씀 따라 살아라. 이것이 가장 중요하다. 세상 사람들은 하나님을 모르니 하나님의 말씀도 당연히 모른다. 자기 자신이 하나님이 되어 욕심이 자기를 이끄는 주체가 되었다. "욕심이 잉태한즉 죄를 낳고 죄가 장성한즉 사망을 낳느니라"(약 1:15). 그 길로 빠져들어서 세상이 이렇게 고통스럽지 않은가?

세상 사람들이 다 자기 본능대로 욕심을 따라 산대도 하나님의 사람들은 그 본능을 부인하고 십자가를 지고 하나님의 말씀을 따라 살아야 한다. 그것이 그리스도인이 받아야 할 마음의 할례이자 하나님이 원하시는 구별이라고 생각한다. 하나님은 우리가 하나님의 뜻과 식이 아니면 억만금이 생겨도 행하지 않고, 하나님의 뜻과 식이라면 억만금을 손해 봐도 순종할 수 있는 사람이 되기를 원하신다.

6.

둘째, 섬김을 받으려고 하지 말고 섬기며 살아라. 세상 상식과 정반대되는 것들이다. 부모들은 자식들이 공부를 잘하면 좋겠다는 생각을 가지고 있다. 그래서 자식 공부 시키는 데들어가는 돈은 아끼지 않는다. 특히 우리나라 사람들이 제일많이 쓰는 돈이 자녀 교육비다.

7.

그런데 왜 그렇게 자녀를 공부시켜서 훌륭한 사람으로 만들려고 하는가? 잘 섬기는 사람이 되게 하려고? 아니면 대접받고 섬김 받는 사람이 되게 하고 싶어서 그런 것 아닌가? 섬김을 받으려 하는 것이 어긋난 세상의 본능이다. 많은 사람이섬김을 받으려고 공부하고, 돈 벌고, 출세하고, 권력을 잡으려 한다. 말은 섬기려 한다고 하지만 대접받으려고, 남을 부리고 그것을 누리려고 한다.

8.

예수님을 따르겠다고 배와 그물을 다 버려두고 3년 동안이나 예수님을 따라다녔던 제자들도 그 마음을 버리지 못했다. "내가 너보다 더 높지. 내가 먼저 왔잖아. 나이가 더 많잖아. 내가 예수님께 더 충성했잖아" 같은 경쟁을 하며 누가 더 높냐고 싸움질하지 않았는가.

9.

섬기는 사람이 된다는 것은 참 어려운 일이다. 하지만 그리
스도인이라면 꼭 받아야 할 마음의 할례라고 생각한다. 섬기
는 사람이 되려면 낮아져야 한다. 기독교는 높아짐을 가르치
는 종교가 아니라 낮아짐을 가르치는 종교이다.

10.

그런데 여기에 함정이 하나 있다. 예수님이 낮아지라고 하
신 것은 실력인가, 자세인가? 실력을 낮추는 것은 겸손이 아
니라 게으름이다. 나태한 것이다. 예수님이 낮아지라고 하신
것은 우리의 자세이다. 사실 실력이 높은 사람이 자세를 낮
추어 사람을 섬기는 것이 기독교의 참 가르침이라고 말할 수
있다. 예수님이 제자들의 발을 씻기시면서 하신 말씀이 바로
이것이다. "너희가 나를 선생이라 또는 주라 하니 너희 말이
옳도다 내가 그러하다 내가 주와 또는 선생이 되어 너희 발
을 씻었으니 너희도 서로 발을 씻어주는 것이 옳으니라"(요
13:13,14). 예수님이 선생이 되어서 너희들의 발을 씻었으니,
너희가 아무리 높아져도 실력이 있고 돈이 있어도 섬김을 받
으려 하지 말고 이렇게 섬기라는 것이다.

11.

기독교는 낮은 자가 높은 자를 섬기는 게 아니라, 높은 자가
낮은 자를 섬기는 것이다. 강한 자가 약한 자를 섬기고 부자

가 가난한 자를 섬기는 것이 기독교의 섬김이다. 다시 말하지만 게을러서 자기 할 일을 제대로 하지 않고 실력이 없어서 낮아진 것을 겸손이라고 속이면 안 된다. 그리고 성실히 실력을 높이는 사람을 오만하고 교만한 사람이라고 함부로 매도해서도 안 된다. 실력을 높이고 힘을 키워 그 실력과 힘으로 세상을 섬기는 것, 이것이 우리가 받아야 할 마음의 할례이다.

I2.

셋째, 깨끗하고 정직하고 거룩하게 살아라. 단순하지만 중요한 내용이다. 레위기에는 제사법, 정결법이 담겨 있는데 핵심은 이 말씀이다. "내가 거룩하니 너희도 거룩할지어다"(레 11:45). 하나님은 우리에게 거룩을 요구하신다. 거짓말하기 쉽지만 할 수 있는 대로 마음의 할례를 받고 세상 사람과 구별되게 정직하게 사는 것이다. 잘못했으면 잘못했다고 하고 내가 했으면 내가 했다고 할 수 있는 사람이 되는 것이다. 깨끗하게 살자, 바르게 살자는 것이 무슨 도덕 수업 같지만 그렇지 않다. 이것이 하나님이 우리가 이 세상에서 구별되기 원하시는 것들이다.

I3.

우리 믿음의 선배들에게는 이런 마음의 할례가 있었다. 그래서 전에는 사람들이 교회에 잘 안 다녔던 때라도 "저 교회 다녀요. 예수 믿어요. 저 집사예요, 장로예요, 목사예요" 하면 '저 사람 정직하겠네. 교만하지 않겠어. 저 사람과 상대하면 손해는 안 보겠어'라는 무언의 신뢰가 있었다. 하나님을 믿지 않는 사람, 이방인들에게도 통하는 선한 증거들이 우리 믿음의 선배들에게는 있었다. 그것이 미신이 가득하고 하나님을 믿기 어려웠던 이 땅에 복음의 씨가 떨어지고 뿌리를 내리고 기독교 국가라고 할 만큼 크리스천이 많은 나라가 된 원동력이라고 생각한다.

14.

그런데 요즘 우리는 이런 할례를 잃었다. 우리가 자꾸 실수하니까 "예수 믿는다고 하면서 세상 사람과 똑같네"라는 말을 듣는다. 아니, 이젠 그런 소리도 못 듣는다. "믿는 것들이 더해"라고 한다. 실제로 예수 믿는다고 하면 상대하지 않으려고 한다. 어느 중매인이 중매하면서 남자가 교회 다니는 사람이라고 하니까 보지도 않더란다. 예수 믿는 사람과 상종하기 싫다고. 그런 일들이 지금 비일비재하다. 우리가 마음의 할례를 잃어버렸기 때문이다.

15.

'하나님을 믿으면 구원받는다'는 것을 너무 편협되게 믿다 보니 싸구려 은혜가 되고 말았다. 누가 회복해야겠는가? 하나님은 오늘 우리에게 창세기 17장 말씀을 통해서 "너희도 할례를 받아라. 잃어버리지 않았니?"라고 말씀하시는 것이다.

16.

"이후로는 누구든지 나를 괴롭게 하지 말라 내가 내 몸에 예수의 흔적을 지니고 있노라"(갈 6:17). 사도 바울의 고백인데 참 근사한 말이다. 그 흔적이 할례 아니겠는가. 헬라어로 '스티그마'라고 하는데, 우리에게는 그리스도 예수의 흔적, 스티그마가 있어야 한다. 마음의 할례를 받아야 한다.

17.

세상에 살지만 세상과 똑같이 살면 안 된다. 그건 세상 사람이다. 하나님의 사람은 거룩하고 깨끗하게 살아야 한다. 말씀대로 살아야 한다. 그렇게 살려고 애쓰다 보니 그것이 우리에게 흔적으로 남아서 마음의 할례가 되어 하나님의 백성답게 살다가 하나님의 백성답게 하나님 앞에 갈 수 있게 되기를 주의 이름으로 축원한다.

●

너 성결키 위해 늘 기도하며 너 주 안에 있어 늘 성경 보고
온 형제들 함께 늘 사귀면서 일하기 전마다 너 기도하라

_찬 420장

19

작은 자를 섬기다 복 받은 사람

창세기 18:1-10

1 여호와께서 마므레의 상수리나무들이 있는 곳에서 아브라함에게 나타나시니라 날이 뜨거울 때에 그가 장막 문에 앉아 있다가 2 눈을 들어 본즉 사람 셋이 맞은편에 서 있는지라 그가 그들을 보자 곧 장막 문에서 달려나가 영접하며 몸을 땅에 굽혀 3 이르되 내 주여 내가 주께 은혜를 입었사오면 원하건대 종을 떠나 지나가지 마시옵고 4 물을 조금 가져오게 하사 당신들의 발을 씻으시고 나무 아래에서 쉬소서 5 내가 떡을 조금 가져오리니 당신들의 마음을 상쾌하게 하신 후에 지나가소서 당신들이 종에게 오셨음이니이다 그들이 이르되 네 말대로 그리하라 6 아브라함이 급히 장막으로 가서 사라에게 이르되 속히 고운 가루 세 스아를 가져다가 반죽하여 떡을 만들라 하고 7 아브라함이 또 가축 떼 있는 곳으로 달려가서 기름지고 좋은 송아지를 잡아 하인에게 주니 그가 급히 요리한지라 8 아브라함이 엉긴 젖과 우유와 하인이 요리한 송아지를 가져다가 그들 앞에 차려놓고 나무 아래에 모셔 서매 그들이 먹으니라 9 그들이 아브라함에게 이르되 네 아내 사라가 어디 있느냐 대답하되 장막에 있나이다 10 그가 이르시되 내년 이맘때 내가 반드시 네게로 돌아오리니 네 아내 사라에게 아들이 있으리라 하시니 사라가 그 뒤 장막 문에서 들었더라

1.

하나님이 마므레의 상수리나무들이 있는 곳에서 아브라함에게 나타나셨다. 그런데 하나님의 모습으로 나타나지 않고 세 사람의 모습으로 나타나셨다. 그날은 날이 아주 뜨거운, 여행하기 힘든 날이었다. 아브라함은 그 나그네들을 하나님으로 보고 영접한 것일까, 아니면 뜨거운 날 고생하는 나그네로 보고 영접한 것일까?

2.

내 생각에 하나님으로 본 것 같지는 않다. 아브라함이 세 사람으로 보았기 때문이다. 하지만 그들을 하나님을 섬기듯이 모셨다. "주여"라고 부르며 자기 스스로 낮추어 '종'이라고도 했다.

3.

아브라함은 당대의 부자였다. 사병을 기를 만큼 막강한 힘을 가지고 있었다. 그냥 길을 지나가는 나그네에 불과해 보이는 세 사람에게 주라고 칭하며 그렇게까지 정성껏 대접할 필요가 있었을까? 그럴 필요까진 없어 보이는데.

4.

그런데 아브라함은 그렇게 했다. 그의 말과 행동은 진심이었고 최선이었다. 그는 하나님을 섬기는 마음으로 나그네를 섬겼다. 예수님은 "지극히 작은 자 하나에게 한 것이 곧 내게 한 것이니라"(마 25:40)라고 말씀하셨다. 우리도 작은 사람 하나를 섬길 때 하나님을 섬기는 마음으로 섬겨야 한다는 뜻이다.

5.

"너는 복이 될지라"(창 12:2). 평생 아브라함에게 삶의 소명이 된 말씀이다. 이 말씀은 일단 아브라함에게 복을 주시겠다는 약속이다. '내가 너에게 복 줄 거야.' 그런데 그다음 조건이 붙는다. '그런데 그 복 갖고 너만 잘 살면 안 돼. 네가 받은 복을 흘려보내서 많은 사람이 복을 받도록 해야 해. 그게 내가 너에게 복을 주는 목적이야.' 이런 의미로 하나님은 아브라함에게 복의 근원이 되라고 말씀하신 것이다.

6.

흘려보냄, 나눔과 섬김은 아브라함의 후손인 우리 모두에게 주시는 하나님의 커다란 소명이요 사명이다. 이런 사명을 품고 살아가지 않는다면 우리가 하나님을 믿지 않는 사람들과 무엇이 다르다고 할 수 있겠는가?

7.

세상적인 의미일 수도 있지만, 세상에는 복을 받은 사람들이 참 많다. 태어날 때부터 남보다 지혜로운 사람, 남보다 부자인 사람, 또 그 지혜와 부를 가지고 권력을 얻은 사람, 많이 벌다 못해 자기 재산이 얼마인지도 모르는 사람이 많다. 그런데 그들의 복은 대부분 자신에게만 집중되어 있다. 밑으로 흐르지 않는다. 오히려 위로 흐른다. 부익부 빈익빈은 인간 세상의 심각한 문제가 아닐 수 없다.

8.

그들이 아브라함처럼만 살 수 있다면 얼마나 좋은 세상이 될까? 세상의 부하고 지혜로운 자들이, 힘 있는 사람들이 아브라함이 나그네를 섬기듯 세상을 섬긴다면 세상은 하나님의 나라가 되지 않을까?

9.

간혹 그런 사람들이 있긴 하다. 우리나라의 경주 최부자댁이 좋은 예이다. 미국의 빌 게이츠나 워런 버핏 같은 사람들이 있어서 세상이 이만큼이나마 돌아가는 것 같아서 얼마나 감사한지 모른다. 그들은 자신의 어마어마한 부를 가지고 가난하고 어려운 이웃들을 도왔고, 더 나아가 가난하고 어려운 나라와 대륙을 섬기는 삶을 실천하고 있다.

10.

소위 이렇게 세상에서 잘 나가고 잘사는 사람이 되어야만 세상을 섬길 수 있는 것일까? 부하면 부하고 가난하면 가난한 대로, 높으면 높고 낮으면 낮은 대로 모두 아브라함과 같이 될 수는 없을까? 꼭 부해야만 복의 근원이 되는 것은 아니다. 돈이 많아야만, 힘이 있어야만 복의 근원이 되는 것은 아니다.

11.

예전에 어느 지방에서 성시화 운동이 일어났을 때, 꽤 많은 교인이 모인 집회에서 설교한 적이 있다. 우리 예수 믿는 사람들이 아브라함처럼 복의 근원이 되면 그것이 세상 사람들에게 감동을 주고 하나님의 이름을 높여 성시화 되는 길이 아니겠느냐는 방향으로 설교를 했다.

그러자 열매가 나타났다. 집회에 참석했던 교인 중에 배관공이신 집사님 한 분이 헌신하셨다. 일주일에 하루는 자기를 위해 돈 벌지 않고, 돈이 없어서 제때 집을 수리하지 못하고 불편하게 살아가는 이웃을 찾아가 돕는 봉사를 하겠다고 마음먹고 실천하셨다. 일주일 중 하루를 이웃을 위해서 낸다는 것은 큰 봉사요 헌신이었다. 그런데 그 뜻을 같이하는 크리스천 배관공들이 하나둘 모여 큰 사역을 이루게 되었다는 소식을 들었다.

12.

내가 좋아하는 말씀 중에 골로새서 3장 23절 말씀이 있다. "무슨 일을 하든지 마음을 다하여 주께 하듯 하고 사람에게 하듯 하지 말라." 우리가 가난하든 부하든, 높아 보이든 낮아 보이든 무슨 일을 하든지 하나님 앞에는 귀천이 없다. 차별이 없다. 아브라함이 나그네를 섬겼던 것처럼 우리도 마음을 다하여 주님을 섬기듯 일할 수 있다면, 우리 모두 아브라함과 같이 복의 근원이 되는 삶을 살 수 있지 않을까?

13.

아브라함은 나그네를 섬기다가 하나님을 섬겼다. 하나님을 섬겼으니 당연히 상을 받았다. 사라가 이삭을 낳아 25년 가까이 끌어오던 약속이 종지부를 찍게 되었다.

"또 누구든지 제자의 이름으로 이 작은 자 중 하나에게 냉수 한 그릇이라도 주는 자는 내가 진실로 너희에게 이르노니 그 사람이 결단코 상을 잃지 아니하리라"(마 10:42). 하나님께서 얼마나 상을 주고 싶으시면 '결단코'라는 단어를 사용하셨겠는가.

14.

나는 승동교회에서 첫 담임 목회를 했는데, 조금 어린 나이에 사역을 시작했었다. 아주 추운 겨울날, 사무실에 앉아 있는데 옷이 꽤 말끔한 걸인 한 분이 구걸을 하러 사무실로 들어오셨다. 대개 그런 경우 얼마라도 드려서 보내곤 했는데, 그날은 워낙 추웠고 하나님이 좋은 마음을 주셔서 사무실로 들어오시라 했다. 솔직히 옷에서 냄새가 난다거나 했으면 사무실에 들이지 못했을지도 모른다. 옷도 깨끗하셨고 구걸하는 일이 익숙하지 않아서 쭈뼛쭈뼛하는 모습이 더 안쓰러워

보여서 난로 앞에서 몸 좀 녹이고 차 한잔 마시고 가시라고 권했다.

15.

같이 차를 마시며 이런저런 이야기를 나누었다. 목수 일을 하다가 사고가 나서 다쳤고, 그 뒤로 일을 못하게 되면서 가정도 깨지고 결국엔 노숙자가 되었다고 한다. 잠은 가톨릭에서 운영하는 쉼터에서 자는데, 거기서 공짜로 밥은 안 준단다. 당시 300원을 내야 했는데 아마 구걸을 할지언정 몸을 움직여서 돈을 벌게 하려는 건강한 정신으로 그런 것 같다.

16.

차를 다 마시고 몸이 좀 녹았다 싶어서 가보겠다 하시기에 돈을 조금 드렸다. 그런데 세상에 그 분이 돈을 사양하시는 것이다. 나는 걸인이 돈을 사양하는 것은 처음 봤다. 눈물이 조금 글썽글썽하시더니 "돈은 좀 받아봤는데 차 대접은 처음 받아봤습니다. 목사님, 돈보다 차가 더 좋네요" 하시고 그냥 가셨다. 아마 내가 드린 돈으로 차를 사서 마셨으면 꽤 많이 마실 수 있으셨을 텐데, 차 한 잔이 더 귀하다니…. 그때 나는 깨달았다.

'아, 그래서 예수님이 작은 자에게 냉수 한 그릇이라도 주는 자는 상을 잃지 아니하리라 말씀하신 것이구나. 그 차 한 잔에는 마음이 있었구나.'

17.

마음이 있다면 그것이 차 한 잔이든, 대륙을 움직일 만한 돈이든 하나님 보시기에는 같아 보이지 않을까? 우리 주변을 돌아보며 나를 섬겨야 할 사람들만 찾지 말고, 내가 섬겨야 할 사람이 누군지 찾고 꼭 돈으로만이 아니라 마음으로, 차 한 잔으로 그를 섬기고 돕는, 하나님이 약속하신 축복의 증인들이 다 되었으면 좋겠다.

누가 주를 따라 섬기려는가
누가 죄를 떠나 주만 따를까
누가 주를 섬겨 남을 구할까
누가 주의 뒤를 따라가려나
부르심을 받아 주의 은혜로
주를 따라가네 주만 따르네

세상 영광 위해 따름 아니요
크신 사랑 인해 주만 따르고
주가 내려주신 은혜 힘입어
주의 뒤를 따라 힘써 일하네
부르심을 받아 주의 은혜로
주를 따라가네 주만 따르네

_찬 459장

20

되돌아보다 죽은 사람

창세기 19:12-22

¹² 그 사람들이 롯에게 이르되 이외에 네게 속한 자가 또 있느냐 네 사위나 자녀나 성 중에 네게 속한 자들을 다 성 밖으로 이끌어 내라 ¹³ 그들에 대한 부르짖음이 여호와 앞에 크므로 여호와께서 이곳을 멸하시려고 우리를 보내셨나니 우리가 멸하리라 ¹⁴ 롯이 나가서 그 딸들과 결혼할 사위들에게 말하여 이르기를 여호와께서 이 성을 멸하실 터이니 너희는 일어나 이곳에서 떠나라 하되 그의 사위들은 농담으로 여겼더라 ¹⁵ 동틀 때에 천사가 롯을 재촉하여 이르되 일어나 여기 있는 네 아내와 두 딸을 이끌어 내라 이 성의 죄악 중에 함께 멸망할까 하노라 ¹⁶ 그러나 롯이 지체하매 그 사람들이 롯의 손과 그 아내의 손과 두 딸의 손을 잡아 인도하여 성 밖에 두니 여호와께서 그에게 자비를 더하심이었더라 ¹⁷ 그 사람들이 그들을 밖으로 이끌어 낸 후에 이르되 도망하여 생명을 보존하라 돌아보거나 들에 머물지 말고 산으로 도망하여 멸망함을 면하라 ¹⁸ 롯이 그들에게 이르되 내 주여 그리 마옵소서 ¹⁹ 주의 종이 주께 은혜를 입었고 주께서 큰 인자를 내게 베푸사 내 생명을 구원하시오나 내가 도망하여 산에까지 갈 수 없나이다 두렵건대 재앙을 만나 죽을까 하나이다 ²⁰ 보소서 저 성읍은 도망하기에 가깝고 작기도 하오니 나를 그곳으로 도망하게 하소서 이

는 작은 성읍이 아니니이까 내 생명이 보존되리이다 ²¹ 그가 그에게 이르되 내가 이 일에도 네 소원을 들었은즉 네가 말하는 그 성읍을 멸하지 아니하리니 ²² 그리로 속히 도망하라 네가 거기 이르기까지는 내가 아무 일도 행할 수 없노라 하였더라 그러므로 그 성읍 이름을 소알이라 불렀더라

I.

우리가 잘 아는, 소돔과 고모라를 멸망하실 때 롯의 가족을 구원해주시는 말씀이다. 하나님이 결국 소돔과 고모라를 멸하시기로 작정하셨다. 그 일을 시행하기 전에 천사 둘을 보내셨다. 아브라함의 조카 롯이 성문에 앉아 있다가 아브라함처럼 그들을 집으로 영접하고 대접하고 보호해주었다. 그 섬김을 통해서 롯도 매우 귀한 정보를 얻게 되었다.

2.

그런데 그게 보통 정보가 아니다. 생명이 달린 구원의 정보였다. "여호와께서 이 성을 멸하실 터이니 너희는 일어나 이 곳에서 떠나라"(창 19:14). 하지만 객관적으로 생각해보면 좀 황당하기도 하고 순종하고 따르기가 그리 만만치 않은 정보였다. 성이 무너질 테니 떠나라니! 그것도 급히, 당장 말이다.

3.

롯은 떠나는 게 쉽지 않았다. 많은 재산, 평생의 삶이 모두 담

긴 터전을 버리고 그 명령에 순종하여 떠나는 일이 쉽지 않았다. 하지만 결국 순종했고 구원을 얻었다. 아브라함처럼 곧바로 순종하지는 못했지만, 하나님께서 머뭇거리는 롯을 불쌍히 여기시고 손을 잡아 이끄실 때 거역하지 않고 소돔을 탈출했다.

4.

사람에게 가장 어려운 일이 뭘까? 여러 가지가 있겠지만, 자기가 쌓아놓은 모든 재산, 공적, 명예, 자리를 버리고 어느 순간에는 떠나야 하는 일이 아닐까? 예수님께 영생의 길을 묻던 부자 청년이 있다. 예수님은 그에게 정곡을 찌르는 말씀을 하셨다. "네 소유를 팔아 가난한 자들에게 주라 그리하면 하늘에서 보화가 네게 있으리라 그리고 와서 나를 따르라"(마 19:21).

그 청년에게는 예수를 좇고 싶은 마음이 있었다. 그러나 재산을 팔아 가난한 자들에게 나눠주라는 말에 걸려 넘어지고 말았다. 근심하며 슬며시 돌아가버렸다.

5.

그 청년의 모습이 오늘날 우리의 모습은 아닌가? 하나님의 말씀을 이해는 하는데 그대로 살기는 너무 어려운, 그래서 결국 떠나지 못하고 다시 소돔과 고모라 땅에서 멸망의 삶을 사는 것이 우리의 모습은 아닐까.

6.

믿음은 만만한 게 아니다. 입으로 "주여, 주여" 한다고 하나님을 믿는 것이 아니다. 상상할 수 없는 결단과 용기와 포기가 없이는 믿음을 지켜낼 수 없다. 따라서 우리는 "오직 의인은 믿음으로 말미암아 살리라"(롬 1:17)라는 말씀을 쉽게 받아들여서는 안 된다. 그렇게 만만한 일이 아니기 때문이다.

7.

롯이 하나님께서 이 성을 멸하실 것이라고 얼른 탈출하자고 가족에게 알렸을 때, 롯의 사위들은 그 말을 곧이듣지 않는다. 심지어 농담으로 여긴다. "그의 사위들은 농담으로 여겼더라"(창 19:14). 구원의 말씀을 농담으로 듣는 사람들이라니. 내가 영락교회 부목사로 있을 때, 부목사들이 돌아가면서 주일 저녁 설교를 했다. 그때 어느 선배 목사님이 설교 중에 전하신 한 구절이 평생 잊히지 않는다. 사람들이 하나님을 무시한다는 것이다. 롯의 사위처럼 하나님의 말씀을 농담으로 듣는다는 것이다. 예수 믿지 않는 사람들만 무시하느냐? 예수 믿는 사람도 사실은 하나님을 무시하며 산다고 한다. 교회 다니는 사람과 안 다니는 사람의 차이가 있긴 있다. 예수 안 믿는 사람들은 하나님을 노골적으로 무시하고, 예수 믿는 우리는 하나님을 은근히 무시하고.

8.

정말 그렇다. 우리는 하나님의 말씀을 흘려듣는다. 듣기만 한다. 그리고 어리석은 부자 청년처럼 되고 만다.

9.

천사들은 롯에게 소돔과 고모라를 탈출할 때 들에 머물지 않는 것은 물론이고 뒤돌아봐서도 안 된다고 말해주었다. "손에 쟁기를 잡고 뒤를 돌아보는 자는 하나님의 나라에 합당하지 아니하니라"(눅 9:62)라는 말씀이 여기 해당되는 말씀일 것이다. 그런데 롯의 아내가 남겨둔 어마어마한 재산에 미련이 남아 뒤를 돌아봤다가 그만 소금 기둥이 되어버리고 말았다는 말씀이 본문에 뒤이어 나온다(창 19:26).

10.

사도 바울은 이렇게 말한다. "형제들아 나는 아직 내가 잡은 줄로 여기지 아니하고 오직 한 일 즉 뒤에 있는 것은 잊어버리고 앞에 있는 것을 잡으려고 푯대를 향하여 그리스도 예수 안에서 하나님이 위에서 부르신 부름의 상을 위하여 달려가노라"(빌 3:13,14).

그런데 뒤에 있는 것을 잊어버린다는 게 말처럼 쉽지 않다. 특히 소위 세상에서 성공하고 잘나가는 사람들이 더 어렵다. 떠날 줄을 모른다. 넘겨줄 줄 모르고 계속 머물려 한다.

II.

세상만 그런 게 아니다. 교회도 그렇다. 세상 사람만 그런 게 아니고, 교인도 장로도 권사도 목사도 그렇다. 우리도 물론이다.

I2.

오늘날 한국교회가 쇠퇴한 원인이 바로 여기 있는 것이 아닐까?

노자의 도덕경 중에 좋아하는 말이 있다. "공을 세웠다고 내 것이라 하지 않는다. 내 것이라 하지 않음으로 구태여 머물려 하지 않는다." 노자도 그 정도 수준의 삶을 살았는데, 하나님을 믿는 우리가 그런 삶을 실천하지 못하겠는가? 뒤에 남겨둔 것을 포기하지 못하고 움켜잡으려다가 롯의 아내처럼 소금 기둥이 되는 벌을 받으면서 살아야겠는가?

I3.

한국교회는 하나님의 은혜로 또한 우리 믿음의 조상들의 훌륭한 믿음의 정신 때문에 복을 받은 교회이다. 그 복으로 말미암아 한국교회는 외형적으로 크게 성장했다. 대형교회들이 생기기 시작했다. 하나님이 이 땅에 대형교회를 세워주신 까닭은 사명이 있기 때문이라고 생각한다. 큰 집에는 작은 그릇도 있고 큰 그릇도 있다. 금 그릇과 은 그릇, 나무 그릇과 질그릇은 모두 하나님이 필요해서 만드신 것이다.

14.

살림하다 보면 큰 그릇뿐만 아니라 작은 종지도 있어야 하지 않겠는가? 우리는 하나님께서 쓰시는 그릇이기에 작게도 하시고 크게도 하실 수 있는데, 중요한 것은 작든 크든 하나님이 쓰시기에 합당한 깨끗한 그릇이 되는 것이다. 그러면 모두 귀한 그릇이라 하셨다.

그런데 하나님이 귀하게 쓰시려고 대형교회를 만들었더니 그 안에 눈에 보이지 않는 권력, 돈, 자리, 욕심들이 만만치 않다. 그것을 떠나지 못해서 원로, 공로, 명예, 세습으로 머물러 있다. 이러다 우리 모두 소금 기둥으로 남게 될 것 같다.

15.

남 탓하지 말고 우리도 우리가 섬기는 모든 영역에서, 그것이 교회든 가정이든 직장이든 하나님이 어느 날 떠나라 하시면 뒤도 돌아보지 않고 떠날 수 있기를 축원한다. 우리가 조금 부족하면 하나님이 롯처럼 손을 잡아 끌어주실 것이다. 그때 그 손 뿌리치지 말고 "죽으면 죽으리이다"(에 4:16)라고 고백할 수 있기를 바란다. '빈손이어도 하나님이 이끄시는 대로 가면 살 수 있어'라는 믿음 가지고 하나님을 쫓아 사는 우리가 될 수 있기를 주의 이름으로 축원한다.

21

어디를 가든지 함께하시는 하나님

창세기 20:1-7

¹ 아브라함이 거기서 네게브 땅으로 옮겨가 가데스와 술 사이 그랄에 거류하며 ² 그의 아내 사라를 자기 누이라 하였으므로 그랄 왕 아비멜렉이 사람을 보내어 사라를 데려갔더니 ³ 그 밤에 하나님이 아비멜렉에게 현몽하시고 그에게 이르시되 네가 데려간 이 여인으로 말미암아 네가 죽으리니 그는 남편이 있는 여자임이라 ⁴ 아비멜렉이 그 여인을 가까이하지 아니하였으므로 그가 대답하되 주여 주께서 의로운 백성도 멸하시나이까 ⁵ 그가 나에게 이는 내 누이라고 하지 아니하였나이까 그 여인도 그는 내 오라비라 하였사오니 나는 온전한 마음과 깨끗한 손으로 이렇게 하였나이다 ⁶ 하나님이 꿈에 또 그에게 이르시되 네가 온전한 마음으로 이렇게 한 줄을 나도 알았으므로 너를 막아 내게 범죄하지 아니하게 하였나니 여인에게 가까이하지 못하게 함이 이 때문이니라 ⁷ 이제 그 사람의 아내를 돌려보내라 그는 선지자라 그가 너를 위하여 기도하리니 네가 살려니와 네가 돌려보내지 아니하면 너와 네게 속한 자가 다 반드시 죽을 줄 알지니라

I.

미신을 섬기는 사람들은 이사할 때 아무 날이나 하지 못한다. 무당에게 가서 이사 갈 날을 받아와야 한다. 그리고 아무 쪽으로나 못 간다. 먼저 무당에게 방향을 물으면 동쪽으로 가라, 서쪽으로 가라 하는 지시를 해준다. 그러면 정해주는 그 날짜와 방향을 따라 이사한다. 미신은 인간을 노예화한다. 사람의 목에 목줄을 걸고 제 마음대로 끌고 다니며 위협한다. 그게 미신이다.

2.

예수 믿는 우리는 언제 이사해야 하는가? 어디로 가야 하는가? 우리는 그냥 내가 이사 가고 싶은 날, 가고 싶은 쪽으로 가면 된다. 하나님은 우리를 자유케 하시는 하나님이시기 때문이다. "네가 어디로 가든지 네 하나님 여호와가 너와 함께 하느니라"(수 1:9).

3.

하나님은 왜 우리를 자유케 하실까? 우리가 하나님의 자녀이기 때문이다. 부모는 자식에게 굴레를 씌우지 않는다. 하나님은 우리에게 자유의지를 주시고 하나의 인격으로 동등하게 대우하시며 사랑해주신다.

4.

창세기 12장을 보면, 하나님께서 아브라함에게 "너의 고향 과 친척과 아버지의 집을 떠나 내가 네게 보여줄 땅으로 가 라"(창 12:1)라고 말씀하셨다. 그때 아브라함의 나이가 75살 이었다. 하나님은 왜 그런 명령을 내리셨을까?

5.

하나님께서는 아브라함이 어디든 묶이지 않고 자유로운 사 람으로 살기를 원하셨던 것 같다. 고향과 친척, 아버지의 집 이 없으면 못 사는 사람은 고향과 친척, 아버지의 집으로부 터 자유할 수 없다. 묶이게 된다. 그런데 아브라함은 그 하나 님의 말씀에 순종함으로 자유를 얻었다. 묶이지 않았다. 고 향을 떠나도 살 수 있는 사람, 친척과 아버지의 덕이 없이도 홀로 설 수 있는 사람으로 자유한 삶을 살 수 있었다.

6.

인간에게 가장 소중한 것 중의 하나가 자유인데, 자유에는 용기가 필요하고, 그 용기에는 믿음이 필요하다. 아브라함은 하나님을 향한 믿음으로 용기를 얻었고, 그 용기로 자유를 얻었다. 75세에 어디에도 묶이지 않는 자유로운 영혼, 근사 한 하나님의 사람이 된 것이다.

7.

본문을 보니 아브라함이 그랄 땅으로 옮겨왔다. 하나님의 말씀에 순종해 75세에 고향과 친척과 아버지의 집을 떠나 지금까지 돌아다니는 중이다. 여기서 우리는 아브라함의 자유로운 삶이 말처럼 쉽지 않았다는 사실을 눈치챌 수 있다. 자기 땅이 아니었기 때문에, 자기 동족이 아니었기 때문에 가는 곳마다 위험과 위협이 있었다. 그의 재산을 노리고 가족을 노리는 사람들이 무수히 많았다. 아브라함은 늘 그 두려움 속에 이곳저곳 옮겨다녔다. 자기를 지켜줄 나라가 없었고 왕이 없었다. 동족이 없었고 가족이 없었다. 그래서 스스로 자기를 지키는 수밖에 없었다.

8.

아브라함의 아내 사라가 미인이었던 것 같다. 그래서 그랄 땅에 온 아브라함에게는 두려움이 있었다. '그랄 왕 아비멜렉이 아내를 빼앗아가면 어떡하지, 안 된다고 하면 내가 죽을 텐데….' 아브라함은 아비멜렉 왕에게 사라를 아내라 하지 않고 누이라고 했다. 이것이 아브라함의 인간적인 면모이다. 아브라함도 자기 살겠다고 아내를 누이라 하는 그런 사람이었다. 평계를 대자면 사라가 이복누이였으니까 틀린 말은 아니지만, 비겁한 처사였다.

9.

결국 아브라함은 아비멜렉 왕에게 사라를 빼앗긴다. 그러나 뺏기지 않았다. 하나님이 지켜주셨다. 하나님을 잘 알지 못하는 아비멜렉 왕의 꿈에까지 하나님이 나타나셔서 사라를 건드리지 못하게 하신다. 그리고 아브라함이 선지자라는 것을 가르쳐주신다. 보호해주셨다.

10.

하나님께서 아브라함에게 "너의 고향과 친척과 아버지의 집을 떠나 내가 네게 보여줄 땅으로 가라"라고 말씀하실 때, 하나님은 아브라함이 위기에 처할 것을 모르셨을까? 그게 얼마나 힘들고 어려운 일이며, 그가 스스로 해결할 수 있는 일이 아니라는 것을 모르셨을까?

11.

그럼에도 불구하고 하나님이 떠나라고 하셨다면 그것은 하나님의 약속이다. "내가 너를 지켜줄게. 어디를 가든지 너와 함께하고 너를 축복할 거야." 이것이 하나님의 약속이다.

12.

하나님이 가라고 하시면 그냥 가면 된다. 하나님이 가라고 하시는 것은 지키시겠다는 뜻이다. 반대로 하나님이 오라고 하시면 오면 된다. 하나님이 당신을 축복하시겠다는 약속이 담겨 있다.

이것저것 따지지 말고 혼자 꾀부리지 말라. 하나님의 말씀을 좇아 고향과 친척과 아버지의 집을 떠나서 자유와 축복을 얻고, 순간순간 놀라운 하나님의 보호하심을 경험했던 아브라함의 삶이 오늘 우리의 삶이 되기를 바란다.

●

나의 갈 길 다 가도록 예수 인도하시니
내 주 안에 있는 긍휼 어찌 의심하리요
믿음으로 사는 자는 하늘 위로 받겠네
무슨 일을 만나든지 만사형통하리라
무슨 일을 만나든지 만사형통하리라

나의 갈 길 다 가도록 예수 인도하시니
어려운 일 당한 때도 족한 은혜 주시네
나는 심히 고단하고 영혼 매우 갈하나
나의 앞에 반석에서 샘물 나게 하시네
나의 앞에 반석에서 샘물 나게 하시네

_찬 384장

22

진짜 복과 가짜 복

창세기 21:1-7

1 여호와께서 말씀하신 대로 사라를 돌보셨고 여호와께서 말씀하신 대로 사라에게 행하셨으므로 2 사라가 임신하고 하나님이 말씀하신 시기가 되어 노년의 아브라함에게 아들을 낳으니 3 아브라함이 그에게 태어난 아들 곧 사라가 자기에게 낳은 아들을 이름하여 이삭이라 하였고 4 그 아들 이삭이 난 지 팔 일 만에 그가 하나님이 명령하신 대로 할례를 행하였더라 5 아브라함이 그의 아들 이삭이 그에게 태어날 때에 백 세라 6 사라가 이르되 하나님이 나를 웃게 하시니 듣는 자가 다 나와 함께 웃으리로다 7 또 이르되 사라가 자식들을 젖 먹이겠다고 누가 아브라함에게 말하였으리요마는 아브라함의 노경에 내가 아들을 낳았도다 하니라

I.

드디어 아브라함이 아들을 낳았다. 사라가 이삭을 낳았다. '웃음, 기쁨'이란 이름의 뜻처럼 이삭은 아브라함과 사라에게 참 웃음과 참 기쁨을 가져다주었다. 아브라함과 사라는 말씀 안에서는 (힘들었지만) 이삭을 낳았고, 말씀 밖에서는

(쉬웠지만) 이스마엘을 낳았다. 이삭은 아브라함과 사라에게 웃음을 가져다주었고, 이스마엘은 근심을 가져다주었다.

2.

하나님은 물론 이스마엘과 하갈도 축복해주셨다. 그들에겐 죄가 없지 않은가. 그러나 그들이 아브라함과 사라에게 복이 되지는 못했다. 이것은 매우 중요한 교훈이다.

말씀 안에서 사는 길은 힘들어도 웃음이 나오고, 말씀 밖에서 사는 일은 쉽지만 근심에 싸인다. "멸망으로 인도하는 문은 크고 그 길이 넓어 그리로 들어가는 자가 많고 생명으로 인도하는 문은 좁고 길이 협착하여 찾는 자가 적음이라"(마 7:13,14).

3.

시편 16편 2절은 내가 참 좋아하는 말씀이다. "주밖에는 나의 복이 없다 하였나이다." 복은 주 안에만 있다는 뜻이다. 주 안에 복이 있지 주 밖에는 없다. 그런데 사탄이 자꾸 우리를 주 밖으로, 이스마엘을 낳는 길로 끌어당긴다. "여기도 복이 있어. 이렇게 해도 돼. 편법이 있어"라고 자꾸 우리를 속인다.

4.

진짜 복과 가짜 복이 있다. 사탄이 얘기하는 복은 가짜 복이다. 꼭 진짜처럼 보이지만 "바람에 나는 겨"(시 1:4)와 같은 것이다.

5.

진짜 복과 가짜 복을 한번 구별해보라. 하나는 진짜고 하나는 진짜를 흉내 낸 짝퉁이다. 평안과 편안, 둘 중에 무엇이 진짜 복인가? '평안'이 진짜고 '편안'은 짝퉁이다. 사탄은 편안으로 평안을 속이지만, 평안과 편안은 엄연히 다르다. 편안한 게 나쁠 것이 뭐가 있겠는가? 편하다는 것도 복이라고 할 수 있다. 그러나 궁극적인 복은 될 수 없다.

6.

고3 때 국어 선생님이 이렇게 물으신 적이 있다. "너희들 소원이 뭐니?" 개구쟁이 친구가 대답했다. "아침 먹고 자고, 점심 먹고 자고, 저녁 먹고 자는 겁니다." 그러자 선생님이 말씀하셨다. "이놈들아, 대학 떨어지고 사흘만 자봐라. 쥐약 생각날 거다."

대학에 실패한 나는 그 선생님의 말씀처럼 너무 창피하고 속상해서 이불을 뒤집어쓰고 잤다. 아침 먹고 자고, 점심 먹고 자고, 저녁 먹고 자는 생활이 사흘간 지속됐다. 그런데 오히려 힘들었다. 편안한 것이 행복이 아니었다. 거기엔 권태가 있고, 괴로움이 있고, 불행이 있었다.

7.

세상이 약속하는 축복은 편안함이다. 우리는 돈이 복 중의
복이라고 생각하는데, 돈이 우리에게 주는 것은 평안일까,
편안일까? 돈이 많으면 평안해지는 것이 아니라 편안해진
다. 그 편안은 우리에게 궁극적인 만족을 가져다주지 못한
다. 도리어 불안해지고 만다.

8.

꽤 오래전에 중국교회가 막 문을 열기 시작했을 때, 중국에
있는 전도사님들, 신학생들을 한국으로 초청해서 교육하고
훈련하는 프로그램을 했었다. 그들은 한국이 발전한 것을 보
고 깜짝 놀라며 중국도 부자가 많이 생겨나고 있다고 했다.
중국이 경제개발을 시작했던 때였던 것 같다. 한 여전도사님
이 재밌는 이야기를 하셨다.
"목사님, 부자들이 돈 벌어서 제일 먼저 하는 일이 뭔 줄 아
세요?" "잘 모르겠는데요." "담쌓고 철망 칩니다."

9.

돈이 많아서 좋은 집에서 살고 좋은 차를 타며 편히 사는데,
갈수록 마음은 불안해지는 것이다. 옛날에 우리나라도 그렇
지 않았는가? 부잣집은 담장에 유리 조각을 꽂아놓고 그랬
다. 얼마나 불안하면 그러고 살았겠는가.

10.

또 다른 진짜 복과 가짜 복이 있다. 재미와 기쁨, 둘 중에 무엇이 진짜 복인가? 우리는 재미와 기쁨을 잘 구별하지 못한다. 비슷한 줄 안다. 그러나 '기쁨'이 진짜고 '재미'는 가짜이다. 돈은 우리에게 기쁨을 줄까, 재미를 줄까?

11.

요즘 아이들은 스마트폰으로 인터넷도 하고 게임도 하지만, 옛날에는 용돈 들고 전자오락실에 가서 게임을 하곤 했다. 그냥 내버려뒀으면 아마 밤도 샜을 것이다. 아이들이 밤새도록 전자오락을 하고 이렇게 이야기하는 건 말이 된다. "전자오락 하니까 진짜 재밌다." 그런데 이렇게 말하는 것은 말이 안 된다. "전자오락을 하니까 참 기쁘다." 돈은, 오락은, 세상은 우리에게 기쁨을 주지 못한다.

12.

예수님께서 말씀하신다. "나의 평안을 너희에게 주노라 내가 너희에게 주는 것은 세상이 주는 것과 같지 아니하니라"(요 14:27). "내가 이것(예수님의 계명을 지키는 삶)을 너희에게 이름은 내 기쁨이 너희 안에 있어 너희 기쁨을 충만하게 하려 함이라"(요 15:11).

13.

믿음이 적으면 자꾸 이스마엘을 낳는다. 예수님께서는 사마리아 여인에게 "이 물을 마시는 자마다 다시 목마르려니와 내가 주는 물을 마시는 자는 영원히 목마르지 아니하리니 내가 주는 물은 그 속에서 영생하도록 솟아나는 샘물이 되리라"(요 4:13,14)라고 말씀하셨다. 사마리아 여인이 긷는 우물은 마셔도 계속 목마르다. 그게 세상이다.

그러나 믿음으로 살면, 끝까지 믿음을 지키면 힘들지만 이삭을 낳는다. 속에서 솟아나는 기쁨이 있다. 가짜 복에 속아 살지 말고, 하나님이 주시는 참 평안, 참 기쁨, 참 웃음, 참 행복, 참 축복을 갈망하며 살아가는 우리가 다 되었으면 좋겠다.

●

"주밖에는 우리의 복이 없는데
사탄은 자꾸 우리를 주 밖으로, 세상으로 끌어냅니다.
여기도 복이 많다며 가짜 복으로 우리를 속입니다.
기쁨이 아닌 재미로, 평안이 아닌 편안으로 속이는데
우리는 대부분 다 속아 삽니다.

하나님, 끝까지 믿음을 지켜서
이삭을 낳는 복 받게 하여 주옵소서.
이스마엘의 근심이 우리 삶에서
사라지게 하여 주옵소서."

23

이삭을 번제로 드리라는 하나님의 의도

창세기 22:1-12

1 그 일 후에 하나님이 아브라함을 시험하시려고 그를 부르시되 아브라함아 하시니 그가 이르되 내가 여기 있나이다 2 여호와께서 이르시되 네 아들 네 사랑하는 독자 이삭을 데리고 모리아 땅으로 가서 내가 네게 일러준 한 산 거기서 그를 번제로 드리라 3 아브라함이 아침에 일찍이 일어나 나귀에 안장을 지우고 두 종과 그의 아들 이삭을 데리고 번제에 쓸 나무를 쪼개어 가지고 떠나 하나님이 자기에게 일러주신 곳으로 가더니 4 제삼일에 아브라함이 눈을 들어 그곳을 멀리 바라본지라 5 이에 아브라함이 종들에게 이르되 너희는 나귀와 함께 여기서 기다리라 내가 아이와 함께 저기 가서 예배하고 우리가 너희에게로 돌아오리라 하고 6 아브라함이 이에 번제 나무를 가져다가 그의 아들 이삭에게 지우고 자기는 불과 칼을 손에 들고 두 사람이 동행하더니 7 이삭이 그 아버지 아브라함에게 말하여 이르되 내 아버지여 하니 그가 이르되 내 아들아 내가 여기 있노라 이삭이 이르되 불과 나무는 있거니와 번제할 어린 양은 어디 있나이까 8 아브라함이 이르되 내 아들아 번제할 어린 양은 하나님이 자기를 위하여 친히 준비하시리라 하고 두 사람이 함께 나아가서 9 하나님이 그에게 일러주신 곳에 이른지라 이에 아브라함이 그곳에 제단을 쌓고 나무를 벌

여놓고 그의 아들 이삭을 결박하여 제단 나무 위에 놓고 10 손을 내밀어 칼을 잡고 그 아들을 잡으려 하니 11 여호와의 사자가 하늘에서부터 그를 불러 이르시되 아브라함아 아브라함아 하시는지라 아브라함이 이르되 내가 여기 있나이다 하매 12 사자가 이르시되 그 아이에게 네 손을 대지 말라 그에게 아무 일도 하지 말라 네가 네 아들 네 독자까지도 내게 아끼지 아니하였으니 내가 이제야 네가 하나님을 경외하는 줄을 아노라

I.

본문에 도무지 이해할 수 없는 하나님의 말씀이 나온다. 우리가 아는 하나님은 그런 분이 아니신데, 백 살에 낳은 이삭을 번제로 드리라고 하신다. 기독교는 인신 제사를 드리는 종교가 당연히 아니다. 원시시대에는 사람을 신에게 제물로 드리는 이방 종교들이 있었다. 몰렉에게 어린 자녀를 희생제물로 불태워 인신 제사를 드리는 일이 있었다. 그런데 하나님께서 이방 신들이나 하는 말도 안 되는 그런 명령을 아브라함에게 내리신 것이다. 도대체 왜 그러셨을까?

2.

다른 이야기부터 시작해보려 한다. 나는 홀어머니 밑에서 무녀독남으로 태어났다. 그래서 어머니는 나에 대한 집착이 강하셨다. 어머니에게 나는 아들인 동시에 친구, 애인, 남편이었다. 거의 하나님이었다고 할 수 있다. 아무래도 이런저

런 문제가 많았다. 1년에 한두 번은 집안에 큰 전쟁이 있곤
했다.

3.

어느 날 어머니에게 "어머니, 이제 혼자 사세요"라고 말씀드
렸다. 어머니가 놀라서 아들이 집에서 나가라 한다고 난리를
치셨다. 그런데 내 말은 그 뜻이 아니었다. 어머니께 집에서
나가라는 것이 아니라, 하나님을 향한 믿음으로 혼자 사실
수 있어야 한다는 의미였다.

"저는 어머니 아들이지 하나님도 아니고, 애인이나 친구도
아니고, 남편도 아니에요. 저는 그저 어머니 아들이에요. 어
머니께서 하나님을 향한 믿음으로 혼자 행복하게 잘 사실 수
있는 능력을 갖추지 않으시면 저와 행복하게 같이 사실 수
없어요." 이해는 하셨지만, 그래도 좀 섭섭하셨던 것 같다.

4.

하나님을 향한 믿음으로 혼자 살 수 있어야 우리는 자유할
수 있다. 창세기 후반부에 보면 하나님께서 이스라엘 백성들
이 흉년을 피하도록 가나안에서 애굽으로 이주하게 하셨다.
그런데 흉년이 끝나도 이스라엘 백성들은 가나안 땅으로 돌
아오려 하지 않았다. 비교해보니 애굽이 더 좋은 것이다. 고
센 땅이 더 좋았다. 그래서 뭉그적거리다가 애굽에 정착하게
되었다. 하지만 그 결과는 어떤가?

5.

출애굽기의 교훈은 이것이다. "하나님보다 더 사랑하는 것의 노예가 된다." 몇백 년이 지난 후에 보니 요셉의 후손들은 애굽에서 귀족으로 살지 못하고 종이 되어 있었다. 그뿐만 아니라 아들을 낳으면 다 죽이라 해서 대가 끊어지게 생겼다. 나라가 멸절할 위기에 처했다. 하나님보다 더 사랑하는 것이 있으면 우리는 반드시 그것의 노예가 되고 그로 인해 죽음에 이르게 된다는 것이 성경의 가르침이다.

6.

첫 손녀가 태어났을 때 내가 참 유난을 떨었다. 민희는 내게 넘버원이었다. 그렇게 예쁘고 좋을 수가 없었다. 세상 말로 우리 집에서는 내가 대빵이니까 민희에게도 내가 넘버원일 수 있도록 미련을 부릴 수 있었다. 그런데 그러다가는 며느리가 힘들겠다, 민희를 도리어 빼앗길 수도 있겠다는 생각이 들었다.

그래서 결심했다. 나는 '넘버쓰리만 되어야지. 내게 민희는 넘버원이지만 나는 넘버쓰리면 돼.' 그리고 넘버원은 민희의 엄마아빠, 넘버투는 할머니, 그리고 나는 넘버쓰리의 자리를 견지했다. 지혜로운 결정이었다고 생각한다. 민희를 내게서 한 걸음 떼어놓으니 민희를 잃지 않고 얻을 수 있었다. 가정이 화목했고 며느리도 나도 편안했다.

7.

하나님을 믿는 사람은 하나님 때문에 혼자 살 수 있어야 한다. "남자가 부모를 떠나 그의 아내와 합하여 둘이 한 몸을 이룰지로다"(창 2:24). 아담은 부모를 떠나야 했다. 아브라함이 고향과 친척과 아버지의 집을 떠났던 것도 그와 같은 맥락이다. '나는 하나님 한 분만으로 충분히 살 수 있어. 하나님이 내게 가장 중요한 분이야. 난 하나님을 사랑해.' 그래야만 아내도, 자식도, 손주도, 세상도 얻을 수 있다.

8.

하나님께서 아브라함에게 이삭을 번제로 드리라고 말씀하신 것은 이삭을 빼앗으려고 그러신 것이 아니다. 이삭과 같이 살 수 있는 길을 알려주신 것이다. '아무리 이삭이 귀해도 이삭이 네게 하나님이 되면, 이삭은 너에게 축복이 될 수 없어.' 그래서 시험해보신 것이다.

9.

우리에게 이삭은 무엇일까? 우리가 없으면 못 사는 게 무엇일까? 솔직히 하나님보다 더 소중히 여기는 것들은 무엇일까? 하나님은 지금 그것을 번제로 드리라고 명하신다. 그것은 돈, 명예, 권력, 자리, 성공, 또는 내게 특별한 사람일 수도 있다. 그러나 "나는 하나님 한 분이면 충분합니다"라고 고백하며 그것을 내려놓을 때 결국 지킬 수 있다.

10.

아브라함은 이삭을 버림으로 얻었다. 이삭은 축복이 되었다. "먼저 그의 나라와 그의 의를 구하라 그리하면 이 모든 것을 너희에게 더하시리라"(마 6:33). 먼저 하나님을 택하면 나중에 우리의 배우자, 돈, 권력, 성공 등을 구태여 버리지 않아도 된다. 하나님께서는 그것들을 버리라고 하신 것이 아니라, 우리가 그것들을 버리지 않아도 되도록 말씀하신 것이다. 아브라함이 하나님의 말씀에 순종하여 이삭을 번제로 드린 것처럼, 우리도 그런 마음의 번제를 하나님께 드리며 살아갈 수 있기를 주의 이름으로 축원한다.

●

세상의 헛된 신을 버리고
하나님 이름 높여 기리세
온 천하 백성 모두 나와서
다 같이 하나님만 섬기세

세상의 헛된 우상 버리고
인간의 모든 부귀영화와
거짓과 불의 모두 버리고
온전히 하나님만 섬기세

_찬 322장

24

정당한 대가를 지불할 줄 아는 사람

창세기 23:1-6

1 사라가 백이십칠 세를 살았으니 이것이 곧 사라가 누린 햇수라 2 사라가 가나안 땅 헤브론 곧 기럇아르바에서 죽으매 아브라함이 들어가서 사라를 위하여 슬퍼하며 애통하다가 3 그 시신 앞에서 일어나 나가서 헷 족속에게 말하여 이르되 4 나는 당신들 중에 나그네요 거류하는 자이니 당신들 중에서 내게 매장할 소유지를 주어 내가 나의 죽은 자를 내 앞에서 내어다가 장사하게 하시오 5 헷 족속이 아브라함에게 대답하여 이르되 6 내 주여 들으소서 당신은 우리 가운데 있는 하나님이 세우신 지도자이시니 우리 묘실 중에서 좋은 것을 택하여 당신의 죽은 자를 장사하소서 우리 중에서 자기 묘실에 당신의 죽은 자 장사함을 금할 자가 없으리이다

I.

창세기 23장에는 아브라함의 아내 사라가 127세에 죽어서 장사하는 이야기가 나온다. 아브라함은 가나안 땅 헤브론의 막벨라 굴을 사서 그곳에 아내를 장사하고 싶어 한다. 그래서 헷 족속에게 정중히 요청하자 그 땅의 주인인 에브론

이 뜻밖에도 "당신은 우리 가운데 있는 하나님이 세우신 지도자이시니 우리 묘실 중에서 좋은 것을 택하여 당신의 죽은 자를 장사하소서"(창 23:6)라고 말했다.

나는 이 말씀에 참 놀랐다. 아브라함은 고향과 친척과 아버지의 집을 떠나 이방 땅인 가나안에 갔는데 거기서도 인정받는 하나님의 지도자가 되었다. 하나님이 세우신 지도자로 인정받았다는 사실이 얼마나 놀라운 일인지 모른다.

2.

성경에 보면 목사와 장로를 택할 때 주신 말씀 중의 하나가 "외인에게서도 선한 증거를 얻은 자라야 할지니"(딤전 3:7)이다. 난 이 말씀이 참 좋다. 교회 안에서뿐만 아니라 하나님을 믿지 않는 사람들에게까지도 인정받는 사람이 되어야 장로와 목사가 될 수 있다는 것인데, 아브라함은 이미 그런 복을 받았다.

그런데도 아브라함은 에브론의 호의를 사양하고 그 당시 막벨라 굴의 값인 은 400세겔을 내고 그 밭과 굴을 산다. 당시 은으로 된 1세겔은 노동자의 4일 치 임금에 해당하는 돈이었다고 한다. 지금으로 계산해보면 약 2,3억 정도 되는 금액이다. 그것을 사양했다. 그리고 정당한 가격을 지불하고 아내 사라를 위하여 막벨라 밭과 굴을 사서 가족의 장지로 삼았다.

3.

내가 좋아하고 삶의 원칙으로 삼고 있는 말씀 중의 하나는 시편 128편 1,2절 말씀이다. "여호와를 경외하며 그의 길을 걷는 자마다 복이 있도다 네가 네 손이 수고한 대로 먹을 것이라 네가 복되고 형통하리로다." 처음에는 이 말씀을 잘 이해하지 못했다. 복이란 손이 수고하지 않고 먹는 것인데, 어떻게 내가 수고한 그 이상도 아니고 수고한 대로 먹는 것이 복이 될 수 있을까? 도무지 이해가 가지 않았다. 그런데 나중에 이 말씀이 우리 삶에 매우 중요한 원칙이 된다는 것을 깨달았고, 내 삶의 가장 중요한 원칙 중의 하나로 삼게 되었다.

4.

세상에는 손이 수고해도 수고한 대로 먹지 못하는 사람들이 너무나 많다. 수고하지 않아서 먹지 못하는 것은 자기 책임이라고 할 수 있다. 그런데 수고했는데 수고한 만큼 정당한 대가를 받지 못해서 고생하는 것은 세상의 책임이다. 우리의 책임이다.

5.

아프리카 케냐에 다녀온 적이 있다. 커피 농장을 구경하러 갔다가 흑인 청년 하나가 자기보다 큰 마대자루에 커피 열매를 한가득 담아 낑낑거리며 옮기는 모습을 봤다. '땡볕에 땀을 뻘뻘 흘리며 얼마나 힘들까'라는 생각이 들었다. 그런데 그때 선교사님을 통해서 그들의 하루 임금이 1불 미만이라는 충격적인 이야기를 듣게 되었다. 세상에는 왜 그런 일들이 일어나는 것일까?

6.

세상에는 노동이든 물건이든 정당한 대가를 지불하지 않고 구매하려는 사람들이 많기 때문이다. 그래서 요즘 공정무역이라는 거래 형태가 급속도로 확산되고 있다. 생산자에게 제 값을 지불하고 물건을 구입하자는 운동인데, 굉장히 중요한 일이라고 생각한다.

7.

사람들은 기회만 있으면 남이야 고생하든 말든, 남이야 공정한 대가를 받든 말든 나만 이익을 얻으면 된다는 생각이 팽배하다. 그래서 돈 있고 힘 있는 사람들에게 이익이 몰리고, 가난하고 약한 사람들은 점점 수고해도 먹을 것이 없는 세상이 되어가고 있다. 가끔 시장에 가보면 덤핑 가격으로 물건들이 수북이 쌓여 있는 것을 볼 수 있다. 생산가의 몇 분의 일, 그것도 안 되는 가격으로 팔리는 물건이 참 많다. 나는 그런 물건들을 볼 때마다 마음이 불편했다. '누가 망했구나. 누군가 어떠한 이유로든 자기의 정당한 노동의 대가를 받지 못하고 망했구나.' 물론 그 책임은 자기 자신에게 있을 수도 있다. 하지만 그래도 마음이 편치 않았다.

8.

아브라함은 거저 얻을 수 있었던 막벨라 굴을 정당한 가격을 지불하고 매입했다. 흘려 넘어갈 수도 있지만 내게는 이 말씀이 참 마음 깊이 들어왔다. 남의 도움으로, 남의 손해로 이익 보지 않겠다는 것이 아브라함의 삶의 철학이었던 것 같다.

9.

남이야 손해를 보든 말든, 망하든 말든 나에게만 이익이 된다면 그것을 횡재라고, 행운이라고 생각하는 세상 속에서 정당한 대가 지불을 할 줄 알았던 아브라함과 같은 사람이 되면 참 좋겠다. 그리고 수고한 이상의 대가를 받는 것을 능력이라고 생각하는 사람이 되지 않았으면 좋겠다. 이것도 문제이지 않은가? 하나님이 수고한 만큼만 받으라고 하시는데, 어떤 사람들은 수고한 것은 열인데 받는 것인 천이나 만, 억에 달할 수도 있다.

10.

수고한 대로 먹을 수 있는 세상을 위해서 우리 모두 노력하자. 수고한 대로 먹지 못하는 가난한 사람들, 어려운 사람들의 형편을 긍휼히 여기자. 그리고 우리가 좀 능력이 있다고 해서 필요 이상의 것을, 수고한 이상의 것을 얻으려는 욕심을 버리고 하나님이 주신 것에 만족하며 사는 사람이 될 수 있기를 바란다.

11.

남의 불행을 통해서 행복해지려고 하지 말라. "너의 불행은 나의 행복"이라는 말이 있지 않은가. 이게 인간의 본심이다. 그러나 남의 손해로 내 이익을 삼으려 하지 말라. 열심히 노력해서 정당한 대가를 받으면 족한 줄로 알고 그 이상의 것을 탐내지 않기를 바란다. 남의 실패를 내 성공의 발판으로 삼지 말고 내가 열심히 노력해서 하나님의 복을 받고 세상의 인정을 받아서 올라서는 사람이 될 수 있기를 바란다. 그것이 복의 근원이 되는 삶의 근본이 아닐까?

12.

'복의 근원'은 아브라함을 살펴보는 데 가장 중심이 되는 축이다. 남의 것을 아무런 대가 지불 없이 받는 사람, 남의 손해로 내 이익을 보는 사람은 복의 근원이 될 수 없다. 하나님께서는 아브라함처럼 우리도 세상에 복이 되는 사람이 되기를 원하신다. 정당한 대가를 지불할 줄 알았던 아브라함과 같은 삶을 시작하는 것은 복의 근원이 되는 삶의 출발이요 근본이다.

25

청지기 신앙

창세기 24:1-7

¹ 아브라함이 나이가 많아 늙었고 여호와께서 그에게 범사에 복을 주셨더라 ² 아브라함이 자기 집 모든 소유를 맡은 늙은 종에게 이르되 청하건대 내 허벅지 밑에 네 손을 넣으라 ³ 내가 너에게 하늘의 하나님, 땅의 하나님이신 여호와를 가리켜 맹세하게 하노니 너는 내가 거주하는 이 지방 가나안 족속의 딸 중에서 내 아들을 위하여 아내를 택하지 말고 ⁴ 내 고향 내 족속에게로 가서 내 아들 이삭을 위하여 아내를 택하라 ⁵ 종이 이르되 여자가 나를 따라 이 땅으로 오려고 하지 아니하거든 내가 주인의 아들을 주인이 나오신 땅으로 인도하여 돌아가리이까 ⁶ 아브라함이 그에게 이르되 내 아들을 그리로 데리고 돌아가지 아니하도록 하라 ⁷ 하늘의 하나님 여호와께서 나를 내 아버지의 집과 내 고향 땅에서 떠나게 하시고 내게 말씀하시며 내게 맹세하여 이르시기를 이 땅을 네 씨에게 주리라 하셨으니 그가 그 사자를 너보다 앞서 보내실지라 네가 거기서 내 아들을 위하여 아내를 택할지니라

1.

아브라함이 아들 이삭에게 배필을 얻어주기 위해서 사랑하는 종을 자신의 고향으로 보낸다. 우리는 2절에 나오는 '종'이 엘리에셀이라고 확신한다. 왜냐하면 엘리에셀은 아브라함의 전 재산을 맡아 관리하는 종이었기 때문이다. 이쯤 되면 종이 아니다. 엘리에셀은 아브라함의 청지기였다. 창세기 15장에서 자식이 없던 아브라함이 양자로 삼고 싶어 할 만큼 신임하는 존재였다. 본래 종이었지만 하도 충성스러워서 아브라함이 아들처럼 여겼던 사람, 자기 대신 모든 권한을 주어 전 재산을 관리하게 했던 사람이었다.

2.

기독교 신앙에서 가장 중요한 사상 중의 하나는 '청지기 사상'이다. 굉장히 중요한 핵심 사상이다. 왜냐하면 신앙의 근본은 하나님이 주인이시라는 것이기 때문이다. 내가 주인이 아니다. '하나님이 우리에게 자유와 복을 주셔서 모든 것을 맡겨주신 거야. 내 것 아니야. 하나님이 관리하라고 내게 주신 거야.' 이것이 기독교의 가장 중요한 사상 중 하나다.

3.

엘리에셀이 바로 그런 사람이었다. 성경에 그런 사람이 또 등장한다. 요셉이다. 요셉은 보디발 장군의 큰 신뢰를 입어서 그의 전 재산을 관리하게 되지 않았는가? "주인이 그의 소유를 다 요셉의 손에 위탁하고 자기가 먹는 음식 외에는 간섭하지 아니하였더라"(창 39:6). 그 정도로 신뢰를 받았다. 이런 사람이 바로 청지기다.

4.

그런데 청지기에게 가장 위험한 것이 하나 있다. '착각'이다. 주인의 것을 자기 마음대로 관리하다 보니 자기 것인 줄 착각하는 것이다. 그리고 자기 것이면 좋겠다는 욕심이 생긴다. 성경에 포도원 농부 비유가 나온다. 포도원 주인이 포도원과 포도즙 짜는 틀까지 다 만들어놓고 농부들에게 세로 주고 타국으로 갔다. 그리고 열매를 거둘 때가 되자 세를 받으려고 종들을 보냈다. 그런데 농부들이 1년 내내 자기 마음대로 하다 보니 자기 것처럼 착각해서, 또 자기 것으로 삼으면 좋겠다는 욕심 때문에 종들을 죽이고 세를 내지 않는 것 아닌가? 나중에는 주인이 자기 아들까지 보낸다. 그런데 그 아들마저 죽였다. 결국 주인은 그 농부들을 진멸하고 제때 세를 낼 수 있는 다른 농부들에게 맡겼다는 말씀이다.

5.

앞서 이야기했듯이 기독교 신앙의 핵심은 하나님이 주인이시라는 것이다. 그런데 사탄은 끊임없이 선악과로 우리를 유혹한다. "네 거야. 네가 주인이야. 아니, 네 것 삼아. 하나님 안 보이잖아. 멀리 가셨잖아." 내가 내 삶의 주체라는 것이다. 이게 사탄의 사상이다. 실제로 많은 사람이 그 유혹에 빠져서 자신이 하나님의 것을 맡아 관리하는 청지기라는 것을 잊어버리게 된다.

6.

신앙과 불신앙의 차이는 단 하나밖에 없다. 불신앙의 사람들은 다 주체사상가이다. 내가 내 삶의 주인이라는 것이다. 공산주의만 주체사상이 아니다. 하나님을 믿지 않고 내가 내 삶의 주체라며 내 맘대로 사는 사람들이 다 주체사상가이다. 주체사상은 신앙과 제일 반대되는 말이다.

7.

반면에 신앙의 사람들은 하나님이 주인이시며 내가 주인이 아니라고 고백한다. 나를 부인하는 것이다. 하나님께서는 때를 따라 양식을 나눠줄 자를 찾으신다. "나 대신 잘 맡아 관리해줘. 믿을 만한 네게 이것 맡길 테니까 골고루 잘 나눠줘." 그런데 다 자기 것인 줄 알고 줄 때 주지 않고, 베풀 때 베풀지 않고 욕심을 따라 깔고 앉아 산다.

8.

물질도, 기회도, 권력도, 지혜도 다 마찬가지다. 그것 나쁜 것 아니다. 하나님이 우리에게 주시는 것들로, 주를 위해 잘 사용한다면 다 좋은 것들이다. 문제는 그것을 하나님과 하나님의 나라와 하나님의 영광을 위하여 쓰겠다는 생각을 하지 못하고 자기 자신의 유익과 욕심만을 위해서 쓰려고 한다는 것이다.

9.

세상 사람들은 물론이고 예수님을 믿는 우리도 마찬가지다. 우리의 신앙은 주체사상인가, 아니면 하나님이 주인이신 "주는 그리스도시요 살아 계신 하나님의 아들이시니이다"라는 베드로의 신앙고백과 같은가?

10.

"너희가 먹든지 마시든지 무엇을 하든지 다 하나님의 영광을 위하여 하라"(고전 10:31). 하나님이 주인이시고 우리는 청지기이다. 우리 마음대로 계획하고 실행할 수 있지만, 그 목적은 내가 아니라 하나님이어야 한다. 하나님나라를 위해서여야 한다.

11.

요즘 예수 믿는 사람들의 마음속에 하나님나라에 대한 소명이 없다. '우리가 살아가는 이 세상을 어떻게 하면 하나님나라로 만들 수 있을까?', '어떻게 하면 이 세상 사람들도 하나님나라에 들어가게 할 수 있을까?'라는 소명감을 잊어버렸다. 그래서 교회는 다니지만 세상 사람들과 똑같은 사상과 철학과 욕심을 가지고 살아간다. 안타깝다.

12.

나는 목사이다. 교회에는 목사 말고도 집사, 안수집사, 장로, 권사라는 직분도 있다. 그런 직분을 맡은 자들은 교회를 맡아 관리하는 청지기이다.

그런데 이 청지기들도 가끔 타락한다. 교회가 작고 힘들 때는 청지기 정신으로 잘 섬기더니, 도리어 교회가 커지고 재정이 많아지고 또 이런저런 세상 권력이 교회 안에도 생기게 되니 그것을 자신의 것으로 삼고 싶어 하는 욕망이 생긴다. 그래서 슬그머니 교회의 주인 자리에 앉는다.

목사가 주인인 교회, 장로가 주인인 교회, 헌금 많이 내는 교인이 주인인 교회, 세상적인 지위가 높은 사람들이 주인 노릇 하는 교회가 되고 말았다. 그러니 오늘날 우리 한국교회가 이렇게 어려운 지경에 이르게 된 것이 아닐까?

13.

엘리에셀이 참 훌륭하다. 그런 충성된 청지기를 둔 아브라함이 부럽다. 엘리에셀을 곁에 둔 아브라함은 얼마나 복을 받은 사람인가.

14.

하나님께서도 엘리에셀과 같은 청지기를 찾고 계시진 않을까? 그런 청지기가 있다면 모든 것을 맡겨주시고 행복해하지 않으실까? 부족하지만 하나님께 엘리에셀 같은 청지기가 되었으면 참 좋겠다.

무엇을 먹을까, 무엇을 마실까, 무엇을 입을까 염려하며 더 높아지는 데 삶의 목적을 두지 말고, '어떻게 하면 하나님께서 나로 인해 행복해하실 수 있을까? 엘리에셀 같은 선한 청지기가 되려면 어떻게 해야 하지?' 고민하는 데 소명을 두고 살아가는 우리가 되기를.

"아브라함이 참 부럽습니다. 세상에 그런 종을 만나다니요.
아들 삼고 싶어 했던 종, 전 재산을 맡기고
심지어 사랑하는 독자 아들 이삭의 배필을 구할 때
자기 대신 보낼 수 있었던 엘리에셀 같은 사람을 두었던
아브라함은 얼마나 복 받은 사람일까요?

하나님, 엘리에셀 같은 종이 되고 싶습니다.
진짜 청지기로서의 삶을 살아가고 싶습니다."

기독교와 나눔의 정신

창세기 24:12-20

12 그가 이르되 우리 주인 아브라함의 하나님 여호와여 원하건대 오늘 나에게 순조롭게 만나게 하사 내 주인 아브라함에게 은혜를 베푸시옵소서 13 성 중 사람의 딸들이 물 길으러 나오겠사오니 내가 우물 곁에 서 있다가 14 한 소녀에게 이르기를 청하건대 너는 물동이를 기울여 나로 마시게 하라 하리니 그의 대답이 마시라 내가 당신의 낙타에게도 마시게 하리라 하면 그는 주께서 주의 종 이삭을 위하여 정하신 자라 이로 말미암아 주께서 내 주인에게 은혜 베푸심을 내가 알겠나이다 15 말을 마치기도 전에 리브가가 물동이를 어깨에 메고 나오니 그는 아브라함의 동생 나홀의 아내 밀가의 아들 브두엘의 소생이라 16 그 소녀는 보기에 심히 아리땁고 지금까지 남자가 가까이하지 아니한 처녀더라 그가 우물로 내려가서 물을 그 물동이에 채워가지고 올라오는지라 17 종이 마주 달려가서 이르되 청하건대 네 물동이의 물을 내게 조금 마시게 하라 18 그가 이르되 내 주여 마시소서 하며 급히 그 물동이를 손에 내려 마시게 하고 19 마시게 하기를 다하고 이르되 당신의 낙타를 위하여서도 물을 길어 그것들도 배불리 마시게 하리이다 하고 20 급히 물동이의 물을 구유에 붓고 다시 길으려고 우물로 달려가서 모든 낙타를 위하여 긷는지라

성경을 읽다 보면 특정 계층에 관심이 집중되는 것을 발견할 수 있다. 그리고 그 대상에 대한 단어들이 참 많이 나온다. 고아, 과부, 나그네, 외국인, 소자, 가난하고 병든 자. 모두 사회적인 약자들이다. 왜일까? 하나님이 그들에게 관심이 있으시기 때문이다. 왜 관심이 있으실까? 사랑하셔서 그렇다. 자꾸 마음이 쓰이시는 것이다.

2.

하나님은 사회적 약자만 사랑하실까? 그렇지는 않다. 나는 아들 셋과 손주 다섯이 있다. 누구를 제일 사랑할까? 다 똑같다. 당연히 똑같다. 그런데 아이들을 기르다 보면 한 놈이 아플 때가 있다. 그러면 나머지 아이들은 일단 좀 밀려난다. 온 관심과 사랑과 정성을 그 아픈 아이에게 집중한다. 같은 이치로 사회적 약자들은 아프니까, 가난하니까, 외로우니까, 힘이 약하니까 하나님께서 늘 마음이 쓰이시는 것이다.

3.

사회적 약자에게 관심을 가진다는 면에서 기독교는 사회주의적 성격이 다분하다. 가진 자와 가지지 못한 자의 평등을 늘 강조하기 때문이다. 그래서 기독교를 사회주의로 이해하는 사람도 있다. 하지만 기독교는 사회주의와 전혀 다르다. 사회주의는 불평등을 평등으로 만들기 위해서 혁명이라는 방법을 쓴다. 가지지 못한 자들이 다른 방법이 없으니 혁명을 통해 가진 자들의 것을 빼앗는다. 그리고 같이 나눈다. 이것이 사회주의이다. 그 과정에서 피비린내 나는 무서운 투쟁과 갈등이 일어나게 된다.

4.

그러나 기독교는 가진 자들의 나눔과 섬김을 통해서 평등을 이루려 한다. 그래서 하나님은 복을 가진 자들에게 늘 소명을 주신다. "네가 복의 결론이 되면 안 돼. 너는 복의 근원이 되거라. 복을 받지 못한 다른 사람들에게 네 복을 흘려보내렴." 이게 기독교의 가장 중요한 사상 중 하나이다.

5.

세상에는 강자와 약자와 부자와 빈자가 있을 수밖에 없다. 높은 자와 낮은 자가 있을 수밖에 없다. 그런데 어떻게 평등을 이룰 수 있을까? 앞서 언급했듯이 사회주의는 혁명을 통하여 도리어 많은 문제를 일으킨다. 그리고 해결하지도 못한다. 평등은 혁명으로 이루는 것이 아니라, 사랑으로 이루는 것이다. 이게 기독교의 정신이다. 밑에서부터 위로 향하는 것이 아니라 위에서부터 내려오는 것이다. 여기서 노블리스 오블리주라는 유명한 사상과 철학이 나오게 되었다.

6.

동안교회 목회 시절에 사업을 제법 크게 하던 집사님 한 분이
계셨다. 어느 날, 내 사무실에 들어오시더니 의자에 털썩 주
저앉으시는 것이다. "집사님, 왜 그러세요?" "이번 달 장사는
망했어요. 세금 내고 직원들 월급 줬더니 한 푼도 안 남네요."
내가 그 얘기를 듣다가 웃으면서 "큰일 하셨네요!" 그랬다.
"아유, 목사님 한 푼도 안 남았다니까요." "아니 세금 내셨다
면서요." "그랬죠." "직원들 월급 주셨다면서요." "줬지요."
"집사님, 그게 왜 헛일이에요. 제가 잘 모르긴 해도 사업이 힘
드시다니까 그냥 사업을 접고 자금 회수해서 은행에 넣어두
고 이자만 다달이 받고 살아도 평생 골프 치고 사시는 것 문
제없지요?" "그거야 되겠죠." 그 당시에는 연리 10퍼센트 정
도의 이자를 받을 때니까 그게 가능했던 꿈같은 시대였다.
"그런데 집사님, 누가 혹시 집사님에게 왜 이 힘든 사업을 계
속하냐고 묻는다면 한번 이렇게 생각하고 대답해보시면 어
떨까요? '이 힘든 사업 접고 자금 회수해서 은행에 넣고 이자
만 받아도 나 평생 골프 치며 살 수 있어. 그런데 내가 왜 이
사업하는지 아니? 돈 벌어서 세금 내려고 그래. 돈 벌어서 직
원들 월급 주려고 그래.'"
이 말에 이분이 감동 받으신 것 같았다. 내가 다시 한번 말했
다. "집사님, 큰일 하셨네요!" "아이, 제가 큰일 하고 사네요."
"그럼 감사헌금 좀 내셔야죠." "정말 그렇네요."

7.

장사해서 자기 몫의 이익은 챙기지 못했어도 세금 내고 직원들 월급 줬다면 그것이 큰일이지 왜 헛일인가. 우리는 사업하는 목적이 오로지 나를 위한 것밖에 없다. 내가 이익을 얻지 않으면 다 망한 것이다. 헛일한 것이다. 이 나라가 돌아가는 데 일조하고 있는 것, 그리고 많은 사람들의 밥을 먹이며 살고 있는 것은 일로도 생각하지 않는다. 크리스천의 소명이 돈 버는 데 있는 것이 아니고 저들에게 월급 주기 위해서 있는 것인데, 그런 생각을 잘 하지 못하고 사는 것이 오늘 우리의 현실이다.

8.

본문은 엘리에셀이 아브라함의 부탁을 받아 이삭의 신붓감을 찾으러 가는 사건이다. 그런데 여기서 중요한 것은 엘리에셀이 아브하람의 고향 땅에 가서 기도했다는 것이다. 참 기가 막힌 기도를 한다. 어떻게 이런 기도를 할 수 있을까 싶다. "제가 우물 곁에 서 있다가 한 소녀에게 물을 달라고 했을 때, 물동이를 기울여 마시게 하고 낙타에게까지 물을 주면 그 소녀가 하나님이 제 주인을 위하여 예비하신 자인 줄 알겠습니다."

9.

그 기도대로 되었다. 우물가에 있던 리브가가 엘리에셀이 물을 마시도록 허락하고, 요구하지도 않았는데 엘리에셀의 낙타들에게도 배불리 물을 마시게 했다. 낙타가 물을 얼마나 얼마나 많이 먹는가. 엘리에셀은 '낙타들의 물까지도 챙기는 그런 마음을 가졌다면 우리 주인의 아들 이삭의 아내가 될 자격이 있겠다'라고 생각했다. 이것을 핵심 사항으로 봤다는 것은 바로 아브라함의 복의 근원이 되는 정신이 이어져나가는 것이라고 이야기할 수 있다.

10.

하나님이 신붓감을 찾으신다. '어떤 신붓감을 찾아야 할까' 고민하실 때, 엘리에셀과 같은 마음으로 보지 않으실까 싶다. 사람을 불쌍히 여길 줄 아는 사람, 자기 것을 나눠줄 줄 아는 사람, 그게 좀 힘에 부치더라도 짐승에게까지 배려할 줄 아는 사람, 그가 하나님이 찾으시는 신붓감이다.

11.

우리는 그리스도 예수의 신부가 아닌가? 그런데 우리가 리브가와 같은가? 전혀 아니지는 않은가? 하나님은 리브가의 마음을 원하고 계신다. 나 혼자 복 받고 잘 살려고 예수 믿는 것도 아니고, 공부하고 돈 벌고 출세하려고 예수 믿는 것도 아니다. 출세하는 것도 좋고, 돈 버는 것도 좋고, 성공하는 것도 다 좋지만, 그 목적이 그렇지 못한 사람, 그런 기회를 얻지 못한 사람들과 함께 나누고 싶어서라면 이 땅에 하나님의 나라가 이루어지지 않을까?

12.

이것이 기독교 세상이다. 사회주의와는 다르다. 설령 목표가
비슷해 보여도 방법이 전혀 다르다.

13.

당신은 지금 무엇을 하며 사는가? 왜 그 일을 하는가? 왜 그
렇게 열심히 하는가? 그 목적이 당신을 위한 것뿐인가? 그래
선 안 된다. 하나님이 그러라고 우리를 축복하시는 것 아니
다. 힘이 있든 없든 정말 콩 한 쪽이라도 나누려고 하는 그런
아름다운 리브가의 마음을 가지고 오늘 하루도 승리하며 살
아가는 우리가 될 수 있기를 바란다.

●

예수 말씀하시기를 누가 오늘 일할까
곡식 익어 거둘 때니 누가 추수하리요
후한 상을 주시려고 일할 사람 부르니
주의 직분 맡으려고 대답할 이 누구냐
_찬 511장

27

하나님을 우습게 여긴 사람

창세기 25:27-34

27 그 아이들이 장성하매 에서는 익숙한 사냥꾼이었으므로 들사람이 되고 야곱은 조용한 사람이었으므로 장막에 거주하니 28 이삭은 에서가 사냥한 고기를 좋아하므로 그를 사랑하고 리브가는 야곱을 사랑하였더라 29 야곱이 죽을 쑤었더니 에서가 들에서 돌아와서 심히 피곤하여 30 야곱에게 이르되 내가 피곤하니 그 붉은 것을 내가 먹게 하라 한지라 그러므로 에서의 별명은 에돔이더라 31 야곱이 이르되 형의 장자의 명분을 오늘 내게 팔라 32 에서가 이르되 내가 죽게 되었으니 이 장자의 명분이 내게 무엇이 유익하리요 33 야곱이 이르되 오늘 내게 맹세하라 에서가 맹세하고 장자의 명분을 야곱에게 판지라 34 야곱이 떡과 팥죽을 에서에게 주매 에서가 먹으며 마시고 일어나 갔으니 에서가 장자의 명분을 가볍게 여김이었더라

I.

"공든 탑이 무너지랴"라는 속담이 있다. 공들여 쌓은 탑은 무너지지 않는다는 뜻이다. 그런데 현실은 그렇지 않다. 공

안 들여서 인생이 무너지는가? 물론 공들이지 않고 게으르고 나태해서, 잘못된 길로 가서 무너진 인생이 참 많다. 그런데 성실한 사람은 다 성공했는가? 공들인 사람은 다 성공하던가? 결과적으로 공들이는 것이 중요하지만, 우리가 공들였다고 모든 일이 잘된다면 하나님이 무슨 소용 있을까?

2.

공든 탑도 무너진다. 사실 탑이 아예 세워지지 않는 때도 있다. 우리의 수고가 헛된 경우가 참 많다. "여호와께서 집을 세우지 아니하시면 세우는 자의 수고가 헛되며 여호와께서 성을 지키지 아니하시면 파수꾼의 깨어 있음이 헛되도다"(시 127:1). 하나님이 축복하셔야 우리의 공이 산다. 우리의 노력이 산다.

3.

하나님의 축복 없이 내 힘만으로는 살 수 없는 것이 우리 인생이다. 우리의 인생, 이 세상 모든 것은 우리가 만든 것이 아니지 않은가? 알지도 못하는데 어떻게 우리의 힘만으로, 하나님의 축복 없이 이 세상을 살아갈 수 있겠는가?

4.

앞에서 주체사상 이야기를 했다. 주체사상은 내가 내 삶의 주체라는 것이다. 내 운명의 주인이라는 것이다. 그런데 주체사상의 문제가 뭔지 아는가? 내가 내 삶의 주체가 되어 잘 살려면, 내가 전지전능해야 한다는 전제가 성립돼야 하기 때문이다. 우리가 전지전능하다면 아무 문제가 없다. 아무 문제 없이 살 수 있다. 공만 들이면 탑은 세워진다. 그러나 우리는 무지 무능한 존재 아닌가. 이것이 공만 가지고는 우리의 인생을 세울 수 없는 가장 중요한 이유 중의 하나이다.

5.

무지무능한데 공 들인다고 해서 탑이 세워지겠는가? 힘만 들인다고, 시간만 들인다고 되는 게 아니지 않은가? 그래서 우리가 주체사상에 빠지면 반드시 몰락하고 추락할 수밖에 없는 것이다.

6.

그렇지만 이 말이 '우린 무지무능하니까 아무것도 하지 않아도 돼'라는 뜻은 아니다. 우리는 최선을 다할 것이다. 또 최선을 다해야 한다. 하나님의 축복만 기다리며 자기 할 도리를 다하지 않는 것은 기독교 정신이 아니다. 공부할 때 공부하고, 일할 때 일해야 한다. 공들여야 하고 최선을 다해야 한다. 아무것도 안 하고 감나무 밑에 누워서 감 떨어지길 바라는 것은 기독교의 정신이 아니다. "누구든지 일하기 싫어하거든 먹지도 말게 하라"(살후 3:10). 이것이 기독교 정신 아닌가.

7.

다만 하나님이 축복하지 않으시면 아무것도 아니라는 것이
다. 그래서 우리가 붙잡고 놓치지 말아야 할 것은 "하나님이
저를 축복해주셔야 해요"라는 그 마음이다. 하나님의 축복
을 갈망하는 겸손함, 애절함, 간절함이 우리의 신앙에 굉장
히 중요한 요소이다.

8.

본문에 나오는 '에서와 야곱의 이야기'는 우리가 잘 아는 말
씀이다. 에서와 야곱은 쌍둥이인데 에서가 조금 먼저 나왔
다. 요즘은 첫째든 둘째든, 아들이든 딸이든 똑같은 자격이
주어진다. 부모의 재산을 상속받을 때도 동일한 비율로 받는
다. 그게 맞다. 하지만 그 당시에는 축복이 장자에게 주어졌
다. 이것을 장자권이라 한다.
야곱은 조금 늦게 나오는 바람에 아버지가 하나님께 자기를
축복해주는 그 중요한 장자권을 놓쳤다는 사실이 속상했다.
왜 그랬을까? 야곱은 하나님의 축복을 중히 여기는 사람이
었기 때문이다. 그는 하나님의 축복 없이 살 자신이 없었다.
그러나 하나님이 축복하시면 어디서든 잘 살 수 있을 것이라
는 믿음이 있었다.

9.

여느 날과 다름없이 야곱은 집에 있고 에서는 들판에 나갔

다. 에서가 사냥하고 돌아왔을 때 야곱은 집에서 팥죽을 쑤고 있었다. 왜 팥죽을 쑤었을까? 배고파서 쒔을 것이다. '에서가 오면 장자권과 바꾸자고 해야지'라고 미리 생각하고 만들지는 않았을 것이다. 예상할 수 있는 일이 아니었다.

그런데 에서가 사냥에서 돌아와 팥죽 쑤는 것을 보고 배가 고파서 "야, 나도 그거 좀 줘" 하니까 야곱은 조건반사적으로 이렇게 얘기한다. "형, 장자의 명분하고 바꾸자." 그러자 에서의 대답 좀 보라. "내가 지금 배고파 죽게 됐는데 장자의 명분이 무슨 소용이냐. 바꾸자." 그리고 훌떡 넘겨줬다. 이게 에서의 마음과 믿음이었다.

"에서가 장자의 명분을 가볍게 여김이었더라"(창 25:34).

하나님의 섭섭한 마음이 말씀에 비친다. '너 나 무시하니? 내 축복을 그렇게 우습게 여겨? 네가 힘이 좀 있다고, 사냥 좀 잘한다고 너 혼자서 살 수 있는 것처럼 생각해?'

10.

'내가 열심히 노력하며 살면 돼.' 이건 참 위험한 생각이다. 우리는 이 세상에서 하나님의 축복 없이 살 수 없다. 그렇다면 하나님은 누구를 축복하실까? 모든 사람을 축복하실까? 그렇지 않다. 시편 1편 말씀을 보라. "복 있는 사람은 악인들의 꾀를 따르지 아니하며 죄인들의 길에 서지 아니하며 오만한 자들의 자리에 앉지 아니하고 오직 여호와의 율법을 즐거워하여 그의 율법을 주야로 묵상하는도다"(시 1:1,2).

복의 길이 있다. 구원의 길이 있듯이 축복의 길이 있다. 구원의 길은 십자가이다. 우리는 십자가를 믿고 회개하여 죄 사함을 받고 구원을 얻는다. 거기에는 행함이 낄 틈이 없다. 너무나 귀한 일이기 때문에 우리의 행함이 낄 수 있는 여지가 없다. 우리가 착하고 성실해서, 우리가 공을 들여서 구원을 얻는 것이 아니다. 오직 십자가 외에는 길이 없다.

그런데 축복의 길은 그렇지 않다. 하나님의 율법을 즐거워하여 주야로 묵상하는 것이 바로 복 받는 길을 걷는 것이다. 교만하지 않고, 꾀부리지 않고, 수를 부리지 않고 하나님이 기뻐하시는 일을 하면서 하나님의 축복을 갈망하는 것이다.

12.

나는 평생 비전 없이 살았다. 종종 사람들이 내게 묻는다.

"목사님의 비전이 뭔가요?"

생각해보니 나는 비전이 없었다. 꿈이 없는 사람은 망한다는 말이 있는데, 나는 안 망했다. 나는 단지 하나님의 젓가락이 자주 가는 것을 해드리려 했다. 하나님의 비전이 내 비전이었다. 하나님이 칼국수를 좋아하시면 칼국수를 만들면 되는 것이고, 설렁탕을 좋아하시면 설렁탕을 만들면 되는 것이다. 평생 그렇게 살았다. 그러자 하나님이 내게도 복을 주셨다.

13.

복에는 길이 있다. 그 길을 가야 복을 받고, 우리는 그 복을 받아야만 산다. 에서처럼 하나님의 축복을 우습게 여기고 함부로 세상을 따라 살다가는 망한다. 야곱처럼 하나님의 축복을 소중히 여기며 살아가는 우리가 될 수 있기를 주의 이름으로 축원한다.

●

"구원은 십자가의 길을 통해 행함 없이 믿음으로 얻습니다.
그러나 하나님이 정하신 복의 길이 있습니다.

하나님, 제가 복 받을 일, 복 받을 짓, 복 받을 삶을 살면서
여호와의 율법을 즐거워하고 주야로 묵상하며
겸손하고 오만한 자의 자리에 앉지 않고 꾀부리지 않아
야곱처럼 하나님의 복을 받으며 살게 하옵소서!"

28

싸우지 않고 이기는 사람

창세기 26:19-22

19 이삭의 종들이 골짜기를 파서 샘 근원을 얻었더니 20 그랄 목자들이 이삭의 목자와 다투어 이르되 이 물은 우리의 것이라 하매 이삭이 그 다툼으로 말미암아 그 우물 이름을 에섹이라 하였으며 21 또 다른 우물을 팠더니 그들이 또 다투므로 그 이름을 싯나라 하였으며 22 이삭이 거기서 옮겨 다른 우물을 팠더니 그들이 다투지 아니하였으므로 그 이름을 르호봇이라 하여 이르되 이제는 여호와께서 우리를 위하여 넓게 하셨으니 이 땅에서 우리가 번성하리로다 하였더라

I.

아브라함과 이삭과 야곱은 이스라엘의 3대 족장이다. 성경은 아브라함과 야곱의 이야기에 상당 부분을 할애하고 있다. 그런데 이삭의 이야기는 아주 짧다. 그래서 아브라함과 야곱에 대한 설교는 많지만, 이삭에 대한 설교는 많지 않다. 본문은 그 흔치 않은 이삭에 대한 말씀이다.

이 말씀을 준비하면서 나는 참 좋았다. 이삭을 중요하게 생

각하는 마음이 내게 없었는데, 하나님께서 내가 배워야 할 가장 중요한 것을 이삭을 통해 깨우쳐주셨다.

2.

우리 집안의 DNA 속에는 싸움꾼 기질이 있는 것 같다. 물론 내게도 있는데, 그것이 목회와 신앙생활에 도움이 될 때도 있고 방해가 될 때도 있다. 그래서 잘 분별하면서 살아야 하는데 그렇지 못하면 큰 문제가 일어나기도 한다. 우리 집안에는 가훈이 없다. 나는 아이들에게 가훈을 가르친 적이 없다. 그런데 만일 가훈을 만든다면 이렇게 만들지 않을까 싶다. "정면 돌파, 싸우면 7일 도망가면 40년!" 이것이 우리 집안의 기질을 나타내는 말이라고 할 수 있다.

3.

싸움이나 전쟁이 일어나면 사람들은 보통 세 갈래로 나뉜다. 싸워보지도 않고 항복하거나 도망가서 지는 사람이 있고, 싸우다가 지는 사람이 있고, 싸워서 결국 이기는 사람이 있다. 창세기 26장 말씀을 읽다가 굉장히 중요한 것을 발견했다. 이삭은 이 세 유형에 들지 않는 사람이라는 것이다. 싸우지 않고 도망 다니는 사람이었다고 이해할 수도 있는데 그렇지 않다. 뭐가 다르냐면, 이삭은 싸우지 않았지만 이겼다.

4.

26장 후반부를 보면 이삭을 시기하여 쫓아다니며 괴롭히던 블레셋 사람들이 자기 발로 찾아와 평화조약을 맺자고 한다. 자기들이 이삭의 우물을 메워서 이삭이 망할 줄 알았는데, 이삭이 옮겨가는 곳마다 우물이 터지는 것이다. 그 당시에 우물을 파서 물을 얻는다는 것은 쉬운 일이 아니었다. 사막에서 오아시스를 발견할 확률 정도 되지 않았을까? 생존과 직결되지만 평생 한두 개 파기도 힘든 우물을 이삭은 가는 곳마다 일곱 번이나 터뜨렸다. 그 이유가 궁금했던 블레셋 왕은, 하나님이 이삭에게 복 주심으로 이긴 것은 자기들이 아니라 도리어 이삭임을 알게 되었다. "이제 너는 여호와께 복을 받은 자니라"(창 26:29). 그래서 자기 종족을 해하지 말아 달라고 부탁한다.

5.

최상의 병법은 싸우지 않고 이기는 것 아닐까? 다른 사람에게 양보하고 줄 것 다 줬는데도 이기는 것이 최고의 싸움꾼 아닐까? 그래서 나는 '싸우지 않고 늘 이긴 사람'이라고 이삭을 정의하고 싶다.

6.

그런데 세상에는 싸우다가 지는 한이 있어도 포기하지 않고 끝까지 싸워야 할 일들이 있다. 그 싸움에 참여하지 않는 것은 지혜와 축복이 아니라 비겁한 것이다. 옳지 않다. 목에 칼이 들어와도 할 일은 하고, 할 말은 하는 것이 분명 필요한 때가 있다. 본문이 가르쳐주는 것은 그러나 싸움만이 능사는 아니라는 것이다. 양보하고 손해 보고 져도 이기는 싸움이 있다. 이삭이 그랬다.

7.

성경에 보면 "누구든지 네 오른편 뺨을 치거든 왼편도 돌려 대며"(마 5:39)라는 말씀이 있다. 오른편 뺨을 맞는다는 것은 상대방의 손바닥으로 맞는 것이 아니라 손등으로 맞는 아주 모욕적인 것이다. 그런데 그렇게 맞아도 "이쪽도 때려" 하고 왼쪽 뺨도 돌려 대라고 말씀하신다. 또 로마서를 보면 "네 원수가 주리거든 먹이고 목마르거든 마시게 하라"(롬 12:20)라는 말씀이 있다. 이 말씀도 곧 싸우지 않고 이기는 법을 이야기하신 것이 아닐까? 싸워서 이겨야 할 싸움이 있고, 싸우지 않고 져야만 이기는 싸움이 있다. 싸워서 이겨야 할 싸움은 싸워야 한다. 하지만 싸우지 않아도 되는 싸움까지 꼭 해야만 한다고 생각하는 것은 지혜로운 처사가 아닐 것이다.

8.

젊어서 어느 미션스쿨에 예배드리러 갔다가 장로님이셨던 그 학교의 교장 선생님께 평생의 교훈을 얻고 돌아온 적이 있다. "저는 있으나 마나 한 교장이 되려고 힘씁니다."

충격이었다. 우리는 늘 없어서는 안 되는 사람이 되어야 한다고 배우고 살지 않았는가? 있으나 마나 한 사람이 되면 안된다고 배웠다. 그런데 있으나 마나 한 사람이 되려고 힘쓴다니? '그걸 뭐 힘까지 쓰지? 그냥 가만히 있으면 되는걸' 이런 생각을 하다가 순간 굉장히 중요한 깨달음을 얻었다. 그 장로님이 말씀하신 있으나 마나 한 사람은 없어서는 안 되는 사람보다 아래 단계의 사람이 아니라 그 기준을 뛰어넘는 사람이라는 뜻이었다.

9.

없어서는 안 되는 사람은 최고의 리더가 될 수 없다. 자기에 겐 좋을지 모르지만 조직에는 도움이 안 되는 사람이다. 자기가 없으면 안 되는 조직을 만들어놨기 때문이다. 교회도 마찬가지다. 어느 목사 아니면 안 되는 교회, 아들에게 물려주지 않으면 안 되는 교회. 그것은 최고의 리더십이 아니다. 내가 없어도 되는 교회, 하나님만 주인 되심을 고백하며 어느 목회자가 와도 목회할 수 있는 교회가 좋은 교회 아니겠는가?

10.

이삭은 왜 싸우지 않았을까? 비겁해서? 연약해서? 아니면 성격이 너무 좋아서? 이삭에게는 믿음이 있었다. '하나님이 함께 계시니 나는 다른 우물을 파도 돼. 네가 이 우물을 가져.

하나님이 복 주시면 나는 다른 곳으로 가도 잘 살 수 있어.' 아브라함이 조카 롯에게 땅을 먼저 선택할 수 있도록 양보했 던 것과 같은 그런 믿음의 바탕이 있었던 것이다.

II.

나는 늘 이기는 것만 생각하며 살았다. 진다는 생각을 하지 못해서 질 줄을 잘 모른다. 사실 우리 대부분이 그렇지 않을 까? 그런데 이제 좀 나이가 들고 보니 지는 것에 대한 마음이 조금씩 넓어진다. 그냥 져줘도 되지 않을까? 좀 양보해도 되 지 않을까?

I2.

가정에서의 문제도 마찬가지다. 남편은 아내에게 지지 않으 려 하고, 아내는 남편에게 지지 않으려 한다. 부모는 자식에 게 지지 않으려 하고, 자식은 부모에게 지지 않으려 한다. 옳 고 그름을 가리는 것도 중요하지만 별 쓸데없는 자존심 때문 에 목숨 걸고 싸워서 부부관계가 나빠지고 부자관계도 나빠 진다. 그래서 더 큰 손해를 보면서 사는 것 같다.

I3.

배경이 든든하지 못한 사람은 늘 강하다. 학창 시절에 고아 원에서 살던 친구들이 몇 명 있었다. 그 당시에는 형편이 넉 넉지 못했기 때문에 고아원에서 지내는 아이들이 대개 작고 약했다. 그런데 싸움은 제일 잘했다. 왜 그런 줄 아는가? 그 아이들은 지지 않는다. 나쁘게 말하면 악에 받쳐 있다. 부모가 없다는 사실 때문에 누가 자기를 깔보면 죽기 살기로 덤벼든다. 질 줄 모른다. 그것은 내가 약하다는 뜻이다. 여유가 없다는 뜻이다. 하지만 우리는 하나님이 계시지 않은가? 조금 양보할 수 있는 것은 양보하고 손해 볼 줄 아는, 이삭처럼 넉넉한 사람이 되었으면 좋겠다.

14.

질 줄 모르는 사람이기에 이삭을 닮아가야겠다. 지는 것도 연습해봐야겠다. 그러나 싸워야 할 것까지 포기하는 어리석음은 범치 않겠다. 싸워야 할 것은 싸우고 싸우지 않아도 될 것은 양보하여 도리어 이길 줄 아는 그런 근사한 사람이 되면 좋겠다.

●

겸손히 주를 섬길 때 괴로운 일이 많으나
구주여 내게 힘 주사 잘 감당하게 하소서

인자한 말을 가지고 사람을 감화시키며
갈 길을 잃은 무리를 잘 인도하게 하소서
_찬 212장

기도로 헤쳐나가는
인생

4

29

하나님께 별미를 대접하는 사람

창세기 27:30-40

30 이삭이 야곱에게 축복하기를 마치매 야곱이 그의 아버지 이삭 앞에서 나가자 곧 그의 형 에서가 사냥하여 돌아온지라 31 그가 별미를 만들어 아버지에게로 가지고 가서 이르되 아버지여 일어나서 아들이 사냥한 고기를 잡수시고 마음껏 내게 축복하소서 32 그의 아버지 이삭이 그에게 이르되 너는 누구냐 그가 대답하되 나는 아버지의 아들 곧 아버지의 맏아들 에서로소이다 33 이삭이 심히 크게 떨며 이르되 그러면 사냥한 고기를 내게 가져온 자가 누구냐 네가 오기 전에 내가 다 먹고 그를 위하여 축복하였은즉 그가 반드시 복을 받을 것이니라 34 에서가 그의 아버지의 말을 듣고 소리 질러 슬피 울며 아버지에게 이르되 내 아버지여 내게 축복하소서 내게도 그리하소서 35 이삭이 이르되 네 아우가 와서 속여 네 복을 빼앗았도다 36 에서가 이르되 그의 이름을 야곱이라 함이 합당하지 아니하니이까 그가 나를 속임이 이것이 두 번째니이다 전에는 나의 장자의 명분을 빼앗고 이제는 내 복을 빼앗았나이다 또 이르되 아버지께서 나를 위하여 빌 복을 남기지 아니하셨나이까 37 이삭이 에서에게 대답하여 이르되 내가 그를 너의 주로 세우고 그의 모든 형제를 내가 그에게 종으로 주었으며 곡식과 포도주를 그에게 주었으니 내 아들아 내가 네게 무엇을 할

수 있으랴 38 에서가 아버지에게 이르되 내 아버지여 아버지가 빌 복이 이 하나뿐이리이까 내 아버지여 내게 축복하소서 내게도 그리하소서 하고 소리를 높여 우니 39 그 아버지 이삭이 그에게 대답하여 이르되 네 주소는 땅의 기름짐에서 멀고 내리는 하늘 이슬에서 멀 것이며 40 너는 칼을 믿고 생활하겠고 네 아우를 섬길 것이며 네가 매임을 벗을 때에는 그 멍에를 네 목에서 떨쳐버리리라 하였더라

I.

하나님의 복은 사모하고 기도하는 자의 몫이다. "있으면 좋고, 없어도 괜찮아요. 난 칼을 잘 쓰거든요. 사냥 잘하거든요"라던 에서처럼 하나님의 복을 경홀히 여기고 우습게 여기는 사람에게 하나님의 복은 임하지 않는다. 본문을 보면 결국 에서는 에서의 믿음대로 됐고, 야곱은 야곱의 믿음대로 됐다. 에서는 동생에게 속아 복을 뺏겼다고 했지만, 속은 것이 아니라 자기 발로 찬 것이었다.

2.

우리는 성경을 읽을 때 주인공의 입장에서 읽는 버릇이 있다. 성경뿐만 아니라 영화를 볼 때나 소설을 읽을 때나 마찬가지다. 에서와 야곱 이야기를 읽으면 우리는 늘 야곱이 된다. 그런데 우리는 에서를 닮았을까, 야곱을 닮았을까?

3.

나는 내가 에서를 닮았다고 생각한다. 하나님을 우습게 여기는 때가 좀 많다. 설교할 때는, 정신을 바짝 차리고 있을 때는 안 그렇지만 자주 깜빡깜빡한다. 따라서 우리는 늘 "여호와께서 집을 세우지 아니하시면 세우는 자의 수고가 헛되며 여호와께서 성을 지키지 아니하시면 파수꾼의 깨어 있음이 헛되도다"(시 127:1)라는 말씀을 붙잡고 스스로 깨우쳐서 하나님의 복에서 멀어지지 않는 삶을 살아야 한다.

4.

목회자들이 이 본문을 다룰 때 보통 빠뜨리지 않는 주제가 있다. '별미'라는 것이다. 야곱과 에서는 아버지 이삭에게 별미를 대접하여 아버지의 마음을 흡족하게 해드린 다음 축복을 받을 생각을 했다.

복은 아무나 받는 것이 아니고 복을 받는 길이 있다고 앞에서 시편 1편 이야기와 함께 하지 않았는가? 그것이 다시 말하면 별미이다. 하나님을 기쁘시게 해드리는 것이다.

5.

우리는 하나님의 젓가락을 봐야 한다. 하나님의 젓가락이 많이 가는 것이 별미이다. 내가 좋아하는 말씀 중에 고린도후서 5장 9절 말씀이 있다. "그런즉 우리는 몸으로 있든지 떠나든지 주를 기쁘시게 하는 자가 되기를 힘쓰노라." 거하든지 떠나든지, 살아서든지 죽어서든지 한순간도 놓치지 않고 하나님이 무엇을 기뻐하실까 고민하며 노력하는 것이다. 또한 "주를 기쁘시게 할 것이 무엇인가 시험하여 보라"(엡 5:10)라는 말씀도 있다. 주를 기쁘시게 하는 일이 무엇인지 물으며 살아간다면 야곱처럼 하나님의 복을 받는 우리가 되지 않을까?

6.

나는 고린도후서 5장 9절 이 말씀 한 절을 가지고 석 달이 넘게 연이어 설교한 적이 있다. 설교 제목은 'Buffet, just for God'(하나님만을 위한 뷔페)이었다.

내가 기존 교회에 담임 목사로 갔을 때는 다 바꿀 수가 없어서 그대로 따랐지만, 높은뜻숭의교회를 개척하면서부터 새롭게 바꾼 것이 있다. 남녀선교회를 만들지 않은 것이다. 나는 남녀가 나뉘어 선교해야 한다는 것을 이해하지 못했다. 남자가 하는 선교가 따로 있고, 여자가 하는 선교가 따로 있는 것이 아니기 때문이다. 그리고 어느 정도 규모가 있는 교회는 대개 선교회를 연령별로 나누지 않는가? 나는 그것도 이해를 못 했다. 어떻게 선교가 나이별로 달라지는가?

7.

나는 선교는 은사별로 해야 한다는 생각이 있었다. 사람마다 은사가 다 다르다. 그래서 학원선교, 군선교, 교도소선교, 농어촌선교, 해외선교 등 다양한 선교에 대해 각각의 은사가 있는 사람끼리 모이면 좋겠다고 생각했다.

8.

그러면서 나는 선교를 하나님이 기뻐하시는 별미로 생각했다. 하나님이 좋아하시는 음식을 대접하는 것으로 생각했다. 그래서 그때 설교를 준비할 때 "주를 기쁘시게 하는 자가 되기를 힘쓰노라"라는 말씀을 가지고 하나님 앞에 물었다. "하나님, 이번 주일에 뭐 드시고 싶으세요?" 하나님께서 "칼국수"라고 하시면 칼국수를 준비하고, "설렁탕"이라고 하시면 설렁탕을 준비했다.

9.

그렇게 하나님이 주시는 마음에 따라 선교에 대한 설교를 했다. 한 주는 학원선교, 한 주는 군선교… 이런 식으로 설교를 쭉 이어나갔다. 그러면 그 설교를 듣고 남자든, 여자든, 나이 든 사람이든, 젊은 사람이든 함께 모여서 각각의 선교회가 만들어졌다.

군선교를 예로 들면, 그렇게 조직된 군선교회는 군선교를 진짜 잘했다. 자연히 친목 도모가 된 것은 물론이고 온 마음과 관심이 군선교에만 있었다. 특히 건축업을 하는 분들이 많이 계셔서 군선교회에서 교회도 많이 지었다. 오래된 군 예배당에 가서 리모델링을 해주기도 했다. 학원선교, 교도소선교도 마찬가지였다. 관심 있는 사람들이 모이니 정말 잘했다.

10.

같은 본문으로 설교를 여러 번 하다 보니 어느덧 설교할 주제가 모자랐다. 그러면 불경스럽지만 장난을 치기도 했다. "하나님, 뭐 더 없으세요? 아이, 좋은 말로 할 때 얘기하세요. 사 드릴게요, 해 드릴게요." 그게 참 기뻤다.

11.

꼭 선교만이 아니라 우리의 삶을 하나님께 별미로 드리는 삶을 살아서 하나님의 축복을 마음껏 받고 살아가는 우리가 될 수 있기를 바란다.

●

손과 발을 드리니 주여 받아주셔서
주의 일을 위하여 민첩하게 하소서

나의 음성 드리니 주여 받아주셔서
주의 진리 말씀만 전파하게 하소서

_찬 213장

하늘에 닿은 사다리

창세기 28:10-22

¹⁰ 야곱이 브엘세바에서 떠나 하란으로 향하여 가더니 ¹¹ 한 곳에 이르러는 해가 진지라 거기서 유숙하려고 그곳의 한 돌을 가져다가 베개로 삼고 거기 누워 자더니 ¹² 꿈에 본즉 사닥다리가 땅 위에 서 있는데 그 꼭대기가 하늘에 닿았고 또 본즉 하나님의 사자들이 그 위에서 오르락내리락하고 ¹³ 또 본즉 여호와께서 그 위에 서서 이르시되 나는 여호와니 너의 조부 아브라함의 하나님이요 이삭의 하나님이라 네가 누워 있는 땅을 내가 너와 네 자손에게 주리니 ¹⁴ 네 자손이 땅의 티끌같이 되어 네가 서쪽과 동쪽과 북쪽과 남쪽으로 퍼져나갈지며 땅의 모든 족속이 너와 네 자손으로 말미암아 복을 받으리라 ¹⁵ 내가 너와 함께 있어 네가 어디로 가든지 너를 지키며 너를 이끌어 이 땅으로 돌아오게 할지라 내가 네게 허락한 것을 다 이루기까지 너를 떠나지 아니하리라 하신지라 ¹⁶ 야곱이 잠이 깨어 이르되 여호와께서 과연 여기 계시거늘 내가 알지 못하였도다 ¹⁷ 이에 두려워하여 이르되 두렵도다 이곳이여 이것은 다름 아닌 하나님의 집이요 이는 하늘의 문이로다 하고 ¹⁸ 야곱이 아침에 일찍이 일어나 베개로 삼았던 돌을 가져다가 기둥으로 세우고 그 위에 기름을 붓고 ¹⁹ 그곳 이름을 벧엘이라 하였더라 이 성의 옛 이름은 루스더라 ²⁰ 야곱이 서원하여

이르되 하나님이 나와 함께 계셔서 내가 가는 이 길에서 나를 지키시고 먹을 떡과 입을 옷을 주시어 21 내가 평안히 아버지 집으로 돌아가게 하시오면 여호와께서 나의 하나님이 되실 것이요 22 내가 기둥으로 세운 이 돌이 하나님의 집이 될 것이요 하나님께서 내게 주신 모든 것에서 십분의 일을 내가 반드시 하나님께 드리겠나이다 하였더라

I.

야곱은 형 에서의 화가 풀리면 돌아오리라 생각하고 외삼촌 라반의 집으로 간다. 아브라함을 살필 때부터 이야기했듯이, 그 당시 고향과 친척과 아버지의 집을 떠난다는 것은 생명을 위협받는 일이었다. 다시 돌아올 수 있을지, 무사히 목적지까지 갈 수 있을지 아무것도 보장되지 않는 상황에서 야곱은 홀로 길을 떠난다.

2.

가다가 날이 저물어서 야곱은 길가에서 돌을 베개로 삼고 잠을 청하게 된다. 그때 꿈을 꾸는데 사닥다리가 하늘에 닿았고 하나님의 사자들(천사들)이 그 위에서 오르락내리락하고 있었다. 그리고 거기서 하나님께서 언약의 말씀을 주셨다. "내가 너를 지켜줄게. 다시 이 땅으로 돌아오게 해줄게."

3.

이 말씀을 읽다가 하늘에 닿은 사다리가 눈길을 끌었다. 사다리가 하늘에 닿아서 오르락내리락할 수 있었다. 당시 야곱은 사방이 막힌 처지였다. 오죽하면 아버지의 집을 떠나야 했겠는가? 아버지도 보호해주지 못하는데 누가 나를 보호해주겠는가? 사방이 꽉 막힌 상황이었다. 아무도 지켜줄 수 없었다. 살다 보면 우리도 그런 일을 당할 때가 참 많다. 사방이 꽉 막혀서 앞으로도 갈 수 없고, 뒤로도 갈 수 없고, 오른쪽으로 가도 죽겠고, 왼쪽으로 가도 죽겠고. 이럴 때 우리는 절망하게 된다.

4.

우리는 대부분 그 사방, 동서남북이 우리 삶의 전부인 줄 안다. 땅만 쳐다보고 사니까. 그런데 위가 뚫렸다. 하늘이 뚫렸다는 것을 우리는 잘 모른다. 사방이 막혔을 때는 위를 보면 된다. 사방은 종종 막히지만, 위는 창세 이후로 한 번도 막힌 적이 없다. 하나님은 우리를 거부하신 적이 없기 때문이다. 하나님은 언제나 마음 문 열어놓고 우리를 기다리시는 분 아니신가? 그러니 사방이 막혀도 위가 뚫리면 사는 것이다. 하나님께로 향하는 길이 있으면 사는 것이다.

5.

하지만 사방이 뚫려 있어도 우리가 위를 쳐다보지 않고 하나님을 막으면 죽는다. 그러니 살다가 앞이 깜깜할 때, 어느 누구도 도움이 되지 못할 때는 위를 보라. 사닥다리가 보일 것이다. 하나님의 사자들이 안타까워서, 우리 죽을까 봐, 우리 잘못될까 봐 안절부절못하며 오르락내리락하는 모습을 우리도 보게 될 줄 믿는다.

6.

하나님은 끊임없이 우리를 격려하신다. "내가 너 지켜줄 거야. 내가 너 도와줄 거야. 내가 네 아버지야. 내가 네 하나님이 아니냐. 두려워하지 말고 염려하지 말아라." 야곱에게 말씀하신 하나님이 우리에게도 동일하게 약속하시고 축복하시는 줄 믿는다. 하늘 사다리를 바라보면 산다. 망하지 않고 죽지 않는다.

7.

이런 하나님의 언약을 받고 야곱이 얼마나 감동했겠는가. '하나님은 아버지 이삭의 집에서만, 제단에서만 만나는 줄 알았는데 하나님이 여기도 계시네.' 무소 부재하신 하나님을 그때 처음 깨달았다. 그리고 너무 감동해서 베개로 삼았던 돌로 기둥을 세우고 그 위에 기름을 붓고 그곳을 '벧엘'이라고 이름 지었다(벧엘은 하나님의 집, 하나님의 전이라는 뜻이다). 그리고 하나님 앞에 "말씀하신 대로 약속을 이뤄주시면 제가 돌아올 때 이곳에 하나님의 전을 세우겠습니다. 그리고 반드시 십일조를 하나님께 드리겠습니다"라는 서원기도를 드린다.

8.

나는 평생 예수 믿으면서 서원기도를 참 많이 했다. 미리 약속부터 하는 것이다. "서원기도 함부로 하면 안 돼"라고 이야기하는 분들도 있는데, 나는 반대다. 서원기도는 우리의 신앙생활을 이끌어나가는 굉장히 좋은 도구가 될 수 있다. "하나님, 저 이렇게 해주세요. 축복해주세요. 그러면 저는 이렇게 할게요." 미리 약속해놓고 그 약속을 지키려고 열심히 따라가다 보면, 물론 다는 못 지키지만 그래도 약속 안 한 것보다는 실천할 확률이 크게 높아진다.

9.

많은 사람이 약속하고 지키지 못하는 것을 걱정한다. 하지만 어떻게 약속한 것을 다 지킬 수 있겠는가? 우리가 죄인인데. 우리 대부분 '작심삼일이 될 바에야 차라리 작심하지 않는 게 더 나아'라고 생각하는데, 나는 그렇게 생각하지 않는다. 사흘이 가더라도 그게 어딘가? 작심하면 사흘은 가지 않는가? 좀 엉뚱하지만 '작심삼일 타파 비법'이 있다. 사흘마다 작심하는 것이다. 그러면 사흘이 나흘 되고, 나흘이 닷새가 되면서 점점 는다. 결국 점점 서원을 이루어가는 사람이 된다.

10.

오늘 우리의 삶은 어떤가? 혹 사방이 막혔는가? 오늘 아침
눈 뜨는 것이 무섭지는 않았는가? 우리는 종종 그런 삶을 살
아간다.

11.

하지만 하늘은 뚫렸다. 하나님의 길은 언제나 열려 있다. 하
나님의 사자들이 안타까워서 오르락내리락하면서 안절부절
못하며 우리를 지키신다. 위를 바라보며 그 하나님을 붙잡고
하나님께 매달리며 하나님께 서원하면서 그렇게 문제를 풀
어나가기를, 축복의 증인이 되는 삶 살아가기를 주의 이름으
로 축원한다.

●

하늘 가는 밝은 길이 내 앞에 있으니
슬픈 일을 많이 보고 늘 고생하여도
하늘 영광 밝음이 어둔 그늘 헤치니
예수 공로 의지하여 항상 빛을 보도다

_찬 493장

31

더불어 사는 세상

창세기 29:1-8

¹ 야곱이 길을 떠나 동방 사람의 땅에 이르러 ² 본즉 들에 우물이 있고 그 곁에 양 세 떼가 누워 있으니 이는 목자들이 그 우물에서 양 떼에게 물을 먹임이라 큰 돌로 우물 아귀를 덮었다가 ³ 모든 떼가 모이면 그들이 우물 아귀에서 돌을 옮기고 그 양 떼에게 물을 먹이고는 우물 아귀 그 자리에 다시 그 돌을 덮더라 ⁴ 야곱이 그들에게 이르되 내 형제여 어디서 왔느냐 그들이 이르되 하란에서 왔노라 ⁵ 야곱이 그들에게 이르되 너희가 나홀의 손자 라반을 아느냐 그들이 이르되 아노라 ⁶ 야곱이 그들에게 이르되 그가 평안하냐 이르되 평안하니라 그의 딸 라헬이 지금 양을 몰고 오느니라 ⁷ 야곱이 이르되 해가 아직 높은즉 가축 모일 때가 아니니 양에게 물을 먹이고 가서 풀을 뜯게 하라 ⁸ 그들이 이르되 우리가 그리하지 못하겠노라 떼가 다 모이고 목자들이 우물 아귀에서 돌을 옮겨야 우리가 양에게 물을 먹이느니라

I.

어릴 때 주일학교에 다니면서 들은 아주 유명한 예화가 있

다. 아마 많이들 들어봤을 것이다. 어떤 사람이 천국과 지옥을 경험하게 되었는데, 먼저 지옥에 가게 되었다. 때마침 식사 시간이었는데 사람들을 보니 다 비쩍 말라서 뼈만 앙상한 모습이었다. '지옥에는 먹을 것이 없나 보다.' 그런데 끝이 보이지 않는 식탁에 진수성찬이 차려 있는 게 아닌가. 문제는 젓가락이 사람 키보다 길어서 음식을 떠서 입에 넣을 수가 없다는 것이었다.

2.

그리고 천국에 가보니 똑같이 진수성찬이 차려져 있었다. '여기는 젓가락이 사용하기 적당한 거겠지. 잘 먹으니까 저렇게 좋아 보이지.' 그런데 뜻밖에 지옥의 젓가락과 같았다. 하지만 그 젓가락으로 음식을 집어 상대방을 먹여주고, 그 상대방은 나를 먹여주니 과연 배불리 먹고 정이 오가는 하나님 나라였다는 것이다. 평생 잊히지 않는 이야기다.

3.

그것이 천국과 지옥의 차이다. 천국은 다른 사람을 섬기고 더불어 살려는 마음 때문에 천국이 되는 것이고, 지옥은 자기 혼자만 먹고 살겠다며 다른 사람을 먹이지 않으니까 지옥이 되는 것이다. 아이들에게 들려주는 쉬운 이야기지만 굉장히 깊은 철학적이고 신앙적인 의미가 있다고 생각한다.

4.

우리가 사는 세상은 어떤 세상일까? 특히 한국은 무한 경쟁에 빠져들어서 단체로 바보가 된 세상이다. 일등만 살 수 있는 세상을 만들었다. 먼저 온 사람이 모든 것을 다 차지하는 세상이 되어서, 먹기 위해서, 남보다 잘 살기 위해서 무한 경쟁에 돌입해야 했다. 혼자만 잘 살려고 남을 짓밟고 밀치고 떨어뜨리는 바람에 한두 사람 빼놓고는 잘 살 수 없는 상황이 이어진다. 수많은 패배자를 양산했다. 그리고 서로 불안하다. '쟤가 나보다 더 열심히 하는 것 아닐까. 나를 앞서지 않을까. 조금씩 뒤처지다 보면 결국 망하는 것 아닐까?' 하는 노이로제에 걸려서 유치원 시절부터 무한 경쟁 속에 우리의 삶을 몰아넣고 있다. 늘 불안하고 외롭다. 사람들과 담을 쌓게 되었다.

5.

하지만 담을 높게 쌓다 보니 사람들이 고립되기 시작했다. 친구가 없고, 사랑하는 사람이 없다. 마음을 베풀 사람이 없어졌다. 환경은 좋아져서 겉보기엔 잘 사는 것 같은데 그게 뭐 잘 사는 것인가? 외롭고, 천지사방에 적이 있는데.

6.

경쟁은 무조건 다 나쁘다는 말이 아니다. 선의의 경쟁도 있다. 우리는 성실하게 노력하며 살아가야 한다. 내가 말하는 것은 극단적인 이기심으로 무한경쟁 사회에 자기 자신을 몰아넣는 일, 특히 사랑하는 우리 아이들을 몰아넣는 일이 지혜롭지 못하다는 것이다.

7.

야곱이 외삼촌 라반의 집에 도착했다. 우물가에 이르렀는데 목자들이 데려온 양 떼가 한 떼 정도 있었다. 그런데 우물을 열어서 양 떼에게 물을 먹이지 않는 것이다. 야곱이 왜 그러냐고 물었더니 아직 안 온 사람이 있다고 했다. 때마침 라헬이 양 떼를 몰고 오는 중이었다.

"양 떼가 다 모이면 그때 우물을 열고 양 떼에게 물을 먹입니다." 목자들의 이 말이 참 감동이 되었다. 근사했다. 먼저 온 사람에게 우선권이 있지 않은가? 우리는 그 우선권 차지하려고 부지런 떠는 것 아닌가? 그런데 그 목자들은 부지런히 왔어도 뒷사람을 기다려주었다.

8.

어떤 상황이든 좀 늦는 사람이 있지 않겠는가. 누군가 몸이 좀 아프다든지, 늦잠을 잤다든지, 실수하여 늦었을 때 먼저 온 사람이 다 차지하면 남는 게 없으니까 우리는 기다렸다가 다 모이면 같이 나눈다는 말씀이 참 감동이었다. 최소한 우리 예수 믿는 사람들은 그런 마음의 여유를 가지고 살아야 하지 않을까?

9.

늦게 온 사람들에게도 기회를 줄 수 있는 배려를 먼저 온 사람이 할 수 있다면, 세상은 얼마나 좋은 세상이 될까? 성경에 이런 이야기를 자주 언급하심으로써 하나님은 우리에게 "하나님나라는 그렇게 사는 거야. 강한 사람, 먼저 온 사람, 똑똑한 사람, 높은 사람이 자기보다 약하고 가난하고 어려운 사람들을 돕고 섬기며 함께 사는 거야"라고 주지시켜주신다.

10.

나는 PPL(People & Peace Link)이라는 사단법인을 운영하고 있다. 은퇴 이후에 내게 중요한 일이 되었다. PPL의 한국 이름은 '더 좋은 세상'이다. 더불어 함께 사는 더 좋은 세상이 PPL이 꿈꾸는 비전이다. 미미할지언정 이 세상 한구석만큼만이라도 오후 5시에 장터에 나온 사람, 탈북한 사람, 외국인 노동자 등 사회에서 소외되고 좀 늦을 수 있는 사람들에게 "우리 같이 마시자. 같이 먹고 살자. 너 올 때까지 기다렸어"라고 말할 수 있다면 얼마나 좋은 세상이 되겠는가.

11.

PPL에서는 탈북자들에게 일본식 라멘 가게를 차려주어 자립을 돕는 일을 한다. 돈이 많이 들어가는 일이다. 식당 창업에 필요한 이론과 실전 교육을 해주고 가게를 만들어주는 데까지 한 사람당 2억은 드는 것 같다. 탈북자들이 가게를 창업하여 융자를 갚고 5년 안에 자기 가게로 만들도록 지원하는 프로젝트인데 쉽지는 않다. 그런데 감사하게도 성공한 가게가 몇 개 나왔다. 많은 분들이 도와주시고 협력하여 해낼 수 있었다. 얼마나 기쁜지 모른다. "열심히 벌어서 네 가게 만들어. 여러 방면으로 도와주고 일러줄게. 실패할 수 있는데, 그럼 재단이 책임질게." 벌면 네 것, 망하면 내 것, 그 말도 안 되는 일을 하고 있다.

12.

그중에 2년도 안 되어 자립한 가게가 있는데 '이야기를 담은 라멘' 세종대점이다. 사장인 자매가 굉장히 강하고 부지런했다. 어느 날 내가 물었다. "이 사장은 우리 재단이 왜 이런 일을 한다고 생각해? 벌면 이 사장 것, 망하면 우리 재단 것이라고 하잖아." 그랬더니 표정이 심각해졌다. "목사님, 그걸 도무지 이해를 못 하겠습니다. 남동생이 하나 있는데요. 동생이 저한테 그랬어요. '누나, 이거 사기야. 생각해 봐. 그게 말이 돼? 벌면 누나 것, 망하면 재단 것, 그런 게 어딨어. 뭔가 우리가 모르는 함정이 있는 거야.'" 그런데 그 친구가 4년 전에 사장이 되어 가게를 잘 운영하고 있다.

13.

나는 이 일을 하면서 직접적인 전도는 잘 안 하는 편인데, 그때 처음 이야기했다. "이 사장, 내가 목사잖아. 나 예수 믿는 사람이잖아. 예수 믿는 사람은 하나님나라를 믿어. 그런데 하나님나라는 이렇게 사는 거야." 충격이 커 보였다. 내가 그런 돈키호테 같은 엉뚱한 일, 말도 안 되는 바보 같은 짓을 하는 이유가 바로 여기 있다. 늦게 온 사람, 기회가 없는 사람, 사회적 취약 계층민들도 똑같이 먹고 살 수 있는 세상, 저들에게 기회를 주는 그런 세상이 하나님나라이기 때문이다.

14.

이것이 성경이 말하는 하나님나라의 삶이고 식이지 않겠는가? 먼저 왔다고 홀딱 다 마시고 남이야 먹을 물이 남든 말든 신경 쓰지 않는 야박한 세상 속에서 힘을 가지고도 자신을 위하여 쓰지 않고 오후 5시에 온 사람, 탈북자, 다민족 가구, 외국인 노동자 등과 함께 어깨동무하며 살아가는 근사한 크리스천이 되면 좋겠다.

15.

큰일을 해야만 되는 것이 아니다. 우리 주변에 약한 사람, 좀 늦은 사람, 더딘 사람이 있으면 이용하려 하지 말고, 살피고 도우며 함께 잘 사는 세상을 만들어나가면 좋겠다. 하나님나라를 이 땅에 이루며 살아가는 우리가 되길 바란다.

32

사람을 귀히 여길 줄 아는 사람

창세기 29:16-20

16 라반에게 두 딸이 있으니 언니의 이름은 레아요 아우의 이름은 라헬이라 17 레아는 시력이 약하고 라헬은 곱고 아리따우니 18 야곱이 라헬을 더 사랑하므로 대답하되 내가 외삼촌의 작은 딸 라헬을 위하여 외삼촌에게 칠 년을 섬기리이다 19 라반이 이르되 그를 네게 주는 것이 타인에게 주는 것보다 나으니 나와 함께 있으라 20 야곱이 라헬을 위하여 칠 년 동안 라반을 섬겼으나 그를 사랑하는 까닭에 칠 년을 며칠같이 여겼더라

I.

야곱이 외삼촌 라반의 집에서 일하다가 그의 딸 라헬과 결혼하기 위해 7년 동안 라반을 섬긴다. 본문에 아주 재밌는 말씀이 나온다. "그(라헬)를 사랑하는 까닭에 칠 년을 며칠같이 여겼더라"(창 29:20). 넘어갈 수 있는 말인데, 나는 좀 이해가 안 됐다. 반대가 되어야 하지 않을까? 라헬을 사랑하니 빨리 결혼하고 싶었을 것이 아닌가. 사모하고 기다리면, 손꼽아 기다리면 시간은 더디 가는 법이다. 며칠이 7년 같아야 하

는 게 맞는데, 반대의 표현을 쓴다. 사랑하고 욕심내고 기다리면 시간은 더디 가는 법인데, 왜 7년을 며칠같이 여겼다는 표현을 썼을까?

2.

나는 이렇게 해석했다. 라헬을 사랑하기 때문에 라헬이 너무 귀해서 많은 대가를 지불하고도 며칠밖에 안 된다고 여겼던 것이 아닐까. 그게 기독교 정신과 맞다. 기독교의 가장 중요한 사상은 사람을 귀히 여기는 것이기 때문이다. 하나님은 우리에게 율법을 주시고 딱 두 가지로 정리하셨다. "하나님을 사랑하라. 네 이웃을 네 자신같이 사랑하라." 그것이 율법의 완성이라 하셨다. 사랑하면 사람이 귀해진다. 아주 존귀해진다.

3.

자주 쓰는 예화인데, 나는 2005년도에 할아버지가 되었다. 무녀독남 외아들로 커서 늘 외로웠는데, 큰아들이 며느리가 임신한 소식을 전해줬을 때 얼마나 기뻤는지 모른다. 그 당시 계룡대 근처에 살던 아들네가 산부인과에서 임식 소식을 듣고는 초음파 사진을 보여주겠다고 서울로 올라왔었다. 신기했다. 첫 손녀 이름이 민희인데 그때 며느리 배 속에 있던 민희가 2.8센티미터였다. 초음파 사진 속 작고 꼬부라진 태아가 너무 신기해서 보고 또 보다가 다음 날 교회 홈페이지에 글을 썼다. "우주보다 더 크고 귀한 2.8센티." 사랑하는 내 피붙이가 생겼다는 이유로 그 2.8센티미터가 우주보다 컸다. 그동안 귀히 여겼던 그 어떤 것보다 귀했다. 사랑은 사람을 귀히 여기는 것이다.

4.

하나님은 인간을 귀하게 창조하셨다. 그리고 우리를 귀히 여기신다. "사람이 만일 온 천하를 얻고도 제 목숨을 잃으면 무엇이 유익하리요"(마 16:26). 우리의 생명이 천하보다 귀하다는 뜻이다. 인간 존중 사상은 성경 전체에 나타난다. 하나님이 천지를 창조하실 때 아담과 하와 곧 우리에게 주고 싶으셔서 엿새 동안 힘써 창조하시지 않았는가. 창세기를 읽으면 이런 음성이 자꾸 들리는 것 같았다. '다 너 주려고 만들었어. 너희 주고 싶어서 만들었어. 그래서 있는 힘을 다했단다.' 이것이 전지전능하신 하나님이 이레째 되는 날 쉬셔야 할 만큼 최선을 다하여 천지 만물을 창조하신 이유이다.

5.

하나님은 우리를 천하보다 귀히 여기시는 게 아니라 하나님의 생명보다 귀하게 여기신다. 그것이 십자가 사건 아닌가. 우리가 죽어야 할 자리인데 예수님이 대신 달려 돌아가셨다. 왜 그러셨는지 한번 여쭤보라. 예수님은 이렇게 말씀해주실 것이다. '네가 나보다 더 귀해. 네가 죽고 내가 어떻게 사니?

그러니 내가 죽고 너를 살려야지.' 이것이 기독교의 핵심 사상이다.

6.

그런데 아담과 하와가 선악과를 따 먹고 범죄한 후부터 사람의 마음이 바뀌었다. 선악과를 따 먹기 전에는 인간의 마음도 하나님의 마음과 같았다. 하나님이 아담을 위하여 하와를 만들어주셨을 때, 아담은 "내 뼈 중의 뼈요 살 중의 살이라"(창 2:23)라고 했다. 그만큼 하와가 귀하다는 것이다. "너는 나보다 더 귀해." 그런데 선악과를 따 먹으면서부터 이것이 깨졌다. 하나님을 사랑하지 않고, 사람을 사랑하지 않는다.

7.

살다 보면 옳고 그름을 가려야 할 때가 있다. 옳은 것도 옳고, 그른 것도 옳다며 살 수는 없다. 옳은 것은 옳은 것이고, 그른 것은 그른 것이다. 그것을 가리기 위해서 때로 피 터지게 논쟁할 수 있고, 토론할 수 있다. 상대방의 생각이나 행동이나 사상을 비판할 수 있다. 그게 인간이라고 생각한다. 그러나 우리가 조심해야 할 것이 있다. 아무리 논쟁을 하더라도, 혹 나는 옳고 그는 그르다 해도 사람을 건드리면 안 된다는 것이다. 나와 생각이 달라도, 혹시 잘못된 생각을 하고 살아도 그도 하나님의 귀한 백성이다.

8.

그런데 우리는 옳고 그름을 가리다가 불리해지면 상대방을 공격한다. 그리고 정죄한다. 함부로 편을 가르고 색을 입힌다. 이기고 싶어서. 그것은 기독교의 정신이 아니다. 옳고 그름은 가려야 하고 그 과정에서 자기의 생각을 이야기할 수 있지만, 사람은 존중할 줄 알아야 한다. 상대방의 입장에서도 생각할 줄 아는 마음을 가져야지 나와 생각이 다르다고 사람을 함부로 매장하려 하면 안 된다. 그것은 세상 사람들이나 하는 일이지 하나님을 믿는 우리가 해야 할 일은 아니다.

9.

나도 참 힘든 사람들이 있었다. 물론 내가 힘들게 한 사람들도 있다. 그런데 너무 힘들게 하는 사람이 있어서 어느 날 나도 모르게 이런 생각을 했다. '저런 인간도 하나님이 사랑하실까?' 예상되는 대답은 '애, 나도 아니야'였다. '어떻게 저런 인간을 사랑하겠니. 사람이 어떻게 저럴 수가 있니? 나도 네 생각과 같아. 네 편이야'라고 하나님이 내 편을 들어주실 줄 알았다.

10.

그런데 금방 답이 나왔다. '그럼, 사랑하지. 그래서 내가 십자가를 진 것 아니냐. 그 죄가 커서 내 핏값을 주고 사한 것이 아니냐.' 깜짝 놀랐다. '생각이 좀 달라도, 좋지 못한 생각을 하고 살아도 하나님이 함부로 사람을 미워하지 않으시는구나.' 십자가를 통해서 그를 보니 그도 하나님이 사랑하시는 사람이었다. 그날 굉장히 중요한 것을 깨달았다. '하나님이 사랑하시는 사람을 미워하면 하나님이 싫어하시겠구나. 하나님이 나를 좋아하지 않으시겠구나.'

II.

나는 누가 내 자식이나 손녀들, 손자들을 싫어하면 그 사람이 싫다. 반대로 우리 아이들을 귀히 여기고 칭찬해주고 예뻐해주면 나도 그 사람이 좋다. 하나님도 마찬가지시라고 생각한다. 하나님이 사랑하시는 사람을 나와 생각이 좀 다르다고, 내가 옳다고 함부로 정죄하고 미워하면 하나님께 사랑받을 수 없다는 것을 알게 되었다.

I2.

하나님께서 그때 내게 주신 말씀 중의 하나가 '넌 좀 낫냐?'라는 것이었다. 내 기준으로 보면 내가 좀 나아 보였다. 그런데 하나님의 의, 하나님의 선의 잣대에 대보니 나나 그나 별반 다를 게 없었다. 십자가를 통해서 그를 보니 하나님의 사랑하시는 사람이요, 그 십자가를 통해서 나를 보니 나는 그에 못지않은 죄인이었다. 내게 참 큰 깨달음이 되었다.

13.

그다음에도 힘든 사람은 또 있었는데 잘 미워하지 않게 되었다. '에이, 사람이 다 그렇지 뭐. 나는 좀 낫냐?'라며 넘어갈 수 있어서, 그때부터 사람을 미워하는 마음을 좀 다스릴 수 있게 되었다.

14.

야곱은 라헬을 사랑하는 까닭에 라반을 섬기는 7년을 며칠같이 여겼다(창 29:20). 이는 야곱이 7년이 아니라 70년을 섬길 수 있을 만큼 라헬을 귀하게 여겼기 때문이라고 생각한다. 다른 사람을 미워하며 살기는 참 쉽다. 적 만들기도 쉽다. 하지만 그러면 우리는 외로워서 못 산다. 힘들어서 못 산다. 불안해서 못 산다. 사람을 사랑하는 법을 배워야 한다. 나도 귀히 여길 뿐만 아니라 다른 사람도 하나님이 사랑하시는 귀한 존재라는 것을 알고 존중하고 사랑하며 살아가는 우리가 될 수 있기를 바란다.

●

"하나님은 우리를 사랑하십니다. 그래서 귀히 여기십니다.
우리가 귀해서 귀한 게 아니라, 사랑해서 귀히 여기십니다.
그런데 우리는 함부로 사람을 판단하고 미워합니다. 괴롭습니다.
하나님, 이건 기독교인이 할 일이 아닙니다.
사람을 귀히 여기고 사랑하는 참 그리스도인이 되게 하여 주옵소서."

33

이웃이 밭을 사도 배 안 아픈 사람

창세기 30:1-8

¹ 라헬이 자기가 야곱에게서 아들을 낳지 못함을 보고 그의 언니를 시기하여 야곱에게 이르되 내게 자식을 낳게 하라 그렇지 아니하면 내가 죽겠노라 ² 야곱이 라헬에게 성을 내어 이르되 그대를 임신하지 못하게 하시는 이는 하나님이시니 내가 하나님을 대신하겠느냐 ³ 라헬이 이르되 내여종 빌하에게로 들어가라 그가 아들을 낳아 내 무릎에 두리니 그러면 나도 그로 말미암아 자식을 얻겠노라 하고 ⁴ 그의 시녀 빌하를 남편에게 아내로 주매 야곱이 그에게로 들어갔더니 ⁵ 빌하가 임신하여 야곱에게 아들을 낳은지라 ⁶ 라헬이 이르되 하나님이 내 억울함을 푸시려고 내 호소를 들으사 내게 아들을 주셨다 하고 이로 말미암아 그의 이름을 단이라하였으며 ⁷ 라헬의 시녀 빌하가 다시 임신하여 둘째 아들을 야곱에게 낳으매 ⁸ 라헬이 이르되 내가 언니와 크게 경쟁하여 이겼다 하고 그의 이름을 납달리라 하였더라

I.

91년도에 중국의 문이 채 다 열리지 않았을 때, 중국을 여행

할 기회를 얻었다. 한 3주 정도 꽤 오래 여행을 했다. 북경에 있는 자금성을 구경했는데, 그때도 한국 여행객들이 좀 있었다. 어머어마하게 큰 성을 둘러보고 있는데 내가 한국말을 하니 한국 여행객이 뒤따라왔다.

어떤 남자분이 이런 말을 했다. "중국 황제는 아내가 3천 명이었대." 그러자 다른 남자분이 맞장구치며 "야, 되게 좋았겠다. 되게 행복했겠다"라고 했다. 그냥 장난 같은 말이었는데 그 말이 고장 난 레코드처럼 온종일 머릿속에 맴돌았다. '아내를 3천 명이나 두었던 중국 황제는 정말 행복했을까?' 그런데 내 생각은 달랐다. '얼마나 외로웠을까?'라는 생각이 들었다.

2.

본래 귀한 건 하나다. '귀하다'의 반대말은 '천하다'인데, 천하다는 것은 너무 흔해서 귀하지 않다는 뜻이다. 사랑은 귀하기 때문에 하나밖에 없다. 그러므로 아내가 하나면 온전한 사랑을 줄 수 있다. 하지만 아내가 둘이면 2분의 1밖에 사랑하지 못하는 것이고, 아내가 열이면 10분의 1밖에 사랑하지 못하는 것이다. 사랑하는 여자를 3천 명이나 두면 사랑이 3천 개로 불어나는 것이 아니라, 3천분의 1로 쪼개지는 것이다. 그러니 황제는 아내가 없는 사람이었다. 사랑할 줄 모르고, 사랑받을 줄도 모르는 사람이었다.

3.

쾌락을 좇아 살면 행복할 줄 알았는데, 그것이 더 극심한 외로움을 황제에게 가져다주었을 것이다. 그에게는 아내도 없고 자식도 없었다. 아내가 3천이나 되니 어떻게 다 기억했겠는가? 아마 복식을 보고 알았을 것이다. 궁궐을 돌아다니다가 어떤 여자를 봤는데 아내의 복장을 하고 있으면 '저 여자도 내 아내인가?' 그러지 않았겠는가. 또 자식은 얼마나 많이 낳았겠는가? 그런데 옷을 보고 '쟤도 내 아들인가?' 그랬다면 얼마나 불행한 사람인가.

그때 아직 어렸던 세 아들에게 편지를 썼다. 이 이야기를 전하면서 "아빠는 중국 황제보다도 행복한 사람이야. 아빠는 네 엄마 한 사람만 사랑하거든. 너희도 이다음에 커서 한 여자만 평생 사랑하며 사는 사람이 되거라"라고 적었다.

4.

야곱의 시대는 일부다처제가 문화적으로 허용되던 시대였다. 라헬을 위해서 7년 일했더니 라반이 언니 먼저 시집을 가야 한다며 야곱을 속이고 레아를 들여보낸다. 그래서 야곱은 다시 라헬을 위해 7년 동안 더 일하여 결국 레아와 라헬 두 아내를 둔 남편이 되었다. 그런데 중국 황제 이야기에서 알 수 있듯이, 사랑이 나뉘면 혹독한 대가를 지불해야 한다. 두 여인이 서로 시기하고 다투니 그 집안이 편안했겠는가?

5.

요즘처럼 성적으로 문란한 시대가 어디 있는가. 이젠 성적으로 문란한 것이 큰 허물도 안 되는 시대가 되었다. 우리나라도 간음죄가 폐지되었다. 배우자가 있어도 서로 뜻이 맞아서 성관계를 하면 그것이 범죄가 안 되는 참 희한한 나라가 되었다. 순결을 얘기하면 원시인 취급을 받는다. 사람들이 다 콧방귀 끼고 지금이 어느 시대인데 순결, 정조, 사랑 얘기를 하냐고 말한다. 많은 사람은 성을 도구화함으로써 더 행복해질 것이라고 생각하는데, 사실은 그렇지 않다. 그럴수록 더 외로워진다. 삶은 더 복잡해지고 골치 아파진다.

6.

아내가 아이들이 어릴 때부터 목욕을 시킬 때마다 이렇게 성교육을 시켰다. "이다음에 네 아내 외에는 아무도 네 몸에 손 못 대게 하거라." 애들이 그게 무슨 뜻인지 어떻게 아는가? 그런데 엄마의 말이니 그러려니 하고 들었다. 무의식적으로 자꾸 반복시킨 것이다. 어느 날 막내를 목욕시키며 엄마가 또 반복했더니 이놈이 좀 짜증이 난 모양이다. 하도 많이 들어서 짜증이 난 그 조그만 아이가 그랬단다. "알았어요, 알았어. 내 몸에 아내 외에는 손 못 대게 할 테니까 이제 그만하세요." 평생 한 사람을 사랑하며 산다는 것이 얼마나 큰 축복인가? 그것은 바보 같은 일이 아니다. 그런데 끝까지 사랑한다는 것이 참 쉽지 않다.

7.

시편 128편에 내가 참 좋아하는 말씀이 있다. "여호와를 경외하며 그의 길을 걷는 자마다 복이 있도다 네가 네 손이 수고한 대로 먹을 것이라 네가 복되고 형통하리로다 네 집 안방에 있는 네 아내는 결실한 포도나무 같으며 네 식탁에 둘러앉은 자식들은 어린 감람나무 같으리로다"(시 128:1-3). 평생 같이 산, 나와 같이 나이 든 늙은 아내가 너무 사랑스러워서 결실한 포도나무와 같이 보인다는 것이 축복이다. 이 복을 꼭 놓치지 않기를 바란다. 세상 문화에 휩쓸려서 자기 합리화하지 말고 속지 말기를 바란다. 한 사람을 사랑하며 사는 일에 마음과 뜻과 정성과 기도를 보태어 승리하는 우리가 되기를 바란다.

8.

그리고 "라헬이… 그의 언니를 시기하여"(창 30:1)라는 말씀에서 내 나름대로 생각한 것이 있다. 전에도 언급했지만 마태복음 20장에 보면 포도원 주인 이야기가 나온다. 일꾼들은 오후 5시에 와서 한 시간밖에 일하지 못한 사람에게도 주인이 똑같이 1데나리온의 품삯을 주는 것을 보고 원망한다. "이건 불공평합니다. 종일 수고한 사람과 한 시간만 일한 사람의 품삯이 어떻게 같습니까?"

잘못된 생각인가? 나는 정당한 주장을 한 것이라고 생각한다. 옳은 얘기다. 나도 온종일 일했으면 하루 품삯을 주고,

한 시간만 일했으면 한 시간 품삯을 주는 것이 옳다고 생각한다.

9.

그런데 이렇게 한번 생각해봤다. 한 시간 동안 일하고 1데나리온의 품삯을 받은 사람이 만일 자기 아들이었다면 혹은 자기가 아주 사랑하는 사람이었다면 말이 달라지지 않았을까? "뭐 이런 사람이 다 있어. 참 불공평한 사람이네"가 아니라, "야, 정말 훌륭한 사람이네. 어떻게 한 시간밖에 일을 못 했는데 하루 품삯을 주냐. 그 사람 때문에 우리 아들도 살았네"라며 찾아가 인사했을 것이다.

10.

"이웃이 밭을 사면 배가 아프다"라는 말이 있다. 이웃이 한 시간밖에 일하지 않고 하루 품삯을 받으니 배가 아팠다. 당연히 배가 아프지 않겠는가? 나는 목사인데도 그렇다.

11.

그런데 마태복음 20장은 천국 비유였다. 천국이라면 아들이 아니어도, 생판 모르는 사람이어도 그런 횡재를 하면 너무 좋아서 같이 박수하고 주인을 칭찬하지 않을까? 그런 사람들이 사는 나라가 천국 아닐까? 이웃이 밭을 사면 내가 밭을 산 것 못지않게 좋아하고 기뻐하고 진심으로 축하해주는 사람들이 있는 곳 말이다. 그 깨달음을 얻고 하나님께 기도했다. "하나님, 전 아직도 이웃이 밭을 사면 배가 아파요. 안 그런 척하지만 하나님은 아시잖아요. 그런데 하나님, 저 좀 바꿔주세요. 이웃이 밭을 사도 배 하나도 안 아픈 사람이 되게 해주세요. 더 나아가서 그것을 기뻐하고 박수하고 진심으로 축하해줄 줄 아는 그런 너그러운 사람, 근사한 사람이 되게 해주세요."

12.

시기, 불평, 원망이 우리 삶의 질을 얼마나 떨어뜨리는지 모른다. 이게 다 선악과를 따 먹은 죄 때문이다. 죄의 뿌리는 욕심이다. 나만 생각하는 이기심 때문에 아내도 없고, 자식도 없다. 사랑할 줄 몰라 외로워지고 적만 는다. 사람을 착취하고 착취당하며 살아간다. 하지만 예수 믿는 우리는 이웃이 밭을 사면 같이 기뻐해줄 줄 아는 사람, 한 사람 한 사람을 귀히 여기고 존중하며 사랑할 줄 아는 사람이 되면 좋겠다. 오늘 하루 살아갈 때 직장에서 이 말씀을 한번 적용해보라. 처음에는 쉽지 않지만, 기도하고 노력하면 조금씩 조금씩 달라진다. 그리고 마침내 그 경지에 이르게 될 줄 믿는다.

13.

그러면 세상 사람들이 우리를 얼마나 좋게 보겠는가. '예수 믿는 사람들 참 훌륭하다. 저 사람 가식인 줄 알았는데 진짜로 내가 잘되는 걸 기뻐하네.' 그러면 하나님이 영광 받으시지 않겠는가? 남의 행복을 시기하지 않고 기뻐할 줄 아는 사람, 남의 불행에 같이 슬퍼할 줄 아는 사람, 그런 하나님의 백성들이 될 수 있기를 바란다.

I4.

이것은 기도 외에는 못 이룬다. 깨달음으로 되지는 않는다. 절대 안 된다. 감동 받았다고 되는 것 아니다. 기도해야 한다. 구하고 찾고 두드리면 하나님이 기도에 응답해주시리라 믿는다.

●

"하나님, 우리 마음속에는 시기, 질투가 무성합니다.
남 잘되는 꼴 못 봅니다.
안 그런 척해도 이웃이 밭을 사면 배가 아픕니다.

그런데 이제는 바뀌고 싶습니다.
이웃이 밭을 사도 배 안 아픈 사람 되고 싶습니다.
더 나아가 이웃이 밭을 사면 내 일처럼 기뻐할 줄 아는
그런 근사한 사람이 되게 하여 주옵소서."

34

자기 일에 성실한 사람

창세기 31:38-42

38 내가 이 이십 년을 외삼촌과 함께하였거니와 외삼촌의 암양들이나 암염소들이 낙태하지 아니하였고 또 외삼촌의 양 떼의 숫양을 내가 먹지 아니하였으며 39 물려 찢긴 것은 내가 외삼촌에게로 가져가지 아니하고 낮에 도둑을 맞았든지 밤에 도둑을 맞았든지 외삼촌이 그것을 내 손에서 찾았으므로 내가 스스로 그것을 보충하였으며 40 내가 이와 같이 낮에는 더위와 밤에는 추위를 무릅쓰고 눈 붙일 겨를도 없이 지냈나이다 41 내가 외삼촌의 집에 있는 이 이십 년 동안 외삼촌의 두 딸을 위하여 십사 년, 외삼촌의 양 떼를 위하여 육 년을 외삼촌에게 봉사하였거니와 외삼촌께서 내 품삯을 열 번이나 바꾸셨으며 42 우리 아버지의 하나님, 아브라함의 하나님 곧 이삭이 경외하는 이가 나와 함께 계시지 아니하셨더라면 외삼촌께서 이제 나를 빈손으로 돌려보내셨으리이다마는 하나님이 내 고난과 내 손의 수고를 보시고 어제 밤에 외삼촌을 책망하셨나이다

I.

우리는 야곱에 대한 편견이 있다. 야곱을 떠올리면 어떤 것

이 생각나는가? 거짓말하는 사람, 약삭빠른 사람, 꾀부리고 요령 피는 사람으로 각인되지 않았는가? 물론 나도 그랬다. 그런데 본문을 읽고 야곱에 대한 생각이 바뀌었다. 야곱은 자기 일에 최선을 다하는 성실한 사람이었다. 그리고 정직한 사람이었다. 라반을 섬기는 20년 동안 들짐승들에게 물려 찢긴 양이 있으면 자기 잘못이 아니더라도 자기 양으로 대신했고, 낮에는 더위를 무릅쓰고 밤에는 추위를 무릅쓰고 눈 붙일 겨를도 없이 성실하게 살았다는 고백을 듣는다.

2.

자기가 맡은 일에 최선을 다하고 성실하게 사는 것은 그리스도인이 갖추어야 할 하나의 표지이다. 우리 믿음의 선배들은 한국에 예수 믿는 사람이 적었을 때도 믿지 않는 사람들에게 인정받는 삶을 살았다. "저 교회 다녀요", "저 집사예요", "저 목사예요" 그러면 자신은 교회를 안 다녀도 '저 사람, 정직하겠구먼. 꾀부릴 줄 모르겠구먼. 착하고 성실하겠구먼'이라고 신용하는 것이 있었다. 그런데 우리가 점점 그 신용을 잃어 가고 있는 현실이 안타깝다.

3.

왜 예수 믿는 기독교인들이 자기 일에 충성하고 성실해야 할까? 하나님이 우리에게 요구하시는 것이기 때문이다. 사람들은 나 같은 목사를 대개 성직자라고 한다. 주의 종이라고 한다. 그런데 성경에 의하면 목사만 성직이라고 하지 않는다. "너희는 택하신 족속이요 왕 같은 제사장들이요…"(벧전 2:9)라는 말씀에서 제사장을 이야기하시는 것이니 성직자를 가리키는 것인데, '목사는'이라고 하지 않고 '너희는'이라고 했다. 따라서 우리가 하는 모든 일이 다 성직이니 우리는 "무슨 일을 하든지 마음을 다하여 주께 하듯 하고 사람에게 하듯 하지 말아야 한다"(골 3:23). 하나님이 그 일을 우리에게 소명으로 주셨기 때문이다.

4.

예수 믿는 사람은 자기가 하는 일이 성직이어야 한다. 장사하는 것, 직장생활하는 것, 사업하는 것, 학교 선생님 하는 것, 의사 하는 것 등이 모두 성직이다. 하나님이 나를 목사로 부르셨듯이 당신을 그와 같은 직업으로 부르셨다. 이렇듯 모든 직업을 하나님께 받은 소명으로 알고 살아갈 때, 이 세상이 완전히 균형 잡힌 하나님나라화가 되어가는 것이다. 목사만 성직으로 인식하는 의식 가지고는 이 땅을 하나님의 나라로 만들 수가 없다.

5.

높은뜻숭의교회를 개척하고 얼마 지나지 않은 때에 예배를 마치고 어느 부부가 와서 인사를 하셨다. "목사님, 이번 주간에 김천에 오시지요?" "예, 김천에 갑니다." "저희가 김천에서 교회를 다니거든요. 저희 집에 한번 들러주시겠어요?"
라며 명함을 주시는데 설렁탕집을 운영하는 부부셨다. 집회
에 갔다가 양해를 구하고 하루 저녁 그 설렁탕집을 찾아갔
다. 가까운 교회 가시라고, 어쩌다 한두 번이면 모르는데 매
주 어떻게 여기까지 오시냐고 말씀드리려고 갔는데, 눈치 빠
른 집사님 부부가 먼저 선수를 치셨다. "목사님, 저는 미식가
예요. 뭐가 맛있다 하면 그것 먹으러 서울도 가고 경주도 가
고 그래요. 높은뜻숭의교회 예배가 제 마음에 들어서 주일날
거기까지 갑니다. 밥 먹으러도 가는데, 예배드리러 왜 못 가
요." 할 말이 없었다.

6.

그런데 그다음 말이 더 중요했다. "목사님, 저는 설렁탕 한
그릇을 끓여 파는 장사꾼에 불과하지만, 설렁탕 한 그릇을
끓여도 예수님께 대접하는 마음으로 끓입니다. 그래서 모든
재료를 최고로만 골라서 써요." 그러면서 예를 들어주셨다.
"매일 김치를 담가야 하는데, 거기 들어가는 마늘이 만만치
않거든요. 집에서 하는 김치가 아니라 양이 많으니까 일일이
마늘을 까서 쓰는 건 힘들지요. 그래서 깐 마늘을 미리 사서
냉장고에 넣어뒀다가 그날그날 꺼내서 쓰는 것이 보통인데,
직접 까서 그날 찧은 마늘과 미리 사서 냉장고에 넣어두었다
가 찧은 마늘은 향이 좀 달라요. 그래서 저희 부부는 매일 저
녁 장사 끝나면 직접 마늘을 까고 찧어서 김치를 담급니다.

예수님께 대접하는 설렁탕이니까요."

7.

또 설렁탕에서 뼈가 가장 중요하다고 한다. 그런데 그 뼈를
일등급으로 고르는 게 쉽지 않다고 한다. 집사님 부부의 말
에 따르면 최고로 좋은 뼈는 10시간을 끓여서 고와 봐야 안
다고 한다. 그때 뽀얀 국물이 나오는 게 제일 좋은 뼈라고 하
셨다.

"어느 날은 뼈를 곤 지 10시간이 지났는데 뽀얀 국물이 아니
라 누런 국물이 나오는 거예요. 일등품이 아니었던 거죠. 그
래서 뼈 가게 주인에게 전화했어요. 누런 국물이 나온다고.
그랬더니 실수했다고 앞으로 조심하겠다고 사과하시더라고
요. 그런데 이미 10시간을 끓였기 때문에 지금 다시 뼈를 받
아도 시간이 맞지 않아서 다음 날 장사를 못 하게 생긴 거예
요. 뼈 가게 주인은 오늘 하루만 커피 프림을 타시라고, 그러
면 뽀얗게 되지 않겠냐고 했어요. 그런 집들도 더러 있긴 하
거든요. 그리고 못 먹는 뼈는 아니기 때문에 큰 차이는 없거
든요. 그런데 저희는 그날 가게 문을 닫았어요. 재료가 나빠
서 장사 못 한다고 써 붙였죠."

8.

그때 일생 최대의 충격을 받았다. '이렇게 예수 믿고 사는 분
이 있구나. 그분이 우리 교인이구나'라는 사실이 너무 자랑

스러웠다. 그 집사님 부부의 말처럼 세상 사람들은 그저 설렁탕 한 그릇 끓여 파는 장사꾼이라고 생각할는지 모른다. 그런데 그분이 성직자이다. 우리가 맡은 일, 지금 하고 있는 일은 하나님이 우리에게 그냥 밥 벌어먹으라고 주신 일이 아니다. 목사가 목회하듯이 우리가 무슨 일을 하든지 마음을 다하고 뜻을 다하고 정성을 다하여 사람에게 하듯 하지 말고 예수님을 섬기는 마음으로 한다면, 그것이 우리 그리스도인이 할 수 있는 최상의 선교이지 않을까?

9.

고린도전서에도 "맡은 자들에게 구할 것은 충성이니라"(고전 4:2)라는 말씀이 있다. 하나님이 우리에게 구하시는 것은 충성이다. 꾀부리지 않고, 요령 피우지 않고, 자기 이익을 생각하지 않고, 맡은 일에 최선을 다하는 것이다.

10.

나는 조금 늦은 나이에 방위로 군대를 갔다. 졸병 중의 졸병이라 하는 일이 청소하고 심부름하는 일들이었다. 꽤 더웠던 어느 날, 장교가 부대 마당을 쓸라고 시켰다. 늘 하던 일이니까 대나무 빗자루를 들고 마당을 쓸기 시작했다. 그런데 나보다 나이는 좀 어리지만 방위 선배가 오더니 내 머리를 툭 쥐어박는 것이다.

"야 인마, 군대는 요령이야. 그걸 시킨다고 다 하는 놈이 어됐냐? 내가 시범을 보여줄게."

그러더니 빗자루를 내팽개치고 빗자루에서 대나무 꼬챙이 하나를 딱 잘라내더니 군데군데 빗자루 자국을 내는 것이다. 빗자루질을 한 자국을 내고 휴지 좀 줍고 조리를 가져다가 물을 척 뿌리니까 엇비슷했다.

11.

그래도 나는 그렇게 하지 않았다. 그렇게 꾀부리고 요령 부리고 살면 오히려 피곤하다. 밤낮 장교가 오는지 살펴야 하기 때문이다. 그런데 우직하게, 좀 힘들어도 정직하게 빗자루질을 다 하면 누가 오든 말든, 누가 보든 말든 속 편하다.

12.

월급 받는 사람은 '월급보다 내가 일을 더 잘해서 우리 사장님, 우리 회사 수지맞게 해야지'라는 마음을 품어야 한다. 사장이라면 '내가 사업을 잘해서 우리 직원들 월급 한 푼이라도 더 줘야지. 그들이 일하는 것보다 월급을 더 주면 좋겠어'라는 마음을 가져야 한다. 이것이 그리스도인들이 가져야 할 마음 자세라고 생각한다.

13.

나는 신학을 학부부터 했다. 4학년 때 기독교 교육이라는 실습 과목이 있었다. 어떤 교회나 기관에 가서 한 달 동안 봉사하고 평가를 받으면 졸업하는 것이었는데, 나는 교단 총회 전도부에서 한 달간 일하게 되었다.

그런데 주신 일이 나에게 마땅치 않았다. 그때 십만 명을 모집하여 기도 운동하는 캠페인이 있었는데, 신청자가 있으면 원장에 이름을 적고 몇 번째로 등록했다는 번호표를 찍어주어 넘버링하는 일이었다. 1번부터 10만 번까지 이쪽에 하나, 저쪽에 하나 숫자를 찍는 단순한 일이다 보니 재미없고 짜증이 났다.

아르바이트생이 지루하고 힘들다고 중간에 그만둔 일을 내게 시키신 것이었다. 나는 도망 못 가니까. 매일 출근해서 온종일 철커덕철커덕 도장만 찍는데, 대학 졸업하는 사람에게 이런 일을 시키나 싶어 화가 많이 났다.

14.

그런데 어차피 도망 못 갈 거면 열심히 해보자고 마음을 고쳐먹었다. '이왕 하는 김에 잘해보자' 마음먹고 삐뚤빼뚤 찍었던 것을 정성껏 똑바로 찍기 시작했다. 이것도 일이라고 점점 숙련되었다. 그래서 잘 마쳤고 좋은 평가를 받았다. 그때 전도부 총무로 계셨던 목사님이 "김 전도사, 이다음에 자리 없으면 우리 전도부로 와. 김 목사는 언제나 특채야"라고 말씀하셨던 것이 기억난다. 작은 일에 충성하니 큰 기회들이 왔다.

15.

"네가 자기의 일에 능숙한 사람을 보았느냐 이러한 사람은
왕 앞에 설 것이요 천한 자 앞에 서지 아니하리라"(잠 22:29).
작은 일에 충성하면 큰일을 맡기시는 것이 하나님의 원리이
다. 무슨 일을 맡았든지 야곱처럼 성실하고 정직하고 충성스
러운 삶을 사는 우리가 다 될 수 있기를 주의 이름으로 축원
한다.

충성하라 죽도록 충성하라 주님께
찬란하다 저 면류관 들려온다 주의 음성
충성하라 죽도록 충성하라 끝까지

_찬 333장

"목사만 성직이 아닙니다.
우리가 하는 모든 일이
하나님이 귀히 여기시는 소명이요 성직입니다.

라반의 집에서 20년을 충성한 야곱처럼,
설렁탕집 하시던 집사님 같은 마음으로
사람에게 하듯 하지 말고 주께 하듯 하여
하나님 앞에 영광 돌리고 하나님의 이름을 높여드리는
그리스도인의 삶을 회복할 수 있도록 축복하여 주시옵소서."

35

왜 기도해야 하나

창세기 32:22-28

22 밤에 일어나 두 아내와 두 여종과 열한 아들을 인도하여 얍복 나루를 건널새 23 그들을 인도하여 시내를 건너가게 하며 그의 소유도 건너가게 하고 24 야곱은 홀로 남았더니 어떤 사람이 날이 새도록 야곱과 씨름하다가 25 자기가 야곱을 이기지 못함을 보고 그가 야곱의 허벅지 관절을 치매 야곱의 허벅지 관절이 그 사람과 씨름할 때에 어긋났더라 26 그가 이르되 날이 새려 하니 나로 가게 하라 야곱이 이르되 당신이 내게 축복하지 아니하면 가게 하지 아니하겠나이다 27 그 사람이 그에게 이르되 네 이름이 무엇이냐 그가 이르되 야곱이니이다 28 그가 이르되 네 이름을 다시는 야곱이라 부를 것이 아니요 이스라엘이라 부를 것이니 이는 네가 하나님과 및 사람들과 겨루어 이겼음이니라

I.

야곱이 얍복강 나루터에서 하나님과 씨름하던 이야기이다. 하나님께서 야곱의 허벅지 관절을 치셨는데도 야곱이 끝까지 매달려서 축복하지 않으시면 절대 놓아드리지 않겠다고

했다. 그러자 하나님이 그 기도를 받아주시고 이스라엘이라는 이름으로 바꿔주셨다. 이스라엘은 하나님과 겨루어 이겼다는 어마어마한 뜻의 이름이지 않은가?

2.

야곱은 왜 이렇게 생명을 건 기도를 했는가? 고향으로 돌아가는 중에 에서가 군대 400명을 끌고 그를 만나러 오고 있다는 소식이 들려왔다. 야곱은 지은 죄가 있으니 '형이 나를 용서 못 하고 죽이러 오는구나' 싶었다. 이젠 라반의 집으로 돌아갈 수도 없고 머잖아 형에게 죽게 될 처지라 기도가 터져 나온 것이다.

3.

야곱이 처음부터 기도한 것은 아니었다. 머리 좋은 야곱은 꾀부터 부린다. 쉽게 말하면 뇌물을 보낸다. 형 에서의 마음을 풀기 위해 자기와 함께한 동행자와 양과 소와 낙타를 두 떼로 나누어 혹시 있을지도 모를 에서의 공격에 대비하는 한편 에서에게 엄청난 양의 선물을 보낸다. 그런데 돈으로 해결될 문제가 아니었다. 불안의 문제를 돈으로 해결할 수 있다면 부자들은 늘 평안하지 않을까?

야곱은 그 선물들도 세 떼로 나누어 종들에게 싣고 가게 하면서 자기는 맨 뒤에 섰다. 여러 차례 선물로 형의 마음을 풀어주리라는 계산이었다. 여차하면 도망가야겠다는 심산도 있었을 것이다. 곧 첫 번째는 돈으로 해결하려 했고, 두 번째는 전술과 전략으로 해결하려 했다. 그런데 불안의 문제는 머리로 해결되는 것도 아니었다. 여전히 불안하니 다 포기하고 홀로 남아서 하나님께 "하나님, 살려주세요. 에서의 손에서 건져주세요"라고 기도했던 것이다.

4.

그런데 다음 장 말씀을 보면, 야곱을 맞으러 나올 때 에서의 마음은 이미 다 풀려 있었다. 20년이 지난 일이니 반가워서 나온 것인데 야곱이 도둑이 제 발 저리듯 찔린 것이다. 이는 얍복강에서 야곱이 기도하지 않았어도 에서의 손에서 죽지 않았을 것이라는 뜻이다. 내 생각엔 그렇다.

나는 야곱이 꼭 기도해서만 산 것은 아니라고 생각한다. 기도 안 했어도 야곱은 에서의 손에 죽지 않았을 것이다. 하나님은 우리에게 기도하라고 하시지만, 이제껏 우리가 기도해서만 살았는가? 기도하지 않았는데 얻은 것은 없는가? 솔직히 얘기하면 기도하지 않았는데도 하나님이 주신 것들이 더 많지 않을까? 하나님은 우리가 기도하지 않아도 꼭 필요한 것은 주신다.

5.

기도하지 않아도 하나님이 구해주신다는 증거는 또 있다. 이스라엘 백성들이 출애굽했을 때 홍해가 가로막지 않았는가?

그때 이스라엘 백성들이 기도해서 홍해가 갈라졌는가? 기도해서 이스라엘 백성들만 건너고 애굽 군대들은 수장됐는가? 아니다. 기도한 사람은 모세밖에 없었다. 그러면 모세만 살아야 하지 않는가? 그런데 홍해는 갈라졌고 모세와 하나님을 원망하고 불평했던 이스라엘 백성들은 구원받았다. 하나님은 그런 분이시다.

6.

그렇다면 기도하는 것과 기도하지 않는 것이 무슨 차이가 있을까? 야곱처럼 허벅지 관절이 어긋나도록 기도할 필요가 뭐가 있을까? 기도하지 않아도 살 수 있다면 그냥 살면 되지 않을까?

7.

그러나 굉장히 중요한 차이가 있다. 생명의 건짐을 받았다고 해도, 기도해서 건짐을 받은 것과 기도하지 않고 건짐을 받은 것은 질이 다르다.

이스라엘 백성들은 하나님께 기도하지 않았는데도 홍해를 건넜다. 처음에는 난리가 났다. 하나님께 찬양하고 감사하며 그 은혜를 평생 잊지 않을 것처럼 행동했다. 그러나 이 값싼 은혜, 기도하지 않고 공짜로 얻은 은혜는 며칠 못 갔다. 하나님 앞에 간절히 매달려 기도하지 않고 얻은 은혜는 곧 사라졌다. 조금 가다가 마라에서 쓴 물이 나오니까 홍해 건넌 것은 금방 다 잊어버리고 하나님을 원망한다. 이렇듯 기도하고 얻은 것과 기도하지 않고 얻은 것은 모양은 비슷한데 내용이 다르다.

8.

야곱은 자기를 만나러 오는 형 에서를 두려워하며 간절히 하나님께 기도했다. 그래서 하나님을 만났고, 죽을힘을 다해 하나님과 씨름하여 "네가 이겼다"라는 말을 들었다. 그 이후에 에서를 만나 부둥켜안고 울며 다 용서받았을 때 야곱은 얼마나 기뻤는지 모른다. 그래서 세겜에 제단을 쌓고 하나님을 찬양한다. 그 은혜가 오래가는 것이다.

9.

아이들이 가끔 내게 기도 부탁을 할 때가 있다. 자식이 아버지에게 기도 부탁을 할 때 아버지는 정말 감사하다. 큰아이가 유학 준비를 하면서 지망 학교에 원서를 내고 입학 허가를 기다리는 과정 중에 기도해달라고 부탁했다. "아버지, 제가 어느 어느 대학에 원서를 넣었어요. 그런데 정말 가고 싶은 대학은 이곳이에요. 기도해주세요." 그리고 미리 서원했다. "하나님, 좋은 학교 보내주시면 평생 그 일을 하나님의 일인 줄 알고 세상과 하나님을 섬기겠습니다"라는 고백들을 써주었다.

나는 그것을 가지고 A4 용지로 석 장 반 정도 되는 기도문을
만들었다. 그리고 그 기도문을 가지고 차 타고 가다가도 읽
고, 쪼가리 시간이 남아도 읽고, 또 새벽에 일어나서도 읽고,
자기 전에도 읽었다. 아이에게 백 번 기도해주겠다고 약속했
고 약속을 지켰다.

결국 하나님이 들어주셨다. 우리 아이 실력으로는 아슬아슬
했던 학교에 합격했다. 그리고 석사를 잘 마쳤다. 그런데 박
사를 지원할 때 금융위기가 왔다. 대학이 재정 위기를 겪으
니 박사 과정을 뽑을 때 장학금을 주지 못하게 되었다. "네가
학비를 내면 받아주마. 그런데 너에게 줄 장학금은 없다"라
며 다 거절당했다.

그때 아이가 또 기도를 부탁하며 이런 말을 했다. "아버지,
붙여줘도 가고 싶지 않은 대학이 오지 말래." 그런데 딱 한
군데가 됐다. 사실 자기 실력으로 엄두도 못 낼 대학이었다.
그런데 거기서 장학금을 주며 받아줬다. 나도 그 편지를 봤
는데 이렇게 써 있었다. "우리 대학에서 이보다 더 좋은 조건
의 장학금은 없습니다." 큰아이는 그렇게 장학금 받으며 박
사 과정을 잘 마치고 지금 대학교수가 되었다.

하나님께 기도해서 받은 은혜라는 것을 우리 아이는 안다.
물론 공부도 열심히 했다. 그러나 하나님께 기도하여 그것이
하나님의 은혜인 줄 아는 것, '내가 공부 열심히 해서 된 거
지'라는 생각을 안 하게 된 것이 얼마나 감사한 일인가? 하나
님 앞에 매달려 기도하면, 하나님이 주시는 은혜가 보통 열
이라면 백이나 천으로 더 상승하는 효과가 있다.

13

하나님은 공평하신 분이다. 그래서 하나님을 믿는 자의 집
에도 햇빛이 비치고, 하나님을 믿지 않는 자의 집에도 햇빛
이 비친다. 믿는 사람 집에도 비가 오고, 안 믿는 사람 집에도
비가 온다. 그게 공평하신 하나님의 일하심이라고 생각한다.
그런데 모든 것이 공평하다면 하나님을 믿을 필요가 뭐가 있
는가? 하나님의 축복이라는 개념이 사라지지 않겠는가?

그런데 그렇지 않다. 하나님의 축복의 길은 특별히 예비되
어 있다. 공평하신 하나님은 누구에게나 보편적인 축복을 주
시지만, 특별한 은혜와 축복은 하나님께 기도하는 자를 위해
따로 예비해두셨다. 그래서 하나님 앞에 기도하면 우리는 보
편적인 복 이상의 복을 받을 수 있다.
천국은 침노하는 자의 것이라고 말씀하셨다. 구하고 찾고 두

드리면 하나님이 반드시 좋은 것으로 주실 줄 믿는다.

15.

하나님은 우리가 기도하는 것을 참 좋아하신다. 우리가 달라
고 하는 것을 참 좋아하신다. 간절히 구할 때 우리에게 주시
는 걸 너무너무 기뻐하신다.

16.

가난했던 우리 집과 달리 외갓집은 참 부자였다. 그래서 얼
마나 큰 도움을 받았는지 모른다. 외사촌 큰형님도 부자였는
데, 큰형님에게 딸 하나, 아들 둘이 있다. 지금은 조카들도 나
이 오십이 다 되어 사위나 며느리를 볼 때가 되었다. 큰조카
가 대학생일 때 한 날 같이 집에 있었는데 큰형님이 그 딸에
게 섭섭한 말을 하더니 머리를 쥐어박는 게 아닌가? 그러면
서 "아, 아버지 노릇 할 점이 하나도 없어"라는 것이다. "형,
왜 그래요?" 그랬더니 이런 얘기를 하셨다.

17.

"얘는 나한테 용돈을 달라는 적이 없어. 정해진 용돈 주면
그걸로 끝이야. 얼마나 아껴 쓰는지 늘 남아. 모자라니 용돈
을 더 달라 칭얼대는 것도 없고, 옷 사달라는 것도 없어. 아
버지 노릇 할 점이 하나도 없다." 그래서 나도 조카에게 장
난으로 "무슨 애가 그러냐. 아버지한테 애교도 좀 부리고 매

달려서 이거 사달라 저거 사달라 그래야지"라고 했다.

18.

그때 하나님이 내게 말씀하셨다.

'이 자식, 너도 마찬가지야.'

19.

내가 어른 목사님의 집에 세배를 간 적이 있다. "목사님, 새해 복 많이 받으세요." 그랬더니 그 목사님께서도 "우리 김 목사도 새해 복 많이 받으세요" 하시는데 그 말을 듣고 일어나면서 속으로 생각했다. '무슨 복을 더 받아. 하나님, 저는 충분해요. 저 복 안 주셔도 돼요. 다른 사람 주세요.' 나는 그게 근사한 건 줄 알았다. 그런데 문득 지난 일이 생각났다. '나도 섭섭해. 너 같으면 내가 하나님 노릇 할 재미가 있겠니? 자꾸 매달리고 칭얼거려야지. 그래야 내가 하나님인 줄 알고 좋지 않냐.'

20.

그래서 그때부터는 기도하기 시작했다. 일용할 양식을 위해서까지도 기도했다. 그동안 '어디 가서 내가 밥 세 끼 못 먹으랴'라는 생각으로 기도하지 않았지만 건방진 생각이었다. 하나님이 얼굴 돌리시면 못 먹는 것이지 내가 무슨 수가 있겠는가? 그래서 큰일, 소명, 하나님나라를 위해서도 기도하지만, 시시콜콜한 일, 작은 것 하나라도 하나님 앞에 기도하며 사는 것을 훈련하게 되었다.

21.

기도 안 해도 웬만큼 산다. 하나님이 홍해를 건너게 해주신다. 햇빛도 비춰주시고, 비도 내려주신다. 그렇지만 기도하면 은혜가 된다. 하나님께 더 간절히 매달리게 되고, 하나님이 예비하신 특별한 복을 얻는다. 그것이 하나님이 정하신 룰이다. 말씀만 듣지 말고 늘 시시콜콜 하나님 앞에 아뢰고 간구하고 기도하며 하나님의 허벅지 관절이 아니라 목 관절을 부러뜨려 보라. "나는 하나님 절대 놓지 못합니다" 하고 하나님 앞에 씨름해서 우리도 다 이스라엘이 되는 복을 누리게 되기를 축원한다.

내 기도하는 그 시간 그때가 가장 즐겁다
이때껏 지은 큰 죄로 내 마음 심히 아파도
참 마음으로 뉘우쳐 다 숨김없이 아뢰면
주 나를 위해 복 주사 새 은혜 부어주시네
_찬 364장

36

용서하라 그리고 평화하라

창세기 33:1-4

1 야곱이 눈을 들어 보니 에서가 사백 명의 장정을 거느리고 오고 있는지라 그의 자식들을 나누어 레아와 라헬과 두 여종에게 맡기고 2 여종들과 그들의 자식들은 앞에 두고 레아와 그의 자식들은 다음에 두고 라헬과 요셉은 뒤에 두고 3 자기는 그들 앞에서 나아가되 몸을 일곱 번 땅에 굽히며 그의 형 에서에게 가까이 가니 4 에서가 달려와서 그를 맞이하여 안고 목을 어긋맞추어 그와 입 맞추고 서로 우니라

I.

야곱이 드디어 에서를 만났다. 그렇게 두려워하고 겁을 냈었는데 에서가 다 용서해주었다. 통 큰 사람 에서는 벌써 다 잊어버린 것 같았다. 에서는 달려와 야곱을 부둥켜안고 입 맞추고 함께 운다. 그때 야곱이 느꼈던 마음의 평안은 아마 야곱 평생에 느꼈던 하나님의 최고의 선물이자 축복이었을 것이다. 쉽게 말하면 죄 사함을 받은 것이지 않은가?

2.

그런데 이 평안과 용서와 화해는 야곱과 에서에게만 좋은 일이 아니었다. 정말 기뻐하셨던 분은 누구실까? 하나님이 아니실까? 서로 원수질 수 있었는데, 20년 한을 풀지 않고 복수할 수 있었는데 다 잊어버리고 용서하고 부둥켜안고 우는 모습을 볼 때 하나님이 얼마나 기쁘고 좋으셨을까?

3.

내게는 아들 셋이 있는데 감사하게도 형제간에 우애가 좋다. 그것이 내게 얼마나 큰 기쁨인지 모른다. 서로 다투고 못마땅해한다면 아비의 마음이 얼마나 괴롭겠는가. 시편 133편에 참 귀한 말씀이 있다. "형제가 연합하여 동거함이 어찌 그리 선하고 아름다운고… 거기서 여호와께서 복을 명령하셨나니 곧 영생이로다"(시 133:1,3). 우애 좋은 형제의 모습이 너무 좋아서 복을 명령하셨다는 말씀을 읽을 때 하나님의 마음을 알 것 같다.

4.

살다 보면 원수가 생긴다. 미워하는 사람이 생기고, 절대로 용서할 수 없는 사람들이 생긴다. 하나님은 그것을 마음 아파하신다. 그도 하나님의 자녀이기 때문이다. 하나님이 사랑하는 아들딸이다.

그러니 내가 그를 미워하고 해코지하려 하고 복수하려 한다면 하나님의 마음이 얼마나 조마조마하시겠는가?

5.

앞서 한 번 다루었었는데 가인이 아벨을 죽였을 때 하나님이 가인을 보호하시기 위해서 가인의 이마에 표를 주시지 않았는가? "가인 건드리면 안 돼. 가인 건드리면 내가 일곱 배로 벌 줄 거야."

처음에는 이해가 안 갔지만, 이것은 하나님이 가인을 보호하시는 게 아니었다. 가인을 함부로 심판할 다른 이웃들을 보호하려고 하신 것이었다. '원수는 내가 갚아. 심판은 내가 하는 거야. 복수는 내가 할게. 네가 하면 큰 실수해. 너희는 원수가 주리거든 먹이고 목말라 하거든 물을 주며 사랑해줘. 그게 훨씬 더 잘 복수하는 거야.' 이것이 하나님의 가르침이었다.

6.

그런데 왜 우리는 용서해야 할까? 우리는 다 하나님께 죄 사함을 받은 사람 아닌가? 일만 달란트를 탕감받은 사람이 아닌가? 상상도 못 할 큰 빚을 탕감받아놓고는 백 데나리온 빚진 자에게 빚을 안 갚는다고 옥에 가둘 때, 하나님은 우리에게 탕감해주신 것을 후회하시고 다시 그 빚을 다 갚도록 하셨다. 일만 달란트의 빚을 용서받은 우리가 용서 못 할 형제의 죄가 어디 있겠는가? 그러면 양심 불량 아닌가? 우리는

형제의 죄를 용서하고 화해하고 평화롭게 살아야 하는 것이
마땅하다.

7.

"허물의 사함을 받고 자신의 죄가 가려진 자는 복이 있도
다"(시 32:1). 예수 믿으면서 받은 복은 말로 다 할 수 없다. 누
가 내게 "김 목사는 하나님을 믿으면서 받은 최고의 축복이
뭐야?"라고 묻는다면 조금도 망설임 없이 이렇게 얘기할 것
이다.
"속죄, 죄 사함, 용서입니다."

8.

나는 다윗의 고백에 백 번 천 번 공감한다. 그 이상 큰 복이
어디 있겠는가. 그 복을 받지 못했으면 나는 아무것도 할 수
없었다. 아내의 남편이 될 수 없었고, 자식에게 부모 노릇 할
수도 없었다. 교인들 앞에 목사라고 나설 수 없다. 그런데 하
나님이 사하여주시고 가리워주시고 깨끗게 하셔서 남편 되
게 하시고 아비 되게 하시고 목사 되게 하셨다. 하나님의 기
뻐하시는 일을 하게 된 그 은혜를 생각하면 정말 용서 못 할
죄는 없다.

9.

그런데 머리로는 다 이해가 가는데 용서가 그렇게 쉬운가?

원수를 사랑한다는 것이 말이 되는가? 어떻게 하면 이렇게 용서할 수 있을까? 어떻게 내 안에 맺힌 한을 스스로 풀고 화해할 수 있을까? 나는 그게 은혜라고 생각했다. 원수를 미워하는 그 마음보다 더 큰 사랑을 받으면 용서할 수 있지 않을까?

IO.

원수 갚는 데 몰입하지 말고, 그럴수록 하나님께 더 매달리라. 더 큰 은혜를 사모하라. 은혜가 꼭대기에 차면 원수도 사랑할 수 있다.

"하나님이 가장 기뻐하시는 것이
형제 사랑하는 것, 용서하고 화해하는 것,
서로 평화하는 것입니다.

하나님, 우리도 그리 살게 하옵소서.
우리 마음속에 있는 원수, 용서할 수 없는 사람을
용서할 힘을 은혜로 얻게 하여 주옵소서.
십자가의 은혜가 북받쳐서
인간적으로는 용서할 수 없는 사람들의 죄도
용서하고 화해하고 평화롭게 살아가는
하나님의 자녀 되게 하여 주옵소서."

37

서원을 적당히 지킨 야곱이 당한 화

창세기 34:1-4

¹ 레아가 야곱에게 낳은 딸 디나가 그 땅의 딸들을 보러 나갔더니 ² 히위 족속 중 하몰의 아들 그 땅의 추장 세겜이 그를 보고 끌어들여 강간하여 욕되게 하고 ³ 그 마음이 깊이 야곱의 딸 디나에게 연연하며 그 소녀를 사랑하여 그의 마음을 말로 위로하고 ⁴ 그의 아버지 하몰에게 청하여 이르되 이 소녀를 내 아내로 얻게 하여 주소서 하였더라

I.

야곱이 형 에서를 피하여 외삼촌 라반의 집으로 갈 때 돌베개를 베고 노숙을 한다. 하나님이 그곳엔 안 계신 줄 알았는데, 야곱이 어디로 가든지 무엇을 하든지 함께하시겠다고 축복해주셨다. 그때 야곱은 그곳을 벧엘이라 이름 짓고 서원한다.

"하나님, 약속대로 제가 평안히 아버지의 집으로 돌아가게 해주시면 이곳에 하나님의 전을 세우겠습니다. 그리고 하나님이 주신 모든 것의 십일조를 드리겠습니다."

2.

하나님의 약속대로 드디어 다시 가나안 땅으로 돌아온 야곱
은 에서와 화해하고 모든 것이 다 잘 풀렸다. 그러니 서원한
것을 지켜야 했다. 벧엘에 단을 쌓고 거기 머물러야 했다. 그
런데 야곱은 단을 쌓기는 했는데 벧엘이 아니라 세겜이란 곳
에 쌓았다. 사실 세겜과 벧엘은 그렇게 먼 거리가 아니다. 그
래서 야곱은 아마 '세겜이나 벧엘이나 같은 곳이지 뭐'라고
합리화했을 것이다. 목축하는 사람이니 들판인 벧엘이 아닌,
소와 나귀와 양 등을 거래하는 데 훨씬 유리하고 사람이 살
기 좋은 도시 세겜에 단을 쌓고 약속을 지켰다고 스스로 생
각했는지도 모른다.

3.

그러나 하나님의 생각은 달랐다. 하나님께 드린 약속은 적당
히 지켜서는 안 된다. 비슷하게 지켜서도 안 된다. 물론 안 지
키는 것은 당연히 안 된다. 하나님의 말씀은 일점일획도 변
함이 없는 말씀이지 않은가? 우리가 하나님께 드리는 약속
도, 기도도 말한 대로 지켜야 서원기도가 되는 것이다. 결국
어떻게 되었는가? 야곱은 세겜에서 살 수 없었다. 모든 것을
다 버려두다시피 하고 벧엘로 올라가게 된다.

4.

야곱은 왜 세겜에서 살지 못하게 되었을까? 하나님이 못 살

게 하셨다. 본문에 보면 야곱의 딸 디나가 세겜 땅을 구경 갔다가 그 땅의 추장 세겜에게 강간을 당하게 되었다. 세겜은 디나를 너무 사랑해서 아버지 하몰에게 디나를 아내로 삼게 도와달라고 청하고, 하몰은 야곱을 찾아가 사과하고 당신의 딸을 내 며느리로 삼게 해달라고 부탁했다. 야곱은 싫었지만 거절할 수 없었다. 그 땅에서 살려면 안 된다는 말을 할 수 없었기 때문이다. 사랑하는 딸이 겁탈을 당하고 이방인의 아내가 되게 생겼지만, 혼자 있었던 야곱은 아무 말도 하지 않고 목축하는 아들들이 올 때까지 잠잠히 기다렸다.

5.

이미 디나에게 일어난 일을 듣고 돌아온 야곱의 아들들은 분노했다. 그리고 하몰과 세겜에게 거짓말로 대답한다. "세겜의 모든 남자가 할례를 받는다면 우리 여동생을 아내로 삼게 해드리겠습니다." 그리고 세겜의 모든 남자가 할례를 받고 아파하던 날, 기습하여 성 안의 모든 남자를 진멸한다. 큰 실수였다. 세겜 주변의 부족국가들이 연합하면 그날로 야곱의 족속들이 멸망당하게 생겼다.

6.

야곱은 세겜 땅에서 도저히 살 수 없는 극한의 상황으로 몰렸다. 그때 하나님이 야곱에게 말씀하셨다. "벧엘로 올라가라. 그리고 거기서 다시 제단을 쌓아라." 하나님의 말씀에 순종하는 일은 적당히, 대충대충, 비슷하게 하면 되는 것이 아니다. 하나님의 말씀은 한 점도 변함없이 지켜야 그 말씀의 언약이 이루어지는 것이다.

7.

우리는 요나 이야기를 잘 안다. 하나님께서 요나에게 니느웨에 가서 "40일 후면 이 성읍은 멸망한다"라는 메시지를 전하라고 하셨다. 처음에 요나는 하나님이 시키시는 대로 니느웨 땅으로 가서 하나님의 말씀을 전하려 했다. 당시 니느웨는 앗수르의 수도였으며, 앗수르는 이스라엘과 원수지간이었다. 그래서 니느웨가 곧 망한다는 말이 마음에 들었을지도 모른다. 그런데 요나는 마음을 바꾸어 다시스로 향한다. 왜 그랬을까? 아마 40일 후면 망한다는 하나님의 말씀에서 40일이 마음에 걸렸을 것이다. 가만히 생각해보니 그 메시지는 40일 안에 회개하면 용서해주겠다는 뜻이었기 때문이다.

8.

하나님의 심판은 예고 없이 온다. 종말의 때를 하나님이 예고하시는가? 그런데 40일 후라고 미리 예고하신 것은 니느웨 사람들이 40일 안에 회개하면 용서해주시려는 하나님의 의도가 담겨 있었다. 그것을 깨달은 요나는 니느웨 사람들이 혹시 회개하고 구원받을까 봐 가기 싫었다. 니느웨로 가는 배를 타지 않고 다시스로 내뺐다. 요나는 자기가 벌써 다시스로 향하는 배에 올라탔으니 이제 하나님이 어떻게 못 하시 겠다 싶었지만, 하나님은 큰 폭풍을 일으키셨다. 뱃사람들이 누구 때문에 이런 재앙이 일어나게 되었는지 제비를 뽑는데 하필 요나가 딱 걸린다.

9.

그런데 어떻게 보면 요나에게 훌륭한 면도 있다. 나 같으면 딱 잡아뗐을 것이다. 제비뽑아서 생사람 잡는다고 펄쩍펄쩍 뛰었을 것이다. 그런데 요나는 변명 한 마디 안 한다. "내가 맞다. 이 풍랑을 만난 것은 나 때문이다. 나를 바다에 던지면 풍랑이 잠잠해질 것이다." 그래서 뱃사람들은 요나를 바다 에 집어 던진다. 요나는 큰 물고기에게 먹혀 그 물고기 배 속 에서 갇혀 있다가 니느웨 땅 위에 뱉어진다. 그리고 두 번째 로 임한 하나님의 말씀대로 니느웨에 멸망을 선포한다.

10.

요나가 다시스로 도망가려 했지만 하나님의 뜻대로 니느웨 로 오게 된 것처럼, 야곱도 세겜에 단을 쌓았지만 다시 벧엘 에 단을 쌓게 되었다. 우리는 약속한 것을 지키는 수밖에 없 다. 그런데 방법은 둘이다. 맞고 갈 것인가, 그냥 갈 것인가? 배(stomach) 타고 갈 것인가, 배(boat) 타고 갈 것인가? 우리 는 꼭 맞아야만 순종한다. 그냥 가지 왜 맞고 가는가? 배 타 고 가지 뭐하러 물고기에게 삼켜져 가는가?

II.

이런 면에서 대조되는 인물이 있다. 사도 바울이다. 사도 바울은 빌립보서에서 이렇게 고백한다. "오직 내가 그리스도 예수께 잡힌 바 된 그것을 잡으려고 달려가노라"(빌 3:12). 하나님이 "너 니느웨로 가", "너 벧엘에 가야 해" 하면서 붙잡으셨다. 이 경우에도 가는 방법은 두 가지가 있다. 끌려가는 법과 좇아가는 법.

12.

나는 소를 키워본 적이 없지만, 송아지를 낳아서 어느 때가 되면 코뚜레를 끼운다. 사람이 끌고 다녀야 하기 때문이다. 얼마나 아프겠는가? 처음에는 훈련이 안 되어 있으니까 어디 사람이 끄는 곳으로 가려 하는가? 뻐드럭거리며 코청이 아파서 운다. 그러다가 주인이 이끄는 곳으로 따라가면 코가 안 아프다는 것을 점점 깨닫게 되는 것이다. 그렇게 길드는 것 아니겠는가?

13.

우리는 하나님 앞에 붙잡힌 사람들이다. 끌려가면 코만 아프다. 손해만 본다. 그런데 바울은 그것을 알았다. "오직 내가 그리스도 예수께 잡힌 바 된 그것을 잡으려고 달려가노라"(빌 3:12). 그러니까 바울은 코가 안 아팠다. 물고기 배 속에 안 들어갔고, 세겜에서 큰 어려움을 당하지 않았다.

14.

서원기도 하는 것을 배웠다. 사람들이 서원기도를 다 지키지 못하니 안 하는 것이 차라리 낫다고 한다. 잘 못 지키면 이런 꼴을 당하니 말이다. 그런데 좀 더 적극적으로 지키면 되지 않을까? 바울처럼 살면 되지 않을까? 끌려가지 말고 주 예수 께 받은 사명, 부르심의 삶을 위하여 좇아가는 그런 바울처 럼 살면, 하나님께 기도하고 그 약속을 지키고 또 그 약속대 로 복을 받는 삶이 우리에게 이루어질 줄을 믿는다.

●

어디든지 예수 나를 이끌면
어디든지 예수 함께 가려네
예수 함께 아니 가면 낙 없고
예수님과 동행하면 겁 없네
어디를 가든지 겁낼 것 없네
어디든지 예수 함께 가려네
_찬 440장

"하나님, 야곱과 요나처럼 어리석어지지 말게 하시고
바울처럼 살게 하여 주옵소서.
예수 그리스도께 붙잡힌 바 된 것, 약속한 것에
끌려가지 말고 좇아가는 사람 되게 하셔서
바울과 같은 승리하는 삶 살게 하옵소서."

38

먼저 하나님

창세기 36:1-5

1 에서 곧 에돔의 족보는 이러하니라 2 에서가 가나안 여인 중 헷 족속 엘론의 딸 아다와 히위 족속 시브온의 딸인 아나의 딸 오홀리바마를 자기 아내로 맞이하고 3 또 이스마엘의 딸 느바욧의 누이 바스맛을 맞이하였더니 4 아다는 엘리바스를 에서에게 낳았고 바스맛은 르우엘을 낳았고 5 오홀리바마는 여우스와 얄람과 고라를 낳았으니 이들은 에서의 아들들이요 가나안 땅에서 그에게 태어난 자들이더라

I.

예수를 믿으면서 또 성경을 통해 하나님의 말씀을 배우면서 깨달은 삶의 진리가 있다. 그것이 내 삶에 굉장한 축복의 열매가 되었다. 첫째는 하나님이 주인이시고, 나는 청지기라는 것이다. 참 지키기 어려운 데 지키려고 조금만 노력해도 하나님이 큰 복을 주시는 것을 경험한다.

그다음으로 중요하게 생각하는 것이 여러 가지 있는데, 그중

하나가 '먼저 하나님'이다.

2.

"너희는 먼저 그의 나라와 그의 의를 구하라 그리하면 이 모든 것을 너희에게 더하시리라"(마 6:33). 우리에게는 먼저 할 일과 나중 할 일이 있다. 나는 중국 고전《대학》에서 "먼저 해야 할 것과 나중에 해야 할 것을 알면 거의 도에 가깝다"라는 구절을 보고 참 좋아했다. 먼저 할 일과 나중 할 일을 알고 먼저 할 일부터 하도록 순서화하는 것이 도라고 말하는데 성경과 일맥상통하는 면이 있다.

3.

우리나라 말에 근본은 으뜸이라고 하고, 지엽은 딸림이나 버금이라고 한다. 그런데 딸림이라는 언어 자체가 성경적이다. 먼저 할 일을 으뜸으로 하면, 나중 할 일은 딸림 즉 저절로 따라온다는 것이다. 먼저 근본인 하나님의 나라와 의를 구하면, 무엇을 입을까 무엇을 먹을까 무엇을 마실까 하는 것들은 저절로 따라오게 되어 있다. 결국 둘 다 얻는 셈이다.

반대로 나중 할 일을 먼저 하면 으뜸이 따라오는 법이 없다. 별것 아닌 것 같아도 그 순서를 바꾸면, '먼저 나부터 챙기고 보자' 하면 근본을 놓친다. 하나님을 잃는다. 이것이 삶의 이치다. 그런데 '먼저 하나님'이 그렇게 쉽지가 않다.

4.

본문은 에서의 족보이다. 다음 장인 37장에는 야곱의 족보가 나오는데, 야곱의 족보와 에서의 족보에 굉장히 중요한 차이가 있다.

아브라함 때부터 하나님은 이스라엘을 선민으로 택하셨다. 이스라엘이 나중에 그릇된 선민의식에 사로잡혀서 선민의 뜻을 오해했지만, 하나님은 이스라엘만 구원하기 위해 선민으로 삼으신 것이 아니라 이스라엘을 통하여 모든 나라를 축복하는 제사장 나라로 선택하신 것이다.

5.

그래서 아브라함, 이삭, 야곱으로 이스라엘의 족보가 이어가는데, 이스라엘 민족에게 가장 중요한 것은 물론 하나님께 복을 받았다는 것이었다. 그리고 그 복을 만천하에 나눠주는 복의 근원이 되는 것이었다. 비록 그 사명을 끝까지 잘 감당하지는 못했지만 말이다. 그렇기에 이스라엘 민족은 하나님과 하나님의 축복을 가장 소중히 여겼다.

6.

자녀들을 결혼 시킬 때도 그 정신이 강하게 나타났다. 그래서 이스라엘 민족이 아닌 하나님의 축복을 소중히 여기지 않는 다른 민족과는 결혼시키지 않았다. 아브라함이 이삭을 장가보낼 때 엘리에셀을 자기 고향으로 보내어 아내를 구하게 하지 않았는가? 이렇듯 이스라엘은 하나님을 중히 여기는 민족의 전통을 이어가려고 철저히 애를 썼다. 그리고 그 노력이 야곱의 족보로 이어져갔다.

7.

그런데 에서는 야곱과 달랐다. '뭐 아무나 내가 좋은 사람과 결혼하면 되지, 꼭 이스라엘 민족과 결혼해야 해? 꼭 하나님을 믿는 사람과만 결혼해야 해?' 아무렇지 않게 가나안 땅의 이방 여인들과 결혼하여 사는 것을 볼 수 있다.

8.

이미 에서는 하나님을 놓친 일이 또 있었다. 장자의 명분을 팥죽 한 그릇에 동생 야곱에게 판 것이다. 사실 순서만 보자면 에서가 이스라엘이 되었어야 하는 것 아닌가? 그런데 에서는 이스라엘에 관심이 없었다. 그의 삶 전반에 '하나님이 계셔서 축복해주시면 좋지만, 뭐 꼭 하나님 없다고 내가 못 살까?'라는 인식이 깔려 있지 않았나 싶다.

9.

책을 읽든, 영화를 보든, 성경을 읽든 우리에게는 무의식적인 버릇이 있다. 우리는 늘 자기가 주인공이라고 생각한다. 그러니까 야곱과 에서의 이야기를 들으면 우리는 늘 야곱이다. 다윗과 사울의 얘기를 들으면 우리는 늘 다윗이다.

그런데 한번 잘 생각해보라. 우리는 에서와 같은 생각을 하면서 사는가, 아니면 아브라함, 이삭, 야곱과 같은 생각을 가지고 사는가? 언제나 하나님이 먼저인가, 아니면 조금만 수틀리면 하나님을 뒷전으로 몰래 빼돌리는가? 우리에게는 하나님보다 먼저인 것들이 없는가?

10.

아이들을 기를 때 보면 한국은 입시전쟁이 치열하다. 주일날 고3인 자녀를 교회부터 보내려 하는가, 학원부터 보내려 하는가? 중직자 가정도 보면 "올 한 해만, 입시 때만 학원 가고 그다음부터 열심히 교회 다니면 되지 않겠니?"라고 하는 분들이 뜻밖에도 참 많다. 하나님을 뒤로 미뤄둔 것이다. 하나님이 입시에 밀리고, 돈에 밀리고, 사업에 밀리고, 세상에 밀리는 경우가 얼마나 많은지 모른다. 그런 면에서 우리는 에서를 닮았다.

11.

에서와 같은 족보를 쓰지 말고 야곱과 같은 족보를 쓰면서 살아가는 우리가 될 수 있기를 바란다. '세상 먼저' 하면 하나님을 놓친다. 그리고 결국 세상까지 잃어버린다. 그러나 '먼저 하나님'이면 하나님을 얻고 하나님이 더하여 주시는 축복도 얻게 될 줄 믿는다.

천국 살기,
이 땅에서 잘 사는 것

5

39

하나님의 사람은 차별하지 않는다

창세기 37:1-4

1 야곱이 가나안 땅 곧 그의 아버지가 거류하던 땅에 거주하였으니 2 야곱의 족보는 이러하니라 요셉이 십칠 세의 소년으로서 그의 형들과 함께 양을 칠 때에 그의 아버지의 아내들 빌하와 실바의 아들들과 더불어 함께 있었더니 그가 그들의 잘못을 아버지에게 말하더라 3 요셉은 노년에 얻은 아들이므로 이스라엘이 여러 아들들보다 그를 더 사랑하므로 그를 위하여 채색옷을 지었더니 4 그의 형들이 아버지가 형들보다 그를 더 사랑함을 보고 그를 미워하여 그에게 편안하게 말할 수 없었더라

I.

창세기 37장부터 요셉의 이야기가 시작된다. 요셉의 이야기는 아버지 야곱과 요셉의 행동으로 요셉이 형제들에게 미움받게 되는 이야기로 시작된다. 야곱도, 요셉도 실수를 많이 했다.

첫째로 제일 잘못한 것은 야곱이 요셉에게만 채색옷을 지어 입힌 것이다. 둘째는 요셉이 야곱에게 형들의 잘못을 일일이

고자질하고, 자기는 좋지만 형들이 듣기에는 기분 나쁜 꿈이야기를 한 것이다. 그래서 요셉은 하마터면 죽을 뻔했다. 애굽 땅에 팔려 가 평생 종노릇하는 어려움을 겪게 되었다.

2.

야곱은 늦게 낳은 아들인 요셉을 더 사랑하여 요셉에게만 채색옷을 입혔다. 그것은 차별이었다. 차별처럼 세상에 나쁜 게 없다. 차별은 악이다. 그 차별 때문에 위험하고, 살기 힘들고, 미움과 시기와 다툼과 분쟁과 원망과 불안이 난무하는 세상이 된 것이 아닐까?

만일 우리가 살아가는 이 세상에서 차별이 없어진다면, 우리의 마음속에서 사람을 차별하는 마음이 아예 사라진다면 그것만으로도 세상은 하나님의 나라가 될 것 같다.

그런데 차별이, 채색옷이 우리가 살아가는 세상을 망가뜨려 놓고 말았다.

3.

사람들은 열심히 공부하려고 한다. 남보다 공부 더 잘하고 싶어서 애쓰는 사람들이 있다. 또 돈 벌려고 열심히 노력한다. 출세하려고 수고한다. 그런데 우리가 돈 벌고 공부하고 출세하려는 그 본심이 어디에 있을까? 나는 차별에 있다고 생각한다. '난 너와 달라. 난 너와 다른 사람이야.' 이렇게 차별하고 싶어서, 채색옷을 입고 싶어서 공부하고 돈 벌고 출세하려는 것 아니겠는가? 심지어 예수도 그렇게 믿으려고 하는 사람들이 있다.

4.

3년 동안이나 예수님을 따라다녔던 제자도 그 마음을 버리지 못했다. 그래서 서로 누가 높으냐를 가지고 다툼을 벌였다. 그게 바로 차별이다. '난 너보다 더 높아. 난 너와 달라. 내가 너냐?' 이런 본심이 우리에게 있기 때문이다.

5.

그런데 기독교는 차별을 가르치지 않는다. 절대로 차별을 가르치지 않는다. 우리는 다 하나님의 사랑하는 자녀이기 때문이다. 가난한 자든 부한 자든, 공부를 잘하는 사람이든 못하는 사람이든, 어느 나라 사람이든 하나님이 보시기에는 다 사랑하는 자녀들이다. 그런데 형제간에 서로 깔보고 미워하고 차별하면 하나님이 기뻐하시겠는가?

6.

내가 보기에 모든 사람이 다 공평해 보이지는 않는다. 어떤 사람은 부자로 태어나고 어떤 사람은 가난한 사람으로 태어나고, 어떤 사람 머리가 똑똑하고 어떤 사람은 그렇지 못하고, 천차만별이다. 그런데 그것이 구별은 되지만 차별의 조건이 되어서는 안 된다.

세상 사람들은 개인적, 사회적 차이로 차별을 만들어낸다. 그리고 자기가 좀 더 노력하고 기회를 얻어서 또는 야비한 짓을 해서라도 자기 혼자 채색옷을 입고 과시하며 남을 깔보는 도구로 사용하려 한다. 그것을 즐긴다. 그러나 예수 믿는 우리는 그런 마음과 싸워야 한다. 그렇게 살아서는 안 된다.

7.

창세기의 가장 중요한 가르침은 "너는 세상의 복이야. 너로 인해 세상이 복을 받아야 돼"라는 것이다. 복의 근원이 되어 세상에 복을 주는 사람이 되어야 한다는 말씀이다.
또한 이사야서를 보면 하나님나라는 이리와 어린 양이 함께 뒹구는 나라이다. 강자도 있고 약자도 있다. 가난한 사람도 있고 부자도 있다. 그런데 서로 무시하고 깔보고 시기하고 찌르고 사는 것이 아니라, 있으면 있는 대로 없으면 없는 대로 사람 깔보지 않고 무시하지 않고 사이좋게 함께 살아가는 것이다. 그런 세상을 하나님나라라고 말씀하신다.

8.

하나님나라는 강한 자가 약한 자를 섬기는 나라이다. 자본주의는 강한 자가 약한 자를 지배하는 사회라면, 사회주의는 그것에 반발해서 가난한 사람들이 강한 사람을 공격하고 빼앗아 평등을 이루자는 사상이다. 그러나 기독교는 다르다. '공평하자, 차별하지 말자'라는 사상은 비슷한 것 같지만 방법이 다르다. 약자가 강자의 것을 빼앗아 나누는 것이 아니라, 강자가 기쁜 마음으로 가진 것을 내놓아 약자를 섬김으로써 아름다운 공평한 세상, 차별이 없는 세상을 만들어가는 것이다.

9.

암 투병 중인 어린아이가 있었다. 그런데 항암 치료를 받다 보니 머리카락이 다 빠져서 학교 가는 것을 싫어하고 부끄러워했다. 그러던 어느 날, 학교에 갔더니 학급 친구들이 모두 삭발을 하고 온 것이다. 자기와 똑같이. 얼마나 아름다운 아이들의 마음인가?

비슷한 사례가 제법 있다고 들었다. 미국의 한 야구팀에서는 동료 단원의 딸이 백혈병에 걸려 항암 치료를 받게 되자 선수 전원이 삭발하고 경기에 임했다. 동료와 그의 딸을 응원하기 위해서 감독과 코치진, 구단주까지 단체 삭발식을 감행했다고 한다. 이것이 하나님의 형상이다. 이런 마음을 가지고 살아야 하나님을 닮은 하나님의 자녀라는 소리를 듣지 않겠는가?

10.

요셉처럼 자기만 채색옷을 입고 자랑하며 형들을 무시하는 것이 뭐 그리 잘난 일이겠는가? 하지만 솔직히 내 본성에도 나만 채색옷을 입고 싶은 마음이 있다. 남보다 더 좋은 옷을 입고 더 좋은 생활을 하고 싶은 본성이 나라고 왜 없을까? 하지만 세상의 차별을 없애기 위해서 평생 그런 마음과 싸우며 살아가고 싶다. "너 공부 왜 해? 왜 그렇게 돈 열심히 모아? 왜 그렇게 열심히 높은 자리에 올라가려 해?" 누군가 물으면 "세상의 모든 차별을 없애는 데 그 힘을 쓰고 싶어서"라고 대답할 수 있기를 바란다. 그런 근사한 마음을 가지고 살면 얼마나 좋을까!

"'너는 세상의 복이야.

너로 인해 나라와 민족이 복을 받아야 해.'

이것이 우리를 향한 하나님의 뜻임을 알고

차별하기 위해 공부하고 차별하기 위해 돈 벌지 말고,

세상의 차별을 없애기 위해 공부하고 노력하고 수고하는

우리가 되게 하여 주옵소서."

40

하나님은 구원을 의미한다

창세기 37:18-24

18 요셉이 그들에게 가까이 오기 전에 그들이 요셉을 멀리서 보고 죽이기를 꾀하여 19 서로 이르되 꿈꾸는 자가 오는도다 20 자, 그를 죽여 한 구덩이에 던지고 우리가 말하기를 악한 짐승이 그를 잡아먹었다 하자 그의 꿈이 어떻게 되는지를 우리가 볼 것이니라 하는지라 21 르우벤이 듣고 요셉을 그들의 손에서 구원하려 하여 이르되 우리가 그의 생명은 해치지 말자 22 르우벤이 또 그들에게 이르되 피를 흘리지 말라 그를 광야 그 구덩이에 던지고 손을 그에게 대지 말라 하니 이는 그가 요셉을 그들의 손에서 구출하여 그의 아버지에게로 돌려보내려 함이었더라 23 요셉이 형들에게 이르매 그의 형들이 요셉의 옷 곧 그가 입은 채색옷을 벗기고 24 그를 잡아 구덩이에 던지니 그 구덩이는 빈 것이라 그 속에 물이 없었더라

I.

창세기 37장 말씀에서 '구원'에 대해 집중해보려 한다. 요셉은 채색옷과 그의 꿈 때문에 평생 고생을 많이 했다. 종노릇하고 죽을 뻔하는 등 말 못 할 고생을 겪었다. 그런데 그 뒷

이야기는 익히 들어 알고 있지 않은가? 앞뒤 이야기를 알면 하나님이 왜 그런 일들이 일어나게 하셨는지, 왜 야곱을 내 버려두셨는지 그 이유를 이해할 수 있다.

2.

창세기를 통해서 우리는 하나님의 계획하심을 알 수 있다. 하나님은 야곱과 요셉과 요셉의 형제들의 지극히 인간적인 잘못과 실수까지도 이용하셔서 웅장한 하나님의 드라마를 쓰고 계셨다. 하나님은 훗날 애굽과 이스라엘에 큰 흉년이 일어나 재앙이 임할 것도 이미 알고 계셨다. 그리고 이스라엘 백성들을 재앙에서 건져주고 싶어 하셨다. 구원하고 싶어 하셨다. 그래서 요셉의 실수, 형들의 악함, 야곱의 어리석음까지도 다 이용하여 구원의 드라마를 쓰셨다.

3.

하나님은 요셉이 애굽에 팔려 가 보디발 장군의 종이 되게 하셨다. 요셉은 보디발 장군의 아내의 유혹을 뿌리치다가 감옥생활을 하게 되고, 술 맡은 관원장과 떡 굽는 관원장을 만나 꿈을 해석해주게 된다. 이를 계기로 2년 후 바로 왕의 꿈을 해석해주게 되고, 모든 애굽 사람을 구원하여 총리가 된다. 그리고 양식을 구하러 애굽에 온 요셉의 형들도 요셉을 다시 만나 흉년을 피하게 되었다. 나는 이런 근사한 구원의 드라마를 보는 것이 참 재밌다.

4.

여기서 우리가 깨달을 것이 하나 있다. '아, 우리를 향하신 하나님의 뜻은 확고하구나. 생명이구나. 살리시겠다는 것이구나. 어떻게든 구원하시겠다는 것이구나.'

우리를 향하신 하나님의 뜻은 멸망이 아니라 구원이다. 우리를 향하신 하나님의 가장 강력한 뜻은 구원이다. 요셉은 꼼짝없이 죽을 상황이었지만 죽지 않았다. 하나님이 늘 함께하시고 결국 구원으로 이끌어주셨는데, 이후에도 다루겠지만 그 일을 위해 요셉에게 필요했던 것은 어디를 가든지 하나님의 손을 놓지 않은 것, 그것 하나뿐이다.

5.

살다 보면 막막하고 힘든 일을 겪을 때가 있다. '이제 살 길이 없다. 이제 죽었구나'라는 일들을 만날 때가 있다. 나도 많았다. 내가 좀 큰 교회에 있었기 때문에 사람들은 내가 쉽게 목회생활한 줄 아는데 그렇지 않다. 사는 건 큰 교회 목사도 어렵고 작은 교회 목사도 어렵다. 부자도 힘들고 가난한 사람도 힘들다. 종류는 좀 다르지만 삶의 무게를 달아보면 사람 사는 것은 다 힘들다.

6.

그런데 나는 이제껏 어떻게 살았는가? 여러 번 간증한 적도 있는데, 목회를 하다가 이젠 목회 못 하겠다 하고 교회에 사표 내고 사택도 다 비워놓고 두 달 동안 두문불출하면서 거의 죽은 듯이 살던 때가 있었다. 목사가 해서는 안 되는 말이지만 목사만 아니었으면 정말 죽고 싶었다. 예수만 안 믿었으면 죽고 싶었다. 사는 게 죽는 것만 같았다.

7.

그런데 그때 나는 십자가를 보고 살았다. 거실 방 벽에 붙어 있던 손바닥만 한 십자가, 힘이 없어 먹지도 못하고 자지도 못하고 물끄러미 십자가를 보는데 그 십자가가 '난 너 죽는 꼴 못 봐'라고 했던 그 순간을 잊을 수 없다. 그래서 내가 살았다. '내가 무슨 수를 쓰더라도 너 살리고야 말 거야.' 그게 십자가였다. 그것을 깨닫고 나니 일어설 수 있었다. '내가 이까짓 것 때문에 죽고 망할 사람이라면 우리 예수님이 날 위해서 십자가를 지시지도 않으셨다.'

8.

오늘의 내가 있는 것은 그날 그 십자가를 붙잡았기 때문이다. 하나님이 내 손을 놓치신 것이 아니라, 내가 하나님의 손을 놓쳐서 그동안 어려움을 당했다는 것을 깨닫게 되었다. 그날 내가 하나님의 손을 다시 붙잡게 되었다.

9.

요셉의 이야기는 우리의 이야기이다. 우리의 인생은 구덩이에 빠져 죽을 뻔하고 종노릇하고 억울한 옥살이를 하는 것의 연속인데, 그때마다 죽었다면 우리가 지금 살아 있겠는가? 그동안 위기가 얼마나 많았는가? 그런데 지금까지 살아 있는 것은 운이 좋아서가 아니다. 하나님이 우리를 놓지 않고 계셨기 때문이다.

IO.

많은 분이 좋아하고 은혜 받는 복음성가 중에 〈주님여 이 손을 꼭 잡고 가소서〉라는 찬송이 있다. 이 말씀을 준비하면서 문득 이런 생각이 들었다. 내가 만일 이 찬송을 부른다면 하나님이 웃으시면서 이러시겠다. '너나 꼭 잡아라. 난 한 번도 네 손 놓은 적 없는데 나보고 손을 꼭 잡아 달라고? 내가 언제 너를 놓았냐? 네가 나를 놓았지.'

내가 참 힘들고 어려울 때마다 다시 살아날 수 있었던 것은 하나님의 손을 붙잡았기 때문이다. 십자가의 의미를 진심으로 깨달을 수 있었기 때문이다. 그 전에 내가 그렇게 절망하고 낙심하고 죽고 싶을 만큼 힘들었던 까닭은 나도 모르는 사이에 하나님의 손을 놓고 있었기 때문이었다.

II.

구원의 능력은 하나님께 있다. 하나님의 능력은 완벽하시므로 우리의 구원도 완벽하다. 죽을 것 같은 일이 많아도 우리는 죽지 않는다. 우리의 결국은 부활이고 생명이고 영생이다. 그러나 이것 아는가? 멸망의 책임은 하나님께 있지 않다. 하나님이 우리를 버리셔서, 하나님이 우리 손을 놓으셔서가 아니라 우리가 하나님을 버렸기 때문이다. 우리가 하나님의 손을 놓쳤기 때문이다.

12.

지금 힘들고 어려운 삶을 살아가고 있는가? 형들에게 미움 받아 구덩이에 던져지고, 종노릇도 하고, 억울하게 감옥살이도 하고, 술 맡은 관원장을 만나 구원의 기회를 얻었는데 다시 잊히는 그런 일들이 우리에게 비일비재하지 않은가?

13.

그래서 낙심하기 쉽지만 기억하라. 하나님은 우리를 구원하시는 하나님이시다. 따라서 우리는 우리의 모든 것을 이용하여 구원의 드라마를 쓰고 계시는 하나님을 기억하고 우리만 하나님의 손을 놓지 않으면 된다. 하나님의 손을 꼭 붙잡고 구원의 삶, 축복의 삶을 향하여 달려나가는 우리가 되자.

●

"하나님, 아무리 절망스럽고 어려운 때라도
우리가 하나님 손을 놓치지 않아서 하나님 손에 붙잡혀
구원의 삶, 승리의 삶, 부활의 삶, 영생의 삶을
이 땅에서부터 살아가는 우리 모두 되게 하여 주옵소서."

41

완벽한 속죄의 은총

창세기 38:24-30

24 석 달쯤 후에 어떤 사람이 유다에게 일러 말하되 네 며느리 다말이 행음하였고 그 행음함으로 말미암아 임신하였느니라 유다가 이르되 그를 끌어내어 불사르라 25 여인이 끌려 나갈 때에 사람을 보내어 시아버지에게 이르되 이 물건 임자로 말미암아 임신하였나이다 청하건대 보소서 이 도장과 그 끈과 지팡이가 누구의 것이니이까 한지라 26 유다가 그것들을 알아보고 이르되 그는 나보다 옳도다 내가 그를 내 아들 셀라에게 주지 아니하였음이로다 하고 다시는 그를 가까이하지 아니하였더라 27 해산할 때에 보니 쌍태라 28 해산할 때에 손이 나오는지라 산파가 이르되 이는 먼저 나온 자라 하고 홍색 실을 가져다가 그 손에 매었더니 29 그 손을 도로 들이며 그의 아우가 나오는지라 산파가 이르되 네가 어찌하여 터뜨리고 나오느냐 하였으므로 그 이름을 베레스라 불렀고 30 그의 형 곧 손에 홍색 실 있는 자가 뒤에 나오니 그의 이름을 세라라 불렀더라

I.

창세기 38장에는 유다와 다말의 이야기가 기록되어 있다. 유

다와 다말은 남편과 아내의 관계가 아닌 시아버지와 며느리의 관계였다. 물론 지금 우리의 문화와 윤리 기준으로 그 당시의 문화와 윤리 규정을 함부로 재단하고 판단할 수 없지만, 정상적인 관계는 아니었던 것이 분명하다. 다말은 시아버지 유다에게서 베레스와 세라를 낳았다.

2.

마태복음을 보면 1장 1절부터 예수님의 족보가 나온다. "아브라함과 다윗의 자손 예수 그리스도의 계보라"라고 시작되어 누구는 누구를 낳고, 누구는 누구를 낳는 예수님의 족보가 기록되어 있다. 당시 유대 전통에 따라 족보에는 여자 이름을 넣지 않는 것이 일반적이었는데, 예수님의 족보에는 예외적인 것이 있다. 여자 이름이 넷이나 기록되어 있다는 것이다. 다말, 라합, 룻, 밧세바와 같은 여인의 이름들이다. 그런데 이 여인들은 모두 평범한 여인이 아니었다.

3.

"유다는 다말에게서 베레스와 세라를 낳고"(마 1:3). 그런데 다말은 유다의 며느리 아닌가? 다말은 남편이 아니라 시아버지에게서 아들을 낳았다. 라합은 기생이었고, 룻은 이방 여인이었다. 그 당시는 기생보다 이방 여인이라는 사실이 더 수치스럽게 여겨지던 사회였다. 유대인들은 이방인을 사람 취급하지 않았다. 그리고 본래 '우리야의 아내'(마 1:6)였던 밧세바는 다윗과의 사이에서 솔로몬을 낳았다. 나라면, 내 족보였다면 넣기 참 어려운 이름들이다.

4.

만약 내 족보에 다말, 라합, 룻, 밧세바가 있다면 내가 자랑스러워하겠는가, 수치스러워하겠는가? 사람들이 "김동호 목사, 설교한다고 저러고 돌아다니지만, 족보 캐보면 집안이 아주 엉망이야. 김동호 목사 몇 대조 할머니는 시아버지하고 관계해서 애 낳은 여자야. 그리고 몇 대조 할머니는 유명한 기생이었지. 몇 대조 할머니는 개 같은 이방인이었고, 몇 대조 할아버지는 옆집 영감 마누라 빼앗아서 애 낳았어"라고 하지 않겠는가?

5.

그런데 내 족보에도 숨기고 싶은 이름들이 예수님의 족보에 실렸다. 도리어 아무 문제 없어 보이는, 족보에 기록해도 상관없는 평범한 여인들의 이름은 다 빠져 있고, 하필 그 네 여인의 이름만 특히 부각되고 있다. 실수이실까? 그럴 리는 없다. 우연일까? 당연히 아니다.

6.

하나님의 의도였다. 다말이라도, 라합이라도, 룻이라도, 밧세바라도 하나님 앞에 회개하고 하나님이 깨끗하게 하신 사람은 그 과거의 흔적이 완벽히 사하여진다는 것이다. 물론 다윗이 회개해서 하나님 앞에 용서를 받은 것은 사실이다. 그럼에도 불구하고 하필 밧세바의 아들로 왕을 삼고 예수님의 족보를 이어가게 할 필요는 없지 않은가? 다윗의 아들이 솔로몬뿐이었는가? 나 같으면 아무리 다 용서했어도 대를 이어가는 족보에 그렇게 쓸 수는 없었을 것 같다. 이것이 우리의 상식 아니겠는가? 그런데 하나님은 그런 것이 전혀 없으시다. 용서하셨으면 용서하신 것이다. '완벽한 속죄'다.

7.

나는 이 다말, 라합, 룻, 밧세바의 말씀을 읽다가 완벽한 하나님의 속죄를 받아들이게 되었다. 하나님은 우리 죄를 씻으실 때 기억에 남겨두고, 흔적을 남겨두고 씻지 않으신다. 동이 서에서 먼 것처럼, 흰 눈같이, 양털같이 완벽하게 사하시는 것이 하나님의 속죄이다.

우리도 다른 사람을 용서할 때가 있다. 부부간에 싸우다가 화해하기도 한다. 그런데 또 싸움이 일어나고 불리해지면 "당신도 그때 그랬잖아. 당신 그 일 기억 안 나?"라며 지적하기 일쑤다. 우리는 대개 이렇게 싸운다. 하지만 하나님은 그런 기억이 없으시다.

8.

나는 젊었을 때 죽어서 천당 가는 것이 좀 겁났다. '천당에 가려면 하나님의 심판대를 거쳐야 할 텐데, 심판대 앞에서 하나님이 내가 평생 지은 죄를 낱낱이 기억하시면 그 수치와 부끄러움을 어떻게 감당할까?'라는 생각을 했었다. 나도 기억력이 괜찮은데, 하나님이 그것을 기억 못 하시겠는가? "너 천당 보내주기는 보내줘. 그래도 너 알지? 너 그때 그랬던 거." 이러실까 봐 참 괴로웠다. 그런데 이 말씀을 보고 알았다. '아, 하나님은 한번 십자가의 피로 씻으신 죄는 기억하지 않으시겠구나. 나를 온전하고 순결한 신부로 여기실 거야'라는 것을 깨닫고 얼마나 감격했는지 모른다.

9.

"허물의 사함을 받고 자신의 죄가 가려진 자는 복이 있도다"(시 32:1). 그 속죄의 은총, 완벽한 죄 사함의 은총보다 더 큰 축복이 세상에 어디 있겠는가? 나는 다말에게서 예수님의 완벽한 속죄를 깨달았다. 내게는 최고의 복음이었다.

10.

사탄은 자꾸 우리를 속인다. 우리의 양심을 흔들어서 죄짓게 하고, 일단 또 죄를 짓기만 하면 양심을 가지고 우리를 괴롭힌다. 양심이 우리를 용서 못 하게 한다. '네가 어떻게 목사야? 네가 어떻게 그렇게 잘난 척할 수 있어? 사람들은 모르지만, 넌 알잖아.' 자꾸 죄를 기억나게 한다. 하나님의 완벽한 속죄에 대해서 확신하지 못하게 한다.

II.

그러나 하나님은 우리 죄를 기억조차 하지 않으신다. 우리가 다말이었으면 어떤가? 또 라합이나 룻이나 밧세바였으면 어떤가? 하나님 앞에 진정으로 뉘우치고 회개하고 속죄함을 받으면 우리는 온전한 하나님의 자녀, 하나님의 백성이 되는 것이다. 이것이 기독교이다. 기독교 최고의 복음, 속죄이다.

I2.

나는 목사 안수를 받기 전에 '네가 어떻게 목사가 될 수 있어?'라는 사탄의 시험에 걸려서 혼난 적이 있다. 그런데 이 복음을 깨닫고 당당히 목사 안수를 받았다. 사탄에게 "나 속이지 마. 나도 내 죄 다 알아. 그런데 하나님이 완벽히 속죄해 주셨어. 그래서 내가 목사가 되는 것을 기뻐하셔"라고 말하고 목사 안수 받았던 것을 기억한다.

I3.

죄처럼 무서운 게 없다. 나를 평생 괴롭히는 것은 죄이다. 목사로서 성도들에게 칭찬이나 존경을 받기도 하는데, 그럴 때일수록 '날 몰라서 그렇지'라는 생각을 한다. 그래서 사도 바울의 고백이 이해된다.
"내가 나 된 것은 하나님의 은혜로 된 것입니다. 십자가 외에는 결코 자랑할 것이 없어요."

14.

정말 아무것도 아닌 죄인 중의 죄인, 사도 바울의 표현을 빌리면 죄인 중의 괴수라고도 할 수 있는 나를 이렇게 깨끗한 그릇으로 기쁘게 사용해주시는 하나님의 은혜를 생각하면 무엇을 드려도 아깝지 않다. 남은 생, 이 하나님의 은혜, 완벽한 속죄를 기억하고 부끄러움 없이 하나님의 사람답게 살아갈 수 있기를 정말 바란다.

"다말, 라합, 룻, 밧세바 이야기를 몰랐다면
저 같은 사람은 평생 하나님의 사람이
못 될 줄 알았을 것입니다.
다말에게서 귀한 복음을 깨닫게 해주시니 감사합니다.

사탄에게 속지 않게 하여 주옵소서.
하나님이 용서하신 죄를
우리가 용서하지 않는 어리석음을
범치 않게 하여 주옵소서.
하나님이 주신 모든 자랑과 칭찬과 영광과 면류관,
자기 것인 줄 착각하지 말고
하나님께 영광 돌리며 살아가는
우리의 남은 인생 되게 하여 주옵소서."

42

작은 일에도 최선을 다하는 사람

창세기 39:1-6

¹ 요셉이 이끌려 애굽에 내려가매 바로의 신하 친위대장 애굽 사람 보디발이 그를 그리로 데려간 이스마엘 사람의 손에서 요셉을 사니라 ² 여호와께서 요셉과 함께하시므로 그가 형통한 자가 되어 그의 주인 애굽 사람의 집에 있으니 ³ 그의 주인이 여호와께서 그와 함께하심을 보며 또 여호와께서 그의 범사에 형통하게 하심을 보았더라 ⁴ 요셉이 그의 주인에게 은혜를 입어 섬기매 그가 요셉을 가정 총무로 삼고 자기의 소유를 다 그의 손에 위탁하니 ⁵ 그가 요셉에게 자기의 집과 그의 모든 소유물을 주관하게 한 때부터 여호와께서 요셉을 위하여 그 애굽 사람의 집에 복을 내리시므로 여호와의 복이 그의 집과 밭에 있는 모든 소유에 미친지라 ⁶ 주인이 그의 소유를 다 요셉의 손에 위탁하고 자기가 먹는 음식 외에는 간섭하지 아니하였더라 요셉은 용모가 빼어나고 아름다웠더라

I.

다시 요셉의 얘기로 돌아가려 한다. 요셉이 결국 애굽의 종으로 팔렸다. 보디발 장군의 집에 종으로 갔다. 장군이 종을

눈여겨볼 일이 뭐가 있겠는가? 그런데 보디발 장군의 눈에 요셉이 유난히 돋보였다. 보디발 장군은 하나님을 알지 못하는 사람이 아니었는가? 그런데 귀족도 아닌, 성공한 사람도 아닌, 영웅도 아니고 부자도 아닌 요셉을 보고 요셉이 하나님의 복을 받는 사람이라는 것을 알았다.

이것은 말이 안 되는 소리이다. 종인데 복을 받았다니? 하지만 보디발 장군이 하나님을 알고 요셉을 본 것이 아니라, 요셉을 보고 하나님을 인정할 만큼 요셉은 그런 사람이 되어 있었다.

2.

결국 보디발은 요셉을 종에서 신분 상승시켜 가정의 총무로 삼는다. 집안 살림을 일체 위임하고 간섭도 하지 않았다. 그러자 하나님께서 요셉을 위하여 보디발 장군의 집에 복을 내려주셨다. 그것을 알고 보디발은 요셉을 더 신뢰하게 되었다.

3.

사실 요셉은 태어나면서부터 특별대우를 받고 자랐던 아이가 아닌가? 아버지의 편애를 받아 형제 중 유일하게 채색옷을 입었다. 그리고 한층 들떠서 형들이 자기에게 절할 것이라는 꿈을 꾸며 살았다.

그런데 한순간 인생이 뒤집혔다. 종이 되었다. 그것도 자기

나라 종이라면 좀 나을 텐데 남의 나라 종이 되어 종들에게
까지도 천대받는 종의 자리로 전락하고 말았다.

4.

만일 우리가 그랬다면 어땠을까? 꿈이라도 없었다면, 특별
대우를 받지 않았다면, 본래 태어날 때부터 종이었다면 더
실망하거나 낙심할 것도 없고, 현실에 대해서 비관할 것도
없고 그냥 종노릇하며 살지 않았겠는가? 그런데 귀족 같은
대우를 받던 아이가 하루아침에 남의 나라의 종이 된다는 것
은 보통 사람이 이겨낼 수 있는 상황이 아니다. 자기 현실을
비관하고 한탄하며 주인이 주는 밥 먹고 시키는 일 하다가
빨리 죽기만을 기다리는 인생을 살 확률이 99.99퍼센트 아
니었을까?

5.

그런데 뜻밖에도 보디발 장군의 집에서 요셉은 종노릇을 잘
했던 것이 분명하다. 그렇지 않았다면 보디발의 눈에 띨 리
가 만무하기 때문이다. 자기 현실을 딱 인정하고 '난 오늘부
터 종으로 살 거야. 종이면 종답게 행동하자. 종으로서 최고
의 종노릇을 하면서 성실한 종이 돼야지'라고 생각하며 살았
을 것이다. 남들이 하는 것처럼 대충하지 않았을 것이다. 열
심히 하며 남들보다 더 잘하려고 했을 것이다. 창조적으로
일했을지도 모른다. 그렇지 않고서는 종이 주인의 눈에 띨

리가 없다.

6.

우리는 중요한 일과 역할을 맡으면 굉장히 기분 좋아한다. '나를 인정해주는구나. 사람 볼 줄 아네, 내 능력을 알아보는구나.' 신나서 더 잘하고 더 인정받고 더 칭찬받기 위해서 더 열심히 할 것이다. 누구나 그럴 수 있다.

하지만 내가 생각하는 것보다 사람들이 나를 인정해주지 않고 조금 하찮은 일, 허투루 해도 될 만한 무가치해 보이는 일을 맡긴다면 실망할 것이다. '사람을 어떻게 보고 이래. 내가 누군데, 내가 이런 일을 할 사람인 줄 알아?' 결국 그 일을 하기는 하겠지만, 이런 상황에서 사람들이 사용하는 말이 있다. "목구멍이 포도청이라고, 아이고 내 팔자야. 내가 처자식만 아니면 당장 때려치우고 만다." 이런 마음을 가지고 일하면 일이 잘되겠는가? 기분이 좋겠는가? 그 회사나 회사 사람들에게 유익이 되겠는가? 그럴 리 만무하다.

7.

"무슨 일을 하든지 마음을 다하여 주께 하듯 하고 사람에게 하듯 하지 말라"(골 3:23)라는 말씀이 있다. 여기서 '무슨 일'이라는 표현이 참 중요하다. 이것은 일의 종류만 가리키는 것이 아니다. '무슨 일'은 사람들이 생각하기에 귀히 여기는 일, 천히 여기는 일을 모두 포함한다.

8.

훗날 요셉은 나라의 총리 일도 참 잘했다. 얼마나 잘했으면 바로가 애굽의 전결권을 주었겠는가? 바로가 "네가 왕이다. 왕좌는 내 것이지만, 네가 다 해라"라고 할 만큼 인정받는 총리가 되었다.

그런데 무엇보다 그런 능력이 있는 사람이 종노릇을 잘했다는 것이 나는 더 훌륭하다고 생각한다. 총리의 능력을 가진 사람은 종노릇을 시키면 못한다. 아예 안 한다. "에이, 내가 죽으면 죽었지 이런 일은 안 해. 난 이런 일을 할 사람이 아니야." 그런데 요셉은 총리 일도 잘했고, 종노릇도 잘했다. 이것이 우리가 요셉에게 배워야 할 굉장히 중요한 삶의 지혜요 교훈이다.

9.

내가 후배 목회자들에게, 특별히 신학생들과 교육 전도사로 있는 후배들에게 해주는 말이 있다.

"이력서는 종이에다 쓰는 거 아니야. 지금 하는 일로 쓰는 거야. 목회의 승부는 담임 목사 때 결정되는 게 아니야. 그땐 이미 늦었어. 담임 목사 일 잘해서 담임 목사 하는 사람이 어디 있냐. 그건 이미 교육 전도사 때 결정돼. 교육 전도사 일을 충실히 하면 사람들이 안 보는 것 같아도 다 봐. 그게 전도사님의 이력서가 되는 거야. 그렇게 되면 전임 전도사로 스카우트하려고 할 거야. 전임 전도사 때도 이력서는 종이에 쓰는 게 아니라, 일하는 것으로 쓰는 거야. 그럼 사람들은 다 알아. '어느 교회 전도사가 그렇게 잘한대. 그렇게 사람이 좋고 성실하대'라고 소문이 나기도 해. 그러면 다른 교회 부목사가 되는 거야. 부목사가 기회야. 부목사의 일을 잘하면 그다음에 담임 목사의 기회가 열려."

IO.

그런데 그들은 잘 모른다. 담임 목사에만 온통 정신이 가 있어서 '내가 지금은 교육 전도사이지만 시간이 흐르면 나도 담임 목사가 될 텐데 그때 잘해 봐야지'라고 생각한다. 하지만 그때는 이미 늦다. 이력서가 나쁘다. 전력이 좋지 않다. 그러니까 담임 목사의 기회가 잘 오지 않고 좋은 기회 또한 오지 않는 것이다.

II.

성경에 보면 예수님께서 종종 이렇게 말씀하시는 것을 볼 수 있다. "착하고 충성된 종아 네가 적은 일에 충성하였으매 내가 많은 것을 네게 맡기리니 네 주인의 즐거움에 참여할지어다"(마 25:21). 이것이 하나님의 지혜이다. 바로 요셉의 이야기이다.

I2.

당신이 총리 일을 맡아도 잘할 수 있는 유능한 사람이 되기를 바란다. 하나님께서 당신에게 그런 기회도 주시기를 바란다. 하지만 그런 일을 잘하려면 요셉처럼 종노릇을 잘해야 한다. 많은 종 중에 눈에 띄어야 한다. 어떻게 눈에 띄어야 하는가? 하나님을 알지 못하는 사람들에게 '저 사람은 진짜 하나님을 믿는 사람이구나. 하나님이 함께하시는 사람이구나' 라고 인정받을 만큼 충성하는 사람이 될 수 있기를 바란다.

13.

당신은 지금 당신의 일에 만족하는가? 혹 실망하고 있는가? 지금 당신이 하고 있는 일이 당신의 일이 아니라고 생각하지는 않는가? 천만의 말씀이다. 그 일은 하나님이 맡기신 일이다. 형들이 어떻게 생각하든 채색옷을 입고 꿈 이야기를 하던 아이가 종이 되었을 때는 딱 마음을 고쳐먹고 종노릇을 잘하여 주인의 눈에 들고 한 나라의 총리가 된 것처럼, 그런 삶의 길을 배우고 따르는 우리가 될 수 있기를 주의 이름으로 축원한다.

어둔 밤 쉬 되리니 네 직분 지켜서
찬 이슬 맺힐 때에 일찍 일어나
해 돋는 아침부터 힘써서 일하라
일할 수 없는 밤이 속히 오리라

_찬 330장

43

죄, 사탄의 덫

창세기 39:7-9

7 그 후에 그의 주인의 아내가 요셉에게 눈짓하다가 동침하기를 청하니 8 요셉이 거절하며 자기 주인의 아내에게 이르되 내 주인이 집안의 모든 소유를 간섭하지 아니하고 다 내 손에 위탁하였으니 9 이 집에는 나보다 큰 이가 없으며 주인이 아무것도 내게 금하지 아니하였어도 금한 것은 당신뿐이니 당신은 그의 아내임이라 그런즉 내가 어찌 이 큰 악을 행하여 하나님께 죄를 지으리까

I.

요셉은 타국 애굽의 종이 되었으나 낙심하지 않고 현실을 받아들이고 함께하시는 하나님의 손을 붙잡고 최선을 다해 보디발 장군 집의 가정 총무가 되었다. 이것은 보통 있을 수 있는 일이 아니다. 성공한 셈이다. 보통 성공이 아니라 큰 성공이라고 할 수 있다. 종이 자유인이 되는 것만도 천지개벽할 일인데, 가정 총무가 되어서 온 살림을 지휘하고 지배할 수 있는 권한을 가지게 되었다는 것은 영화 같은 이야기다.

2.

그런데 이때 위기가 찾아온다. 보디발 장군의 아내가 유혹해 온 것이다. 쉽게 이겨내기 어려운 유혹이었다. 하나님은 언제나 우리를 축복하시기 위하여 최선을 다하시지만 세상에는 마귀도 있다. "마귀가 우는 사자같이 두루 다니며 삼킬 자를 찾나니"(벧전 5:8)라는 말씀이 꼭 맞다.

3.

사탄이 요셉을 삼키려고, 하나님께서 요셉을 통하여 이루실 이스라엘과 애굽과 모든 나라의 구원을 방해하려고 보디발 장군의 아내의 유혹 카드를 꺼내 들었다. 이때 만일 요셉이 넘어갔더라면 어떻게 됐을까? 무사했을까? 천만의 말씀이다. 그것은 불가능한 일이다. 꼬리가 길면 잡히고 주머니 속의 송곳은 언젠가 뚫고 나오는 법이다.

4.

사탄은 보통 우리에게 이렇게 유혹하고 속인다. '아무도 몰라. 그걸 누가 아냐? 아무도 모르게 하면 되지 뭐. 쥐도 새도 몰라'라고 한다. 그때 나는 청년들에게 이렇게 얘기한다. "쥐하고 새는 본래 몰라. 쥐하고 새만 빼면 다 알아."
사탄이 그런 유혹을 하는 목적이 있지 않겠는가? 계속 숨겨주면서 네가 외로우니 좀 즐기라고 유혹을 하겠는가? 숨기는 척하다가 치명적일 때 터뜨려서 우리를 삼키려고 유혹을 하겠는가? 사탄의 목적이 그런데 우리가 어떻게 죄를 짓고 아무렇지도 않겠는가? 어떻게 아무도 모를 수가 있겠는가? 성경은 우리에게 말씀한다. "죄의 삯은 사망이라."

5.

요셉이 그때 보디발 장군 아내의 유혹에 넘어갔더라면 요셉을 향하신 모든 구원 계획이 다 수포로 돌아갔을 것이다. 아무리 하나님이 우리 손을 꼭 잡고 계셔도 요셉이 하나님의 손을 놓아버렸다면 하나님의 구원의 계획은 수포로 돌아갔을 것이다.

6.

그런데 감사하게도 요셉은 그 유혹을 물리쳤다. 쉽지 않은 유혹이었는데 물리쳤다. 그 힘은 어디 있었을까? 요셉은 늘 하나님 앞에 있었다. '내가 하나님 앞에서 어떻게 이런 죄를 지을 수 있는가?' 이것을 우리는 코람데오, '하나님 앞에서' 신앙이라고 이야기한다.

7.

우리 인생도 마찬가지이다. 우리가 가장 무서워해야 할 것은 죄이다. 세상 사람들은 흔히 이렇게 말한다. "죄 안 짓고 어떻게 사냐? 눈 감을 땐 눈도 감고, 수를 쓸 땐 수도 쓰고, 꾀를 부릴 땐 꾀도 부리고, 속일 땐 속이고 그래야 세상 살지. 그게 세상 사는 요령이야."

적당히 타협하고, 죄짓고, 술수 부리고, 속이면서 사람들은
실제로 잘 살아가는 것처럼 보인다. 어쩌면 그 말이 맞는 것
같다. 괜히 고집부리다가 나만 바보 되고, 나만 손해 보고, 나
만 실패하고 고생하는 일들이 이 세상에 어디 한둘인가?

8.

요셉도 그랬다. 유혹을 뿌리치고 순결을 지켰다가 잘 됐는
가, 아니면 더 어려워졌는가? 더 어려워졌다. 가정 총무 자리
를 뺏기고 감옥에 가게 되었다. 하나님 앞에서 순결을 지키
려고 하다가 타국에서 종이 된 것보다 더 최악의 상황으로
빠져서 왕의 죄수들을 가두는 옥에 갇혔다. 이것은 출옥할
가능성이 없다는 뜻일지도 모른다. 이처럼 하나님의 식보다
세상의 식이 훨씬 더 쉽고 빠르고 넓어 보인다. 또 실제로 세
상은 그렇다. 그런데 넓으면 뭐 하는가? 쉽고 빠르면 뭐 하는
가? 그 길은 사망으로 인도하는 길이다.

9.

우리는 창세기에 나오는 요셉 이야기의 결말을 다 알고 있
지 않은가? 사람들은 요셉이 누명을 쓰고 옥에 갇힌 일을 실
패이고, 사서 하는 고생이며 바보스러운 행동이라고 얘기하
지만, 그렇지 않았다. 그 길이 생명의 길이요, 성공의 길이요,
축복의 길이었다. 그때 요셉이 감옥에 가지 않았다면 요셉은

보디발 장군의 가정 총무로 인생을 마무리했을 것이다. 그렇지 않은가? 하지만 왕의 죄수들을 가두는 감옥에 가는 바람에 떡 굽는 관원장과 술 맡은 관원장을 만나서 꿈을 해몽해주게 되었고, 그대로 실현됨으로써 바로의 꿈까지 해몽해주게 되어 애굽의 총리 대신이 되었다. 결국 요셉은 애굽은 물론 자기 민족인 이스라엘과 온 나라 백성들을 구원하는 하나님의 역사의 주인공이 되었다.

10.

좁은 길을 두려워해서는 안 된다. 눈앞에 보이는 성공 때문에 죄지으면 안 된다. 눈앞에 보이는 유혹 때문에 함부로 넓은 길로 가면 안 된다. 그것은 덫이다. 덫에는 반드시 미끼가 있다. 세상에서 잘되는 것 같고, 부자 되는 것 같고, 성공하는 것 같고, 출세하는 것 같아 보이는 것은 다 사탄의 미끼이다.

11.

먹어도 되는 것이 있고, 먹으면 안 되는 것이 있다. 사탄의 미끼에 덜컥 걸려들어서 사망의 길을 가는 사람들이 얼마나 많은지 모른다. 반면에 생명의 길은 좁다. 말씀대로 사는 것은 쉽지 않다. 험난하다. 때로는 십자가의 길이다. 그래도 그게 생명의 길이다. 끝이 좋다. 결국이 좋다. 구원의 길이다. 승리와 축복의 길이다.

12

코람데오 신앙을 가지고 요셉처럼 세상의 모든 유혹을 물리치고 좁고 험하고 힘들고 고생스럽고 죽는 것 같아 보여도 하나님의 손을 꼭 붙잡고 승리의 길을 걸어가는 우리가 될 수 있기를 주의 이름으로 축원한다. 죄의 삯은 사망이다. 죄를 우습게 보면 안 된다. 죄를 멀리하고 하나님을 무서워하며 살 줄 아는 우리가 될 수 있기를 주의 이름으로 축원한다.

"왕의 옥에 갇히지 않았다면
애굽의 총리는 없었습니다.
요셉은 하나님의 구원 드라마의
주인공이 될 수 없었습니다.

요셉처럼 하나님을 향한 믿음으로
고난의 길을 두려워하지 않고
도리어 하나님께 죄짓는 것을 두려워하며
하나님의 손을 꼭 붙잡고
험난한 이 세상 이겨 살아가는
우리 모두 되게 하여 주옵소서."

언제나 잘 사는 사람

창세기 39:19-23

¹⁹ 그의 주인이 자기 아내가 자기에게 이르기를 당신의 종이 내게 이같이 행하였다 하는 말을 듣고 심히 노한지라 ²⁰ 이에 요셉의 주인이 그를 잡아 옥에 가두니 그 옥은 왕의 죄수를 가두는 곳이었더라 요셉이 옥에 갇혔으나 ²¹ 여호와께서 요셉과 함께하시고 그에게 인자를 더하사 간수장에게 은혜를 받게 하시매 ²² 간수장이 옥중 죄수를 다 요셉의 손에 맡기므로 그 제반 사무를 요셉이 처리하고 ²³ 간수장은 그의 손에 맡긴 것을 무엇이든지 살펴보지 아니하였으니 이는 여호와께서 요셉과 함께하심이라 여호와께서 그를 범사에 형통하게 하셨더라

I.

내가 잘 아는 장로님 중에 독서를 아주 많이 하시는 분이 계시다. 엄청난 양의 독서를 수십 년간 꾸준히 해오신 참 보기 드문 장로님이시다. 그 장로님은 책을 읽으시고 참 좋다 싶으시면 그 책을 꼭 몇 권씩 사서 내게 보내주신다. 벌써 한 20년이 넘은 것 같다. 우리 교회 장로님도 아닌데 말이다.

2

그 분은 본래 양돈 사업을 크게 하시던 분인데, 부도가 나서 망하셨다. 여러 요인이 있었겠지만 무리한 투자 때문은 아니었던 것으로 기억한다. 직원 복지를 위해 사옥을 짓고 하시다가 부도를 만나서 사업에 완전히 실패하고 옥살이도 하셨다. 감옥생활을 다 마치신 후에 장로님은 조그만 개인 사업으로 청소대행업을 시작하셨다. 그런데 참 대단한 것이 직원들이 하는 일이 얼마나 어렵고 힘든 일인지 사장이 알아야 한다면서 그 당시 직원들이 끌고 다녔던 무거운 나무 수레를 끌며 몇 년 동안 같이 일하셨다고 한다. 잠시 세워둔 그 쓰레기 차를 나도 한번 움직여보려고 했는데 나는 못 움직였던 적이 있다. 직원들이 만류해서 이제 그 일은 안 하시지만, 지금도 직원들보다 일찍 출근하셔서 직원들 책상 다 닦아놓고 기다리시는, 참 보기 드문 분이시다.

청소 사업을 하면서 꽤 많은 돈을 버셨는데, 당시 자가용도 없으셨다. 지하철과 버스를 타고 다니시고 조그만 집에 사시면서 돈만 벌면 빚을 갚느라 고생하셨다. 시간이 꽤 걸렸지만 결국 그 많은 빚을 다 갚아내는 것을 보고 참 대단한 분이라는 생각을 했다.

3

한번 그 세 시간 남짓한 그분의 간증을 우리 부부가 듣고 얼마나 감동을 받았는지 모른다. 그래서 그 내용을 글로 썼었다. 그리고 제목을 근사하게 뽑았다. "언제나 잘 사는 사람." 세상적으로 보면 그 장로님은 잘 살 때도 있었고 못 살 때도 있었다. 성공한 때도 있었고 실패한 때도 있었다. 그런데 장로님의 얘기를 가만히 듣다 보니까 '장로님은 실패할 때도 잘 살았고, 가난할 때도 잘 살았고, 어려울 때도 잘 사셨구나. 언제나 잘 살았구나'라는 걸 깨닫게 되었다. 그리고 이것이 바로 크리스천의 삶이라는 것을 알게 되었다.

4.

사도 바울은 이렇게 고백했다. "나는 비천에 처할 줄도 알고 풍부에 처할 줄도 알아 모든 일 곧 배부름과 배고픔과 풍부와 궁핍에도 처할 줄 아는 일체의 비결을 배웠노라 내게 능력 주시는 자 안에서 내가 모든 것을 할 수 있느니라"(빌 4:12,13). 이 고백처럼 사도 바울이 언제나 잘 살았다. 사도 바울은 부하면 부한 대로 비천하면 비천한 대로 잘 사는 것이 그리스도인의 특권이라고 했다.

5.

추수감사절이 되면 우리가 잘 인용하는 말씀이 있다. "비록 무화과나무가 무성하지 못하며 포도나무에 열매가 없으며 감람나무에 소출이 없으며 밭에 먹을 것이 없으며 우리에 양이 없으며 외양간에 소가 없을지라도 나는 여호와로 말미암아 즐거워하며 나의 구원의 하나님으로 말미암아 기뻐하리로다"(합 3:17,18). 하박국은 열매가 있으면 감사하고 열매가 없으면 감사하지 않는 것이 아니라 그 모든 조건을 뛰어넘는 감사가 가능함을 이야기하며 그 이유를 밝힌다. "주 여호와는 나의 힘이시라 나의 발을 사슴과 같게 하사 나를 나의 높은 곳으로 다니게 하시리로다"(합 3:19). 여기서 '높은 곳'이라는 말이 참 중요하다. 위에서 세상을 보니 '있으면 좋지 뭐. 근데 없어도 상관없어. 나는 하나님 때문에 기뻐하는 사람이거든'이라고 생각할 수 있는 것이다. 하나님으로 기뻐하니 세상의 환경과 조건에 휘둘리지 않게 된 것이다.

6.

본문의 요셉도 이와 같다. 요셉은 환경의 지배를 전혀 받지 않았다. 어떤 여건에 흔들리지 않았다. 이러면 이런대로 저러면 저런대로 살아갔다. 적응력이 얼마나 뛰어났는지 모른다. 그런데 그 이유가 뭔지 아는가? 요셉에게도 그 이유는 하나님이셨다. "여호와께서 요셉과 함께하시고… 그를 범사에 형통하게 하셨더라"(창 39:21,23).

이 말씀에서 '범사'는 성공, 실패, 좋은 일, 나쁜 일, 즐거운 일, 괴로운 일 모두를 포함하는 단어이다. 세상 사람들의 형통은 성공에만 있다. 부자 되는 것에만 있다. 즐거운 일에만 있다. 그러나 우리에게는 범사에 형통이 있는 것이다. 그래서 우리는 항상 기뻐하고 범사에 감사할 수 있다.

7.

오늘 우리의 삶의 자리는 어떤가? 우리의 환경은 어떤가? 우리는 환경의 지배를 받고 있는가, 아니면 환경을 지배하고 있는가? 어떠한 형편과 처지 속에서도 그것의 지배를 받지 않고 하나님의 지배를 받으며 항상 기뻐하고 범사에 감사하고 그 어디나 하늘나라라고 찬송할 수 있는 우리가 될 수 있기를 바란다.

"높은 산이 거친 들이 초막이나 궁궐이나

내 주 예수 모신 곳이 그 어디나 하늘나라."

8.

"궁궐에 살면 좋지. 안 될 거 뭐 있어. 나도 궁궐에 살면 좋지. 그런데 초막에 살아도 난 좋더라. 내 주 예수 모신 곳이 다 천국이거든."

오늘 하루가 이렇게 고백하며 살아가는 승리의 한 날 될 수 있기를.

내 영혼이 은총 입어 중한 죄짐 벗고 보니

슬픔 많은 이 세상도 천국으로 화하도다

할렐루야 찬양하세 내 모든 죄 사함 받고

주 예수와 동행하니 그 어디나 하늘나라

_찬 438장

45

말과 경주하는 사람

창세기 40:20-23

20 제삼일은 바로의 생일이라 바로가 그의 모든 신하를 위하여 잔치를 베풀 때에 술 맡은 관원장과 떡 굽는 관원장에게 그의 신하들 중에 머리를 들게 하니라 21 바로의 술 맡은 관원장은 전직을 회복하매 그가 잔을 바로의 손에 받들어 드렸고 22 떡 굽는 관원장은 매달리니 요셉이 그들에게 해석함과 같이 되었으나 23 술 맡은 관원장이 요셉을 기억하지 못하고 그를 잊었더라

I.

요셉은 채색옷을 입던 시절로 시작해서 타국의 종으로 팔려 가고 또 나중에는 죄수의 험난한 세월을 살았던 사람이다. 모든 사람의 삶에 다 굴곡이 있지만, 요셉의 삶만큼 굴곡이 심하기도 쉽지 않다. 마치 롤러코스터를 탄 것같이 꼭대기에 있다가 하루아침에 수직 하강하여 땅에 떨어지는 삶을 살았던 사람이 요셉이다.

2.

그런데 중요한 것은 요셉은 별반 흔들림이 없었다는 사실이다. 종이면 종으로서 최선을 다했고, 죄수면 죄수로서 열심히 살았으며, 총리면 총리로서 전력을 다했다. 한마디로 얘기하면 요셉은 올라운드 플레이어와 같았다.

3.

요셉이 갇힌 옥은 일반적인 옥이 아니었다. 왕의 죄수를 가두는 감옥이었다. 가벼운 죄를 지은 사람들이 가는 곳이 아니었다. 왕께 죄를 지었으니 아마 대부분은 죽음을 면치 못했을 것이다. 요셉은 아무 죄 없이 그 감옥에 갇혔지만, 거기서도 자기의 최선을 다했다. 그래서 간수장의 신임을 얻었다. 보디발 장군의 가정 총무가 됐듯이 왕의 감옥에서도 총무가 되었다.

4.

예레미야서 12장에 내가 참 좋아하는 하나님의 말씀이 있다. 예레미야가 하나님께 질문한다. 항의성 질문이 아니라 정말 이해가 안 돼서 하나님께 묻는다. 질문의 내용은 간단하다. "악한 자의 길이 형통하며 반역한 자가 다 평안함은 무슨 까닭이니이까"(렘 12:1). 우리의 생각처럼, 하나님의 뜻대로 살면 복을 받고 하나님의 뜻을 어기고 악인의 꾀를 쫓아 살면 벌을 받아야 하는데 세상은 그렇지 않은 것이다. 하나님의 뜻대로 살려고 했던 예레미야는 죽을 지경에 이르렀고, 악인들은 형통했다. "도대체 그 이유가 뭡니까? 왜 이런 일들이 이 세상에 일어납니까?" 이것이 예레미야의 질문이었다.

5.

그런데 이 질문에 대해 하나님께서 질문으로 답을 하신다. "만일 네가 보행자와 함께 달려도 피곤하면 어찌 능히 말과 경주하겠느냐 네가 평안한 땅에서는 무사하려니와 요단 강물이 넘칠 때에는 어찌하겠느냐"(렘 12:5). 이 질문 속에 답이 있다.

'나는 네가 말과 경주해서 이기는 사람이 되게 하고 싶어. 온실에서 겨우겨우 살아가는 화초가 아니라 요단 강물이 넘칠 때도 능히 이겨내는 강한 사람이 되게 하고 싶어. 그래서 너를 훈련하는 중이야. 연단하는 중이야.' 이것이 우리를 향하신 하나님의 뜻이다.

6.

하나님은 우리가 세상에 살아도 세상을 뛰어넘기를 바라신다. 신앙은 차원을 달리하는 것이다. 신앙의 차원은 하늘이 아닌가. 세상 사람들은 하나님을 모르니 세상이 전부이다. 그러나 우리는 하나님과 하늘나라를 보는데, 그것은 세상을 뛰어넘는 차원이다.

7.

신앙은 삶의 차원을 달리하는 것이다. 그래서 하박국은 "주 여호와는 나의 힘이시라 나의 발을 사슴과 같게 하사 나를 나의 높은 곳으로 다니게 하시리로다"(합 3:19)라고 했다. 그 높은 차원에서 낮은 차원의 세상을 보니 이래도 괜찮고 저 래도 괜찮다. 세상 사람들의 말로 얘기하면 달관이 이루어진 것이다. 거기에서 삶의 평안이 오고 진정한 자유가 얻어지는 것이다.

8.

하나님나라의 눈으로 보니, '부하면 좋지. 비천하면 그게 무 슨 상관이야. 난 하나님나라에 속한 사람인데'라고 생각할 수 있는 것이다. 그러니 비천과 부가 별로 다르지 않다. 항상 기뻐하고 범사에 감사하는 삶이 이루어진다. 하나님나라에 가서만 하나님나라의 삶을 사는 것이 아니라, 이 세상에 사 는 동안부터 하나님나라가 시작된다. 영생은 미래가 아니라 영원한 현재의 일이기 때문이다.

9.

그래서 우리는 부하면 부한 대로 비천하면 비천한 대로, 무 화과나무의 열매가 있으면 있는 대로 없으면 없는 대로, 우 리에 양이 있으면 있는 대로 없으면 없는 대로 환경과 여건 의 지배를 받지 않고 늘 자유하는 삶, 달관하는 삶, 자족하는 삶, 항상 기뻐하는 삶, 모든 일에 감사하는 천국의 구원의 삶을 살게 된다.

10.

그 지경에 이르면 세상과 나는 간 곳 없고 구속한 주만 보이는 신비한 세계, 구원의 세계가 이루어지는 것이다. 그게 예수를 믿는 것이다. 예수는 그러려고 믿는 것이다. 세상에서 부자 되고 출세하고 성공하는 것이 목적이 아니다. 세상에서 성공하고 부자 되고 출세하는 것이 나쁜 것은 아니지만 우리는 거기에 목숨을 걸지 않는다.

11.

요셉에게 기회가 찾아왔다. 요셉이 갇힌 왕의 감옥에 왕의 최측근인 술 맡은 관원장과 떡 굽는 관원장이 무슨 실수를 했는지 한날에 들어왔다. 그들이 하룻밤에 각각 꿈을 꾸고 근심하자 요셉이 해몽해주었고 그대로 이루어졌다. 떡 굽는 관원장은 처형되었고 술 맡은 관원장은 복직되어 왕 앞에 섰다. 그런데 술 맡은 관원장은 진짜 왕이 신임하지 않으면 맡길 수 없는 직분 아닌가? 왕이 술 취해서 자기의 민낯을 드러내도 상관없을 만한 사람이니 아무에게나 맡길 수 없는 자리였다.

12.

요셉은 술 맡은 관원장이 옥에서 나갈 때 억울하게 옥살이를 하고 있는 자기를 기억해달라고 부탁했다. 그런데 그 절호의 기회를 술 맡은 관원장이 저버렸다. 성경에 간단한 말로 기록되어 있다. "술 맡은 관원장이 요셉을 기억하지 못하고 그를 잊었더라"(창 40:23). 절호의 기회가 날아갔다.

13.

기가 막힌 기회를 놓치면 사람은 절망할 수밖에 없다. 포기할 수밖에 없다. 그런데 요셉은 미동도 하지 않았다. 그냥 또 그렇게 지나갔다. 우리는 이 결말을 알지 않는가? 우리가 생각하는 기회와 하나님의 생각하는 기회는 다르다. 우리가 생각하는 때와 하나님의 생각하는 때는 다르다. 요셉은 그때가 마지막 기회라고 생각했지만, 그때 만일 술 맡은 관원장에게 기억되어 누명을 벗고 옥에서 나왔으면 자유인이 되는 정도에 머물지 않았겠는가? 하나님은 절호의 기회를 기다리고 계셨다.

14.

하나님의 때가 있다. 하나님을 믿으면 하나님의 손에 다 맡기고 기다려야 한다. 하나님은 우리를 잊으신 것이 아니라 다음 때를 기다리고 계신 것이다. 이 기회를 곱절, 열 배, 백배 더 효과적으로 쓸 때를 위해서 패스하시는 것이다. 거기까지 믿을 수 있다면 출옥을 하거나 못 하거나, 기회를 얻거나 못 얻는 일들이 계속 몰려와도 '하나님이 다른 생각이 있으신가 보다' 생각하고 하나님께 믿고 맡기며 찬송할 수 있지 않을까?

우리는 오늘도 롤러코스터를 타고 있는 것 같겠지만, 하나님을 향한 믿음으로 평정심을 누리며 항상 기뻐하고 범사에 감사하는 승리의 삶을 살게 되길 축원한다.

내 평생에 가는 길 순탄하여 늘 잔잔한 강 같든지
큰 풍파로 무섭고 어렵든지 나의 영혼은 늘 편하다
내 영혼 평안해 내 영혼 내 영혼 평안해

저 마귀는 우리를 삼키려고 입 벌리고 달려와도
주 예수는 우리의 대장 되니 끝내 싸워서 이기리라
내 영혼 평안해 내 영혼 내 영혼 평안해

_찬 413장

46

예수 믿는 사람도 저축해야 하나

창세기 41:46-49

46 요셉이 애굽 왕 바로 앞에 설 때에 삼십 세라 그가 바로 앞을 떠나 애굽 온 땅을 순찰하니 47 일곱 해 풍년에 토지 소출이 심히 많은지라 48 요셉 이 애굽 땅에 있는 그 칠 년 곡물을 거두어 각 성에 저장하되 각 성읍 주위 의 밭의 곡물을 그 성읍 중에 쌓아두매 49 쌓아둔 곡식이 바다 모래같이 심히 많아 세기를 그쳤으니 그 수가 한이 없음이었더라

I.

요셉이 바로의 꿈을 해몽하고 드디어 애굽의 총리대신이 되 었다. 여기서는 바로의 꿈에 대한 요셉의 해몽에 대해 이야 기해보려고 한다. 요셉은 바로의 꿈에 대해 "7년 풍년과 7년 흉년이 잇따라 올 것입니다. 그러니 풍년의 때에 흉년을 대 비하라는 하나님의 계시입니다"라고 해몽한다. 바로는 그 큰일을 누구에게 맡길지 고민하다가 꿈을 해몽해준 요셉과 같이 지혜로운 자가 없다며 요셉을 총리대신으로 임명했다. 보디발 장군과 감옥의 간수장이 그랬던 것처럼 바로도 요셉

에게 전권을 넘겨주었다. 왕의 반지를 빼서 끼워줬다. 그래서 요셉이 풍년의 때에 잘 준비해서 흉년을 무사히 지나가는 이야기가 창세기 끝까지 기록된다.

2.

엉뚱한 질문을 하나 해보자. 예수 믿는 사람도 저축해야 할까? 저축을 불신앙적인 행위로 생각하는 분들이 꽤 많다. "하나님을 믿어야지 통장 믿고 살아? 일용할 양식, 하나님이 주시잖아." 광야의 만나 얘기도 하면서 그런다. 하지만 내 생각은 좀 다르다. 저축은 불신앙이 아니다.

3.

성경에서 저축을 교훈하는 것을 꽤 많이 찾아볼 수 있다. 대표적인 근거가 본문의 요셉의 해몽이다. 7년 풍년 때에 뒤이어 올 7년 흉년을 대비하라는 것이 하나님의 계시였다. 이는 애굽이나 바로에게만 필요한 말씀이 아니라 우리 모두에게 주신 하나님의 계시다.

또한 잠언에 "게으른 자여 개미에게 가서 그가 하는 것을 보고 지혜를 얻으라"(잠 6:6)라는 말씀이 있다. 개미에게 가서 배울 것이 무엇인가? 개미는 풍성한 여름과 추수 때에 겨울을 준비한다. 미물도 이렇게 저축을 하는데, 우리가 저축하는 것은 불신앙이 아니다. 욕심 부리며 먹지도 못하고 쓰지도 못할 것을 남 먹을 것까지 다 빼앗아서 쌓아놓고 썩히는 것은 경계해야겠지만, 그렇다고 저축까지 하지 않는 것은 옳지 않다.

4.

내가 잘 아는 제법 큰 교회 목사님이 계신데, 그분은 저축을 신앙적이라고 생각하지 않는 분이다. 그래서 한 달에 사용할 돈을 다 쓰고 남으면 모두 교회에 헌금한다. 집회에 초청받아 강사비를 받든지 책을 내서 인세를 받든지 다음 달 시작할 때는 늘 통장이 제로에서 출발했다. 어느 날 내가 그 목사님께 "목사님, 그러면 안 돼. 노후를 위해서 저축해야지"라고 했더니 그냥 웃으셨다. 옆에 계시던 장로님이 "그렇죠, 목사님. 저축해야죠"라고 받아주셨다.

그 장로님은 나와 생각이 같아서 자신이 직접 한 달에 백만 원씩 드는 적금을 들어서 첫 달을 붓고는 목사님과 사모님께 드렸다고 한다. 이제부터 매달 백만 원씩 넣으시라고 말이다. 그때는 금융실명제가 실시되기 전이어서 가능했다. 당시 백만 원은 적은 돈이 아니었다. 그런데 목사님은 그날로 그 돈을 찾아서 다시 교회에 헌금했다고 한다.

5.

그 목사님의 아들과 내 아들이 거의 같은 때 결혼을 했다. 결혼식에 갔더니 그 교회 장로님들이 자랑하셨다. "우리 교회가 부조 1억 원 했습니다." 깜짝 놀랐다. 그런데 생각해보니

놀랄 일도 아니다. 목사님이 헌금한 돈이 그보다 몇 배는 더 많았을 테니까. 전부 다 헌금해서 아들 장가보낼 돈도 없을 것이라는 걸 아니까 1억 원 해드린 것이다. 그래서 내가 그랬다. "거봐. 교회에 폐 끼쳤잖아."

우리 아들이 결혼할 때 우리 교회에서는 20만 원을 축의해 주었다. 그것이 우리 교회의 원칙이었다. 교인이 결혼하면 교회에서 경조비로 20만 원을 주었다. 그런데 나는 미리 준비했었다. 교회가 주는 생활비로 연보할 것 연보하고, 헌금할 것 헌금하고, 구제할 것 구제하고, 나 쓸 것 쓰고 절약해서 아들 결혼시킬 자금도 준비하고 내 노후도 준비했다.

6.

내가 저축하는 목적이 있다. "늙어서도 남에게 폐 끼치지 말자. 할 수 있다면 자식에게도 기대지 말자. 끝까지 경제적으로 독립하자." 이 신조로 수입이 있을 때 미리 수입이 없을 때를 대비해왔다. 첫 월급 받을 때부터 조금씩 조금씩 떼서 저축하고 연금 들어 집을 장만했다. 사실 큰 교회 목사였으니 그럴 수 있었다. 그래서 원로 목사 안 하고 은퇴할 수 있었다. 연금이 준비됐기 때문이다. 하나님께서 내가 필요한 것보다 조금 더 넉넉히 주셨다.

7.

나는 아이들을 키울 때도 돈을 가르쳤다. 돈을 제대로 다루는 것이 믿음 생활에서 중요한 요소라고 생각했기 때문이다. 아이들에게 돈을 가르칠 때 몫을 가르쳤다.

첫째, 모두 하나님이 주신 것이지만 그중에서도 특별히 구분하신 하나님의 몫, 십일조를 지켜라. 누가 뭐래도 하나님의 것에 손대지 말도록 했다.

둘째, 가난한 자의 몫을 떼어두어라. 아무리 수고하고 노력해도 먹지 못하는 사람들을 위해서 몫을 남겨두도록 했다. 레위기 19장에 보면 가난한 사람과 거류민을 위하여 밭의 네 귀퉁이까지 다 거두지 말라는 말씀이 있지 않은가.

셋째, 그다음에 네가 쓰거라. 그것은 하나님이 허락하신 네 몫이다. 그런데 그 몫으로 필요한 것을 사도 좋지만 다 쓰지 말고 노후를 위하여, 7년 흉년의 때를 위하여 조금씩이라도 저축하라고 했다. 우리 아이들은 이것을 잘 지킨다.

나는 이 세 가지를 모두 성경에서 배웠다. 요셉에게 배웠다.

8.

개척교회 목회자들을 대상으로 집회할 때가 있다. 그들은 생활비가 적다. 먹고사는 데도 부족한 돈이다. 그런데 가서 꼭 하는 얘기가 있다. 젊은 목사님들과 사모님들을 모아놓고 "저축해요?"라고 묻는다. 그러면 신기한 듯이 쳐다본다. "저희가 어떻게 저축을 해요." "그래도 저축해야 돼." 그러면 그냥 "네"라고 대답은 하는데, 사모님 중에 당찬 분이 한 분 계셨다. "목사님은 큰 교회 목사님이니까 저축하실 수 있지요.

저희는 먹고살기도 바빠요."

그때 내가 지지 않고 이렇게 얘기했다. "그러니까 나는 저축 안 해도 돼. 나는 이미 다 시작했거든. 그런데 사모님은 해야 돼. 지금도 빠듯한데 이나마도 안 나오면 그때는 어떻게 살 거야? 그러니까 세 끼 다 먹으려 하지 마. 두 끼만 먹으면 살아. 세 끼 먹을 수 있을 때는 한 끼 빼야 해. 그것을 쌓아두면 늘그막에 교회 신세 안 져도 돼. 남한테 폐 안 끼쳐도 돼. 구차하지 않아도 돼."

9.

그러면서 어머니 이야기를 해주었다. 나는 가난한 집에서 컸다. 내가 어릴 땐 다 가난했지만. 아버지가 학교 수위를 하셨다. 나는 어려서부터 계산하는 것을 좋아했는데, 아버지 수위 월급이면 한 달에 쌀 한 가마 반을 살 수 있었다. 요즘 쌀 한 가마 반이 얼마인가 계산해보니 30,40만 원 정도 된다. 이게 무슨 뜻이냐면 그 당시 우리 세 식구가 한 달에 최대 40만 원으로 살았다는 뜻이다. 학교에서 방 하나 줬으니 방세, 전기세, 물세 등은 아낄 수 있었지만, 돈이 늘 없었다.

그런데 어머니는 그 돈을 가지고 저축하셨다. 매달 떼고 떼시더니 내가 중학교 3학년이었던 65년도에 결국 집을 사셨다. 나는 그것을 세계 8대 불가사의라고 생각한다.

"우리 어머니는 요즘 화폐 가치로 월급 40만 원일 때 저축해서 집 샀어. 내가 보기에 아무리 어려워도 지금 목사님이 그것보다 훨씬 더 받아. 그러니 저축해." 그러면 아무 말 못 한다.

10.

그때 어머니가 샀던 집이 나에게 큰 재산이 되었다. 아내도 규모 있게 살림을 참 잘해주었다. 내가 세운 원칙에 따라서 잘 살아주었다. 헌금도 많이 했고, 저축도 꾸준히 했다. 그래서 나는 이제 연금으로 교회 덕 안 보고 산다. 집도 있다. 더이상 욕심부릴 것도 없다. 어머니가 준 재산은 처분하여 PPL 재단을 만들었다. 하나님이 잘 인도해주셔서 조금씩 커가는 중이다.

11.

요즘은 소비 시대이다. 돈 쓰는 것이 무서운 줄 모르고 잘 쓴다. 물론 쓸 데는 써야 한다. 하나님도 그것을 좋아하신다. 그러나 꼭 저축하길 바란다. 오늘 우리에게 주시는 살아 계신 하나님의 말씀이다. 수입이 적든 많든 수입이 있는 젊은 때는 풍년의 때이다. 남들에 비하면 풍년이 아닐 수 있지만, 당신의 인생에선 지금이 풍년이다. 나는 지금 흉년의 때이다. 벌이하는 때가 아니지 않은가.

12.

창세기의 큰 교훈이 무엇인가? "너는 남에게 폐 끼치는 사람이 되거라. 신세 지고 사는 사람이 되거라"가 아니라 "복이 되거라" 아닌가? 하나님 앞에 갈 때까지 한 푼이라도 남에게 베풀고 도와드리고 섬기며 살다가 갈 수 있는 길을 미리 예비하고 준비하도록 요셉의 해몽에서 배우는 하루가 되기를 주의 이름으로 축원한다.

예수를 나의 구주 삼고 성령과 피로써 거듭나니
이 세상에서 내 영혼이 하늘의 영광 누리도다
이것이 나의 간증이요 이것이 나의 찬송일세
나 사는 동안 끝임없이 구주를 찬송하리로다

온전히 주께 맡긴 내 영 사랑의 음성을 듣는 중에
천사들 왕래하는 것과 하늘의 영광 보리로다
이것이 나의 간증이요 이것이 나의 찬송일세
나 사는 동안 끝임없이 구주를 찬송하리로다

_찬 288장

47

하나님의 뜻으로 고난을 이겨내는 법

창세기 45:1-8

1 요셉이 시종하는 자들 앞에서 그 정을 억제하지 못하여 소리 질러 모든 사람을 자기에게서 물러가라 하고 그 형제들에게 자기를 알리니 그때에 그와 함께한 다른 사람이 없었더라 2 요셉이 큰 소리로 우니 애굽 사람에게 들리며 바로의 궁중에 들리더라 3 요셉이 그 형들에게 이르되 나는 요셉이라 내 아버지께서 아직 살아 계시니이까 형들이 그 앞에서 놀라서 대답하지 못하더라 4 요셉이 형들에게 이르되 내게로 가까이 오소서 그들이 가까이 가니 이르되 나는 당신들의 아우 요셉이니 당신들이 애굽에 판 자라 5 당신들이 나를 이곳에 팔았다고 해서 근심하지 마소서 한탄하지 마소서 하나님이 생명을 구원하시려고 나를 당신들보다 먼저 보내셨나이다 6 이 땅에 이 년 동안 흉년이 들었으나 아직 오 년은 밭갈이도 못 하고 추수도 못 할지라 7 하나님이 큰 구원으로 당신들의 생명을 보존하고 당신들의 후손을 세상에 두시려고 나를 당신들보다 먼저 보내셨나니 8 그런즉 나를 이리로 보낸 이는 당신들이 아니요 하나님이시라 하나님이 나를 바로에게 아버지로 삼으시고 그 온 집의 주로 삼으시며 애굽 온 땅의 통치자로 삼으셨나이다

1.

암 투병 중에 가장 힘든 것 중 하나가 항암주사를 맞는 것이다. 모든 암 환자들이 이런 고통을 당하는데, 항암주사를 한 번 맞을 때마다 나도 예외없이 제법 만만치 않은 고통을 당했다. 정말 죽다 살아났다.

2.

체력이 바닥나면 앉아도 쉬어지지 않는다. 누워도 편치 않다. 누울 힘이 있어야 쉼이 되는 것이다. 잠도 잘 오지 않는다. 먹지 못하고, 잠도 자지 못하고, 앉지도 못하고, 서지도 못하고, 눕지도 못하면서 해가 밝기를 기다리는 것은 제법 고통스러운 일이다. 세상에 그런 고문이 없다. 암 환우들이 얼마나 고생하는지 몸으로 체험했다. 그런데 이제껏 살아오면서 암 투병이 가장 고통스러운 순간이었는가 하면 그것은 아니다.

3.

말로 다 할 수 없는 몸의 고통보다도 몇 배나 더 힘들 때가 있었다. 많았다. 주로 사람들에게 상처받고 모함을 당해 억울하고 속상했던 일들이다. 그중에는 마음의 상처가 깊어서 평생 잊히지 않는 일과 사람이 있다. 마음의 용서가 되지 않고 생각만 하면 화가 치밀고 복수하고 싶고 그 사람 잘못되는 것 보고 싶은 일들이 누구나 몇 번씩은 있을 것이다.

자잘한 것들은 참 다행스럽게도 그 사람이 사과 안 해도, 용서하지 않아도 그냥 잊히는 것들도 있다. 시간이 약이라고 세월이 지나면서 지금은 괜찮은 일들이 많다. 사실은 시간이 가면 잊히고, 용서가 되고, 마음에서 풀리는 것들이 있기 때문에 우리가 이 세상을 살아갈 수 있는 것이다.

4.

그런데 몇 가지 일은, 몇몇 사람은 절대 용서가 안 된다. 죽어도 용서할 수 없는, 죽어서도 잊을 수 없는 상처와 또 그 상처를 준 사람이 있다. 용서할 수 없다. 그런데 용서할 수 없으면 그게 다 나에게 짐이 된다. 용서가 안 되는 한, 그 일로 말미암은 상처는 내게서 사라지지 않는다. 그 기억만 하면, 손만 대면 아프다. 그래서 삶의 질이 떨어진다. 그 사람이 사는 건 둘째 치고 내가 살 수 없다. 그렇다면 용서가 안 되는 일과 사람을 어떻게 용서할 수 있을까?

5.

요셉에게도 평생 용서가 안 되는 일과 사람이 있었다. 요셉의 형들이다. 형들 때문에 평생 당한 일들을 생각하면 절대 용서 불가이다. 그런데 우리가 잘 알다시피 요셉은 깨끗이 잊었다. 용서를 한다 만다 하는 생각 자체를 안 했다. 정작 당사자들인 형들이 믿을 수 없을 만큼 요셉은 형에 대해 복수할 생각이 전혀 없었다. 왜일까?

6.

그 이유는 간단하다. "당신들이 나를 이곳에 팔았다고 해서 근심하지 마소서 한탄하지 마소서 하나님이 생명을 구원하시려고 나를 당신들보다 먼저 보내셨나이다"(창 45:5).

요셉은 형들에게 하나님께서 흉년을 대비하기 위해 형들보다 앞서 자기를 애굽으로 보내셨다고 말한다. 가족을 살리는 사명 때문에 애굽에 와야 했는데, 하나님께서 그 방법으로 형들을 이용하신 것이라고 했다.

7.

처음에는 아마 요셉도 형들을 원망했을 수 있다. 그런데 여러 일을 겪으면서 요셉은 하나하나 깨닫는다. "하나님이 여기도 계시는구나." 요셉은 애굽으로 팔려 가 종살이를 할 때도, 억울하게 감옥살이를 할 때도 하나님이 늘 함께하셔서 형통했다는 것을 알았다. 그리고 바로를 만나 애굽의 총리가 되는 모든 일을 통해서 요셉은 아마 무릎을 치며 깨달았을 것이다.

'아, 그때 형들이 나를 팔지 않았으면 우린 다 죽었겠구나. 그때 형들이 나를 죽이려 하지 않았다면 내가 애굽에 올 수 없었지. 하나님이 형들을 이용해서, 그 시기심과 미움까지도 이용해서 나를 이곳에 보내시고 결국 총리로 삼으셔서 나를 구원하시고 가족과 애굽과 이웃 나라까지 살리셨구나!'

이것을 요셉이 깨닫는 순간 미움, 화, 분노가 사라졌다. 왜냐

하면 그것이 다 복이었기 때문이다. "고난 당한 것이 내게 유익이라 이로 말미암아 내가 주의 율례들을 배우게 되었나이다"(시 119:71). 하나님의 율례를 깨달으면 고난도 복인 것을 알게 된다.

8.

우리도 마찬가지이다. 우리가 살아가는 세상에 우연은 없다. 우연이 발생하려면 다음과 같은 조건이 맞아야 한다. 하나님이 안 계시든지, 하나님이 계시더라도 무능하시거나 우리를 사랑하지 않으시면 우연한 일이 일어날 수 있다. 그런데 전지전능하신 하나님이 살아 계시기에 우연은 없다.

9.

그 하나님은 나를 사랑하셔서 내게 관심이 있으시고 눈동자처럼 나를 지키시며 내 머리칼을 헤아리시는 그런 분이시기 때문에 나에 대해서 실수하시는 일이 없으시다. 빈틈이 있을 수 없다. 태어나서 하나님나라로 가는 날까지 한순간도 0.01초도 하나님의 생각과 뜻에 어긋나는 일이 내게 일어날 수 없다. 그러므로 나에게 일어나는 모든 일은 필연이다. 거기에는 하나님의 뜻이 있다. 하나님의 계획이 있다. 하나님의 섭리가 있다.

10.

그런데 더 중요한 것이 있다. 나를 사랑하시는 하나님이시기 때문에 나를 향하신 하나님의 계획, 나를 향하신 하나님의 뜻과 생각이 나에게 나쁠 리가 없다는 것이다. 다 좋은 일이다. 나에게 꼭 필요한 일이다. 그래서 그런 일들을 겪게 하시는 것이다.

물론 하나님의 뜻이라고 해서 우리에게 좋은 일만 일어나지는 않는다. 아플 때도 있고, 힘들 때도 있다. 롤러코스터를 타는 것처럼 하루아침에 땅바닥으로 떨어질 때도 있다. 하지만 거기에도 다 하나님의 뜻이 있다. 힘들 때, 고난 당할 때 '하나님이 내게 이런 고난을 주시는 뜻이 무엇일까?' 생각하다가 시간이 흐른 뒤 '아, 이래서 그런 일을 겪게 하셨구나. 그때는 그래서 하나님이 고난을 주셨구나'라고 깨닫게 되면, 그것이 다 기회가 되고 축복이 되고 우리의 삶에 유익이 되는 것이다.

11.

"우리가 알거니와 하나님을 사랑하는 자 곧 그의 뜻대로 부르심을 입은 자들에게는 모든 것이 합력하여 선을 이루느니라"(롬 8:28). 우리가 하나님을 붙잡고 하나님의 뜻을 깨닫고 하나님의 사랑 안에 있으면 모든 것이 합력하여 선을 이룬다. 우리만 벗어나지 않으면 된다. 우리만 잊지 않으면 된다.

12.

"나의 갈 길 다 가도록 예수 인도하시니 어려운 일 당한 때도 족한 은혜 주시네." 내가 참 좋아하는 찬송이다. 인생에서 가장 힘들고 어려울 때 나를 살리신 하나님의 말씀, 찬송이기도 하다. 이 찬송을 부르다가 깨달았다. 힘들 때, 절망스러울 때는 그것이 하나님의 부재 때문인 줄 알았는데, 하나님은 아니라고 하신다. '난 한 번도 널 떠난 적이 없어. 너의 길을 다 가도록 내가 인도할 거야.' 그래서 '지금 여기서도 하나님이 나를 붙잡고 계시는구나. 어려운 일 당한 때도 족한 은혜를 주시네. 과거의 어려운 일도 피했으니 이 일도 피할 수 있을 거야'라는 믿음으로 일어섰던 것을 기억한다.

13.

살다 보면 힘든 일이 많다. 그 힘든 일을 겪게 하는 사람도 있다. 용서할 수 없는 사람이 있다. 지금도 있다. 그런데 용서해야만 우리가 산다. 어떻게 용서할 수 있는가? 요셉은 형들이 자신을 애굽에 팔았다고 생각하지 않고, 하나님이 생명을 구원하시려고 형들을 통해 자신을 애굽에 보내신 것이라고 생각했다. 그 순간 화가 다 풀렸다.

14.

우리도 마찬가지다. 그 일을 겪게 하신 분, 혹은 지금 겪게 하시는 분이 하나님이시다. 하나님은 모든 것을 합력하여 우리에게 더 큰 복이 되게 하실 것이다. 합력하여 선을 이루시고 복이 되게 하시고 구원이 되게 하시는 하나님을 믿어 의심치 않는 마음으로 마음에 품은 모든 분노, 화, 미움을 다 버리고 용서하며 하나님나라의 평강을 누리며 살아갈 수 있게 되기를 간절히 축원한다.

나의 갈 길 다가도록 예수 인도하시니
내 주 안에 있는 긍휼 어찌 의심하리요
믿음으로 사는 자는 하늘 위로 받겠네
무슨 일을 만나든지 만사형통하리라
무슨 일을 만나든지 만사형통하리라

나의 갈 길 다가도록 예수 인도하시니
어려운 일 당한 때도 족한 은혜 주시네
나는 심히 고단하고 영혼 매우 갈하나
나의 앞에 반석에서 샘물 나게 하시네
나의 앞에 반석에서 샘물 나게 하시네

_찬 384장

48

요셉의 토지개혁에서 배울 점

창세기 47:20-26

20 그러므로 요셉이 애굽의 모든 토지를 다 사서 바로에게 바치니 애굽의 모든 사람들이 기근에 시달려 각기 토지를 팔았음이라 땅이 바로의 소유가 되니라 21 요셉이 애굽 땅 이 끝에서 저 끝까지의 백성을 성읍들에 옮겼으나 22 제사장들의 토지는 사지 아니하였으니 제사장들은 바로에게서 녹을 받음이라 바로가 주는 녹을 먹으므로 그들이 토지를 팔지 않음이었더라 23 요셉이 백성에게 이르되 오늘 내가 바로를 위하여 너희 몸과 너희 토지를 샀노라 여기 종자가 있으니 너희는 그 땅에 뿌리라 24 추수의 오분의 일을 바로에게 상납하고 오분의 사는 너희가 가져서 토지의 종자로도 삼고 너희의 양식으로도 삼고 너희 가족과 어린아이의 양식으로도 삼으라 25 그들이 이르되 주께서 우리를 살리셨사오니 우리가 주께 은혜를 입고 바로의 종이 되겠나이다 26 요셉이 애굽 토지법을 세우매 그 오분의 일이 바로에게 상납되나 제사장의 토지는 바로의 소유가 되지 아니하여 오늘날까지 이르니라

I.

창세기는 50장까지 요셉의 이야기가 이어지다가 마무리된다. 본문에서 이야기하려는 것은 사실 조금 벅찬 내용이다. 자본주의 시대 사회에서 시행하기 어려운 말씀이다. 그래도 하나님의 뜻이 무엇인지, 기독교인은 어떻게 살아야 하는지 원리를 배울 수 있어서 내게는 큰 도움이 되었다. 이 말씀을 듣고 각자 나름대로 이 하나님의 뜻을 어떻게 내 삶에 구체적으로 적용하면서 살 수 있을지 고민하면서 살다 보면 이 말씀이 우리의 삶에 큰 축복이 되리라 믿는다.

2.

요셉은 7년 풍년 때에 모든 곡식을 저장하여 다가올 7년 흉년을 대비했다. 그리고 정말 흉년이 찾아왔다. 한 2년 정도 지나자 백성들이 다 죽게 생겼다. 그때 창고를 열어서 애굽 백성들에게 양식을 팔았다. 그런데 흉년이 길어지니 백성들에게 곡식을 살 돈이 없었다. 그래서 요셉은 백성들의 토지를 받고 먹을 것을 주었다. 결국 그 흉년의 때에 요셉은 백성들에게 애굽의 모든 땅을 사서 바로에게 바친다. 그래서 바로의 땅이 되었다.

3.

나는 이것이 처음에는 잘 이해가 되지 않았다. '요셉이 그런 식으로 정치를 하나? 재난의 때를 이용해서 백성의 토지를 몰수하고, 그것을 다 바로에게 갖다 바치다니…. 이건 기독교 정신이 아닌데? 하나님이 그렇게 하라고 하시진 않으셨을 텐데…'라는 생각에 의문이 많았다. 그런데 나중에 결과를 보니 결국은 백성들에게 굉장히 유익한 토지개혁이 되었다. 이 안에 개인의 토지 소유권을 제한하는 토지의 공개념이 있지 않았을까 해석하게 되었다.

4.

그 흉년 덕분에 애굽의 땅이 다 나라의 땅이 되었다. 바로의 땅이라는 것이 곧 나라의 땅 아닌가? 요셉은 백성들에게 그 토지를 일정하게 나누어주며 경작하게 한다. 그런데 이제는 나라의 땅이니까 세를 내야 하지 않은가? 나는 요셉이 정한 세가 참 마음에 든다. 절반으로 할 수도 있지 않은가? 옛날에 소작농을 부릴 때 입에 풀칠할 만큼만 주고 대부분 자신이 가져가는 지주도 많지 않았는가? 그런데 요셉이 정한 토지세는 20퍼센트였다. "추수의 오분의 일을 바로에게 상납하고 오분의 사는 너희가 가져서 토지의 종자로도 삼고 너희의 양식으로도 삼고 너희 가족과 어린아이의 양식으로도 삼으라"(창 47:24). 굉장히 괜찮은 조건 아닌가?

5.

그 바람에 백성들의 삶이 어느 정도는 평준화되었다. 빈부의 격차가 없을 수는 없지만, 급격한 차이는 없게 되었다. 어떤 사람은 무한정 땅을 늘려가고, 어떤 사람은 손바닥만 한 땅도 없는 불평등이 온 나라에서 사라졌다. 손이 수고하면 80퍼센트는 누구나 자기 것으로 만들 수 있는 세상이 되었다. 이것이 바로 요셉의 토지개혁이다. 나는 이 점이 참 마음에 든다. 그런데 지금 자본주의 사회를 그렇게 엎어버릴 수는 없다. 그것은 불가능한 일이다.

6.

하나님이 이스라엘 백성들을 가나안 땅에 들여보낼 때 지파별로 공평하게 땅을 분배해주셨다. 각 지파가 먹고 살 수 있게 필요한 만큼 적당한 땅을 주셨는데, 자세히 보면 소유권이 아니라 사용권을 주신 것을 알 수 있다. 그 기한은 50년이었다. 그 50년 동안 경작하다 보면 개인 능력의 차이나 사회적인 영향으로 빈부격차가 생겼다. 어떤 사람은 점점 돈을 모으고, 어떤 사람은 점점 돈을 잃었다. 정말 가난한 사람은 살기 위해서 땅을 팔고 종이 되기도 했다. 50년간 어떤 사람은 큰 거부가 되고, 어떤 사람은 남의 종이 되어 겨우 품삯을 받아서 연명하는 일들이 일어나게 되었다. 그런데 우리가 잘 알다시피 이스라엘에는 하나님이 정하신 희년이 있었다. 희년의 법은 기가 막힌다. 50년이 되는 해에는 토지를 원래의 주인에게 돌려주어야 했다. 그동안 모았던 재산은 하나님이 손대지 않으셨지만, 땅만큼은 50년이 지나면 모든 사람에게 다시 처음처럼 공평하게 회복되었다. 종도 자유할 수 있었다.

7.

땅을 많이 가졌던 부자들에게는 굿뉴스가 아니었다. 그래서 지금도 예수를 아무리 잘 믿어도 부자들은 레위기의 희년법을 싫어한다. 그런데 희년법은 가난한 자에게는 복음이었다. 가난을 대물림하지 않을 수 있었기 때문에 그들은 절망하지 않았다. 자본주의의 문제점은 가난이 대물림된다는 것이다. 부도 대물림된다. 그러나 기독교의 정신은 가난과 부의 대물림이 이어지지 않는다. 아버지 덕에 잘 사는 게 아니라, 내가 열심히 수고해서 하나님의 축복으로 잘 사는 것이다. 또한 아무리 실패했어도, 아무리 거꾸로 곤두박질쳐도 절망하지 않았다. 희망의 해가 있었다. "이제 몇 년만 더 기다리면 저 땅은 다시 내 것이 돼. 종의 신분에서 자유해져. 나는 이제 얼마 희망이 없지만 자식 대에는 희망이 있어"라며 손가락을 꼽으며 기다렸을 것이다. 이것이 희년의 정신이었다.

8.

나는 희년의 법이 부자들에게도 좋은 법이라고 생각한다. 땅이 본래대로 다시 회복됨으로 세상에는 불안이 없어진다. 분노와 미움과 시기와 좌절이 사라지니 훨씬 더 안전한 세상이 된다. 평화로운 세상이 된다.

9.

우리 큰아이는 미국에서 공부를 했고, 아이들도 거기서 학교를 다녔다. 지금은 한국에서 자리를 잡았지만, 출장 갈 일이 있을 때 가족들을 데리고 다 같이 간 적이 있다. 그런데 미국에 갈 때 며느리가 걱정하는 이야기를 들었다. 요즘 미국에서 총기사고가 자주 일어나지 않는가? 전에는 분노를 느끼는 사람을 타깃으로 일어났는데, 이제는 대상이 무작위다. 세상에 대한 화가 치밀어서 아무나 죽이는데, 쇼핑몰이나 백화점같이 사람 많은 곳을 공격한다. 손주들이 그런 일을 당할까 봐 나도 불안하다.

10.

이 불안이 다 어디서 왔는가? 따지고 보면 빈익빈 부익부 현상, 해결되지 않는 대물림, 절망에서 오지 않았겠는가? 나는 희년의 정신을 실천하고 살 수 있으면 이 세상이 평화로운 세상이 되리라 생각한다. 어떻게 이 희년의 정신을 실천할 수 있을까? 이 지나친 부의 편중을 막을 수 있을까?

11.

나는 큰 교회의 목사였지 않은가? 책도 많이 쓰고 집회도 많이 했다. 그래서 사람들이 짐작하는 대로 나는 목사이지만 재정적으로 어렵지 않았다. 쓰고 남을 만큼 돈이 늘 있었다. 그래도 그것이 다 내 돈이라고 생각하지 않고, 늘 몫을 생각했다. 먼저 하나님의 몫을 떼고, 그다음 가난한 자의 몫을 떼고, 내게 필요한 돈이 얼마인지 늘 계산하며 살았다. 그리고 절반 정도는 헌금과 구제와 선교에 힘썼다. 이를 위해 장부까지 쓰면서 끝까지 지켰다. 곡식을 거둘 때에 가난한 사람과 거류민을 위해서 밭 모퉁이까지 다 거두지 말고 떨어진 이삭도 줍지 말라는 말씀을 나름 실천하며 아이들에게 가르쳤다. 그리고 그 나머지 절반의 돈으로 아내가 열심히 살림하고 노후를 준비해서 연금도 들고 집도 하나 마련할 수 있었다. 그래서 내가 목회할 때만큼은 아니지만, 지금 노년의 때에 자녀들에게 기대지 않고 교회에 폐 끼치지 않고 경제적으로 독립하는 삶을 살게 되었다.

12.

부모님이 주신 집을 팔아서 산 땅은 은퇴할 때 희년으로 하나님께 드렸다. 세상에 내놓는 것이 옳다고 생각해서 그 땅의 절반 가격은 세금으로 냈다. 사실 그 땅은 양도 소득세를 감면받을 수 있는 여건을 갖춘 땅이었지만, 신청하지 않고 그냥 다 물었다. 나라가 있어서 내가 살았으니까 나라에 절반 주고 싶었다. 자식들도 잘 이해하지 못했지만 아버지가 하는 일에 동의해주었다.

그리고 남은 절반으로 재단을 만들었다. 하나님이 원하시는 세상으로 돌렸다. 레위기에서 배우고 요셉의 토지개혁법에서 배운 것을 나는 어떻게 실천할 수 있을까 고민하며 내 나름대로 해법을 찾은 것인데, 그것이 내게 얼마나 큰 축복을 주었는지 모른다.

13.

나는 가난해지지 않았다. 하나님이 풍족한 양식을 남겨주셨다. 아이들에게 큰 재산을 남겨주지는 못했다. 막내는 사업을 한다고 했는데 도와주지 못했다. 그런데 도와주지 못했어도 자신들의 힘으로 스스로 잘 살 수 있는 길을 하나님이 열어주셨다. 그게 더 좋은 것 아닌가? 부모의 도움을 받아야만 잘 사는 놈, 부모의 도움을 받지 않아도 스스로 잘 사는 놈 중에 어느 놈이 잘된 놈인가? 하나님의 축복은 더 크고 놀라웠다. 그리고 무엇보다도 아이들에게 신앙을 가르칠 수 있었다. 믿음은 이렇게 사는 것이라는 것을 가르쳐주서서 참 좋았다.

14.

쉽지 않다. 그러나 미루지 말고 당장 오늘부터 더 이상 쓸데없이 세상과 경쟁하며 욕심부리지 말고 세상에 풀고 흘리고 나누고 섬기는 희년의 정신, 하나님나라의 정신, 기쁨의 해를 선포하는 그리스도인의 삶을 살아가는 우리가 다 될 수 있기를 주의 이름으로 축원한다.

49

축복의 분량

창세기 49:26-28

26 네 아버지의 축복이 내 선조의 축복보다 나아서 영원한 산이 한없음같이 이 축복이 요셉의 머리로 돌아오며 그 형제 중 뛰어난 자의 정수리로 돌아오리로다 27 베냐민은 물어뜯는 이리라 아침에는 빼앗은 것을 먹고 저녁에는 움킨 것을 나누리로다 28 이들은 이스라엘의 열두 지파라 이와 같이 그들의 아버지가 그들에게 말하고 그들에게 축복하였으니 곧 그들 각 사람의 분량대로 축복하였더라

I.

뜬금없는 질문을 할 테니 한번 대답해보라. 당신은 예수를 믿는가? 당연히 믿을 것이다. 그런데 예수를 왜 믿는가? 이 질문은 굉장히 중요한 질문이다. 예수 믿는 목적이 분명해야 예수를 잘 믿을 수 있기 때문이다. 목적이 틀리면 예수도 틀리게 믿는다. 예수님의 제자들이 한 자리 차지하려는 잘못된 목적을 가지고 예수님을 따라다니지 않았는가? 당신은 왜 예수를 따라다니는가? 왜 예수의 제자가 되려고 하는가? 이

질문에 꼭 나름대로 정확한 대답이 준비되어 있어야 한다.

2.

옛날 우리 할머니, 할아버지들에게 이 질문을 하면 아마 100퍼센트 똑같은 대답이 나올 것이다. "천당 갈려고 예수 믿지." 조금 단순해 보이지만 이것이 정답이다. 예수는 천당 가려고 믿는다. 요즘 천당이라는 말은 잘 안 쓰는데, 천국도 완전한 말은 아니다. 하나님나라는 하늘(天)에만 있는 게 아니라 땅에도 있기 때문에, 천국이라고 하면 엄밀하게 하나님나라를 다 담아내지는 못한다. 어쨌든 예수 믿는 목적은 천당, 천국, 하나님의 구원이다. 예수님을 믿는 가장 큰 목적은 우리 몸과 사용의 구원이다.

3.

그런데 요즘 우리의 관심사는 좀 달라진 것 같다. 옛날엔 왜 그렇게 천당, 천당 그랬을까? 세상 사는 것이 너무 힘들어서 소망이 없어 보였기 때문이다. 그래서 옛날 흑인들이 흑인 영가를 부르며 천국을 노래했듯이, 우리도 "저 높은 곳을 향하여 날마다 나아갑니다" 찬송하며 천국을 꿈꾸며 살았다. 그런데 이제 먹고살 만하니까 우리 머릿속에서 그런 생각이 점점 사라지기 시작한 것이다. 그리고 기독교가 기복적으로 많이 기운 면이 있다. 땅에서 잘되고 형통하고 건강하고 부자 되는 축복을 바라는 쪽으로 많이 기울었다.

4.

어느 답이 맞는 것일까? 예수는 구원을 얻으려고 믿는 것일까, 축복을 받으려고 믿는 것일까? 정답은 둘 다 된다. 나는 한때 세상에서의 축복을 경시했었다. '내가 부자 되려고 예수 믿나? 세상에서 성공하려고 예수 믿나?' 생각하며 별로 관심이 없었다. 그런데 이것도 오만한 생각이라는 것을 알게 되었다. 하나님께서는 우리가 영적인 구원을 받을 뿐만 아니라 이 세상에서도 복을 받고 형통하기를 바라신다는 것을 알게 되었다. 부활도 영의 부활만 있는 것이 아니라 육의 부활도 있듯이, 이 세상과 하나님나라와 그것을 통트는 전인적인 축복과 구원이 예수님을 믿는 목적이 되어야겠다는 생각으로 바뀌었다.

5.

본문은 야곱이 죽기 전에 열두 아들을 하나하나 불러서 손을 얹고 축복하는 내용이다. 야곱의 축복에는 영적인 구원, 하나님나라에 대한 축복이 없다고 얘기할 수는 없지만, 그 내용을 잘 보면 이 땅에서 이루어질 일들, 쉽게 말하면 세속적인 축복, 기복적이라고 할 수 있는 축복이었다. 그 축복을 아버지가 아들에게 해주는데, 나는 자식을 위해 축복하고 기도하는 이 말씀이 참 좋았다.

6.

나는 아이들이 내게 "아버지, 저 이런 일을 하려고 하는데 기도해주세요. 이런 일을 위해서 준비하고 있는데 기도해주세요"라고 할 때가 가장 기쁘다. 그리고 자식을 위해서 기도할 때가 제일 행복하다. 아비 노릇을 엉터리로 했으면, 삶을 엉터리로 살았으면 자식들이 내게 축복 기도 받기를 원하지 않았을 것이다. '아버지가 기도해주시면 될 거야'라고 믿을 만한 삶을 살려면 얼마나 바르게 예수를 믿고 잘 살아야겠나 하는 생각을 해본다. 그런 의미에서 야곱의 축복 기도는 진짜 축복 기도였다.

7.

그런데 구원은 어떻게 받고 축복은 어떻게 받는가? 이게 좀 다르다. 구원은 행함으로 받는 것이 아니다. 우리가 착한 일을 많이 하고, 말씀대로 잘 살고, 하나님이 기뻐하시는 일을 많이 하는지에 따라서 구원의 등급이 갈리지 않는다. 구원은 믿음으로 얻는다. 자기가 죄인인 것을 깨닫고 통절히 회개하고 예수 그리스도의 십자가를 붙잡고 믿으면 누구든지 멸망치 않고 영생을 얻는다. 구원은 오직 은혜, 오직 믿음이다.

8.

그런데 하나님이 이 땅에서 우리에게 허락해주신 축복은 행함으로 얻는 것이다. 본문 28절의 야곱의 축복을 보면 눈치

챌 수 있다. "이들은 이스라엘의 열두 지파라 이와 같이 그들의 아버지가 그들에게 말하고 그들에게 축복하였으니 곧 그들 각 사람의 분량대로 축복하였더라"(창 49:28).

각기 다 달랐다. 축복의 내용에 그 아들들이 살았던 삶이 반영되었다. 시므온과 레위는 저주를 받았다. 그들의 누이인 디나가 세겜 추장에게 강간당했을 때 세겜의 모든 남자가 할례를 받으면 디나를 아내로 삼게 해주겠다고 거짓말했기 때문이다. 그리고 세겜의 모든 남자가 할례를 받고 고통스러워 움직이지 못할 때 기습하여 칼로 진멸했다. 그렇게 살았으니 그들의 분량대로 하나님의 복을 받지 못한다는 것이다.

9.

시편 1편에도 이런 말씀이 있다. "복 있는 사람은 악인들의 꾀를 따르지 아니하며 죄인들의 길에 서지 아니하며 오만한 자들의 자리에 앉지 아니하고 오직 여호와의 율법을 즐거워하여 그의 율법을 주야로 묵상하는도다"(시 1:1,2). 이것은 조건절이다. 복 있는 사람은 하나님의 율법을 즐거워하여 묵상하고 지키며 살아야 한다. 그러면 시냇가에 심은 나무처럼 철을 따라 열매를 맺는 축복을 받는다(시 1:3).

10.

반면에 복이 없는 사람도 있다. 복 없는 사람을 악인들의 꾀를 따르는 자라고 한다. 율법을 따라 사는 사람이 아니라 세상식대로 사는 사람이다. 이런 사람에게는 하나님의 축복이 임하지 않는다. 이것이 굉장히 중요하다. 하나님이 우리에게 주신 십계명에 특히 "네 부모를 공경하라"라는 말씀이 있다. 그러면 "땅에서 네 생명이 길리라"는 하나님의 축복을 약속해주셨다. '땅에서'라는 말이 참 귀하다. 하나님의 축복은 하나님나라에 가서만 받는 것이 아니라 이 땅에서도 받는 것이다. 땅에서 잘 되는 것도 하나님이 주고 싶어 하시는 축복이다. 하나님은 우리가 땅에서도 잘 되기를 바라고 계신다. 우리가 땅에서도 복 받고 사는 사람들이 되기를 바란다.

II.

축복의 분량은 쌓지 않고 하나님의 축복을 받기를 바라는 것은 미신이다. 하나님의 말씀대로 순종해서 하나님이 약속해주신 우리의 분량대로 넘치게 주시는 하나님의 축복의 증인들이 다 될 수 있기를 주의 이름으로 축원한다. 그래서 믿음으로 구원을 얻고, 말씀대로 살아서 축복받는 날기새 친구들이 다 되었으면 좋겠다.

예수 따라가며 복음 순종하면 우리 행할 길 환하겠네
주를 의지하며 순종하는 자를 주가 늘 함께하시리라
의지하고 순종하는 길은 예수 안에 즐겁고 복된 길이로다
_찬 449장

I.

내 삶을 돌아보니 하나님이 한 10년 주기로 나에게 새로운 일거리와 소명을 주신다는 생각을 하게 된다. 40대에는 참 힘든 소명이었는데, 교회 개혁이라는 일을 나에게 주셨다. 도망가고 싶었다. 그 일은 정말 맡고 싶지 않았다. 그런데 결국 도망가지 못했다. 40대 담임 목회하면서 《생사를 건 교회 개혁》이라는 책을 썼다. 그 책이 한국교회의 개혁에 쓰임 받으면 좋겠다고 생각하고 내가 목회하는 교회부터 개혁해보려고 애썼던 해였다. 내 인생에서 가장 힘들고 고통스러웠던 해라고 할 수 있다. 꼭 죽고 싶을 만큼 힘들었다. 목산데.

2.

교회를 개혁한다는 일이 쉽지 않았다. 내가 생각하는 교회 개혁의 화두랄까, 목표는 하나였다. 교회의 주인은 하나님이시라는 것이다. 교회의 주인은 하나님이신데 교회가 점점 커져가고 돈도 많아지고 사람들 숫자도 많아지다 보니 은근히 사람들이 주인 노릇하기 시작했다. 목사가 주인 되고, 장로가 주인 노릇하려 하고, 돈 많은 사람, 교회 오래 다닌 사람이 교회 주인인 양 행세한다. 그렇게 교회 주인이 바뀌면서 교회가 타락하고 있다는 느낌을 강하게 받았다. 그래서 사람이 주인 되고자 하는 모든 것을 시스템으로 막아버리고 하나님만 주인이 되시는 교회를 해보려고 애썼다.

3.

50대에는 교회를 개척하게 해주셨다. '생사를 건 교회 개혁'에서 하나님이 주셨던 마음과 생각했던 일들을 실험적으로 해볼 수 있는 모델 하우스 같은 교회를 해보고 싶다는 마음을 하나님이 주셔서 그 교회 사역을 했다. 그게 높은뜻숭의교회 개척이었다. 사람이 주인 되지 못하게 하기 위해 이런 제도도 만들고 저런 제도도 만들면서 실험적으로 10년 가까이 열심히 목회했다. 세상에 완벽한 교회가 어디 있겠는가? 그런데 부족하지만 그래도 흉내라도 내보려고 발버둥 치는 목회를 했었다. 쉽지는 않았지만 내 50대는 비교적 참 행복했다.

4.

50대가 지나고 60대를 앞두었을 때, 모델 하우스 같은 높은뜻숭의교회가 하나님께도 좋은 평가를 받을 수 있을지는 확신할 수 없지만 인간적으로 볼 때는 제법 좋은 교회가 되어 있었다. 그런데 그 마지막 때 굉장히 중요한 걸 깨달았다. 장로가 주인 노릇 못하게, 돈 많은 사람이 주인 노릇 못 하게 하는 일은 제법 성공적으로 해냈는데, 내가 한 사람을 놓쳤다는 걸 알게 되었다. 그게 나였다.

5.

그래서 50대를 마감하고 목회를 마감하면서 세운 목표는 높은뜻숭의교회에서 김동호를 제거하는 것이었다. 이것이 내가 세운 건방진 목표였다. '내가 없어도 되는 교회가 되어야 한다.' 그때 내 목표는 늘 느보 산의 모세였다. 가나안 땅에 들어가지 않고 거기서 원로 노릇하지 않고 그냥 홀로 외롭게 느보 산에 올라가서 죽으라 하신 하나님의 말씀에 순종하여 자기를 죽인 모세. 그게 내 목표였다.

6.

그래서 50대 말과 60대가 되면서 한 것이 은퇴 준비였다. 그때 내가 운영하는 페이스북에 가장 많이 올렸던 글의 주제가 은퇴다. "이렇게 은퇴하고 싶습니다, 은퇴하면 이런 사람 되고 싶습니다, 이렇게 은퇴해야 될 것 같습니다" 같은 얘기들을 올무 삼아 많이 늘어놓았다. 자꾸 말해놓으면 내가 내

말에 걸릴 테니, 그러면 그 흉내라도 낼 테니 참 많이 했다. 그리고 온전하진 못했지만 그래도 그 흉내는 내서 무사히 높은뜻숭의교회에서 발을 잘 뺄 수 있었다. 교회를 넷으로 분립하고 후배 목사님들에게 교회를 맡겨드리고 교회에서 완전히 손을 떼는 일을 연습하고 실천하느라고 시간을 꽤 많이 썼다. 인간적으로는 섭섭한 마음도 있었고 허전한 마음도 있었지만 돌이켜 생각해보면 '아, 그때 생각하고 시도했던 일이 내 인생에 참 좋았다. 감사하다'는 생각이 절로 든다.

7.

높은뜻숭의교회에서 손을 뗀 후에 내가 지금까지 한 일은 NGO사역이었다. 재단을 만들고 사회복지재단을 만들었다. 나는 교회 사명이 세상을 섬기는 것이라고 생각했다. 교회는 교회를 위해서 존재해서는 안 된다고 생각했다. 교회의 목적은 세상이고, 이 세상에 하나님의 식과 법을 퍼뜨리고 하나님나라를 건설하는 데 일조하는 일이다. 그런데 그 일이 하나는 복음을 전하고 선교하는 일을 통해 이루어지고, 또 하나는 이 땅에 가난하고 소외된 사람, 하나님이 늘 관심을 갖고 계시는 소자들을 잘 섬기는 일을 통해 이리와 어린 양이 함께 뒹구는 세상의 한 모델을 만들어가는 일을 통해서도 이루어진다고 믿는다.

8.

그래서 은퇴를 준비하면서부터 열매나눔재단과 열매나눔인 터내셔널이란 두 재단을 세워서 탈북자들이나 쪽방에 사시는 분들이나 아프리카 등의 빈곤국가들을 섬기는 일들을 했다. 하나님이 그 일을 축복해주셔서 그 일을 진행하는 한 10년 동안 참 기뻤다. 65세에 교회를 은퇴하면서 그 재단도 다 손에서 떠나보냈다. 지금은 후배 목사님들이 더 훌륭하게 사역을 이어가고 있다.

9.

그때 재단 사역과 함께 열심히 했던 또 하나의 일은 학교 세우는 일이었다. 내가 기독교 교육을 전공했기 때문에 기독교 교육을 할 수 있는 기독학교를 세우면 좋겠다는 생각을 늘 해왔는데, 하나님이 그 마지막 소원을 들어주셔서 천안에 높은뜻씨앗스쿨을 세웠다. 이제 첫 졸업생을 배출했고, 졸업한 아이들이 갈 수 있는 중학교도 시작됐다.

10.

이제 내가 70을 앞두고 있는데, 하나님이 한 10년이 지난 지금 또 새로운 소명을 주셨다. 그것은 생각지도 않았던 암 발견으로 시작됐다. 내가 암에 걸리고 암에 대해 이런저런 생각을 하다가 '암 환우들과 보호자들을 돕고 싶다. 내가 저들의 육체적인 질병을 치료해줄 수는 없지만 저들의 마음과 믿음을 지키는 일을 돕고 싶다. 이 일을 위해서 하나님이 나를 쓰시려는가 보다' 하는 마음을 받았다.

II.

암 수술을 하고 병상에 올라온 날 하나님이 내 마음에 주신 말씀이 이사야서 40장 1절의 "내 백성을 위로하라"(Comfort My People)는 말씀이다. 참 전율하면서 그 말씀을 받았다. 그래서 시작된 사역이 '날마다 기막힌 새벽' 유튜브 방송과 암 환자와 보호자들을 위한 'CMP ; Comfort My People'(내 백성을 위로하라) 집회였다.

12.

'날마다 기막힌 새벽'은 내 인생에 괴롭고 힘들었던 때, 육체적으로 보면 바닥이었을 때 시작한 사역이다. 그래서 얼마나 애착이 가는지 모른다. 그래서 알았다. 이제 70대가 되어서 하나님이 '네가 목사 아니냐? 하나님의 말씀 붙들고 하나님 말씀으로 날마다 하나님의 백성을 위로하고 깨우치는 일을 죽을 때까지 하다 가라' 하시는 것으로 받아들였다. 내 인생의 마지막 소명이라고 생각하고 이 일 하다가 하나님의 부름을 받으면 참 좋겠다 싶다.

13.

내가 환갑 때 환갑 잔치 대신으로 선교사가 하는 인도의 병원을 후원했던 일이 있었는데, 그때 큰아들이 미국에서 유학 중이었다. 그때 그 아이가 나한테 편지를 써주었다. 아비에게 참 격려가 되는 편지였다.

"저는 아버지의 40대가 전성기인 줄 알았습니다. 아버지 인생에 제일 힘든 때였지만 하나님이 주인이시고 사람들이 주인 노릇 못하게 싸우는 그때가 아버지의 전성기인 줄 알았습니다. 그런데 50대를 보니까 느닷없이 큰 교회 그만두고 교회 개척하는 걸 보면서 '우와 우리 아버지는 50대가 전성기네'라는 생각을 했습니다. 그런데 그 사역도 무사히 잘 내려놓고 NGO 사역을 하는 모습을 보니 우리 아버지는 60대가 전성기시네요. 아버지는 지금이 전성기입니다."

그러면서 마지막에 이렇게 썼다.

"아버지의 70대가 기대됩니다."

14.

"나도 내 70대가 기대된다" 하면서 답장을 보냈던 기억이 있다. 내 70대는 암으로 출발했다. 사실, 많이 힘들었다. 심적인 타격도 있었고, 육체적으로도 많이 힘들었다. 그런데 거기서 새로운 소명을 발견했다. 얼마나 좋은지 모르겠다. 날마다 기막힌 새벽 때문에 내 인생의 마지막 때도 내 전성기가 될 것 같다.

15.

많은 사람들이 나한테 비전이 뭐였냐고 물을 때 나는 당황했다. 내게 비전이 없었다는 걸 깨달았기 때문이다. 내 비전은 없었다. 그런데 그때마다 주시는 하나님의 생각과 하나님의 마음이 늘 있었다.

16.

하나님의 생각이 꽤 자주 바뀌셨다. 교회 개혁, 모델 하우스, 재단사역, 그러다가 날마다 기막힌 새벽. 나는 그것이 하나님의 젓가락이라고 생각했다. 하나님이 어느 때는 이 반찬을 드시고 싶어 하시고, 어느 때는 저 반찬을 드시고 싶어 하시는데, 그럴 때마다 그 반찬을 준비해내는 게 내 비전이라고 생각했다. 그렇게 살았더니 참 행복했다. 힘들기도 했지만 많이 행복하고 돌이켜보니 감사한 것뿐이다. 나에게 얼마나 큰 축복인지 모른다. 많은 이들과 이 마지막 사역 길을 함께 걸어가고 싶다.

날기새 : 힘든 세상에서 천국 살기

초판 1쇄 발행	2020년 7월 10일
초판 10쇄 발행	2024년 6월 28일

지은이　　　　김동호

펴낸이　　　　여진구
책임편집　　　이영주
편집　　　　　박소영 최현수 안수경 김도연 김아진 정아혜
책임디자인　　노지현 | 마영애 조은혜 이하은
홍보·외서　　 진효지
마케팅　　　　김상순 강성민　　　　마케팅지원　　최영배 정나영
제작　　　　　조영석 허병용　　　　경영지원　　　김혜경 김경희

303비전성경암송학교 유니게과정
이슬비전도학교 / 303비전성경암송학교 / 303비전꿈나무장학회

펴낸곳　　　　규장

주소　06770 서울시 서초구 매헌로 16길 20(양재2동) 규장선교센터
전화　02)578-0003　　팩스　02)578-7332
이메일　kyujang0691@gmail.com　　홈페이지　www.kyujang.com
페이스북　facebook.com/kyujangbook　　인스타그램　instagram.com/kyujang_com
카카오스토리　story.kakao.com/kyujangbook
등록일　1978.8.14. 제1-22

책값　뒤표지에 있습니다.
ISBN 979-11-6504-096-3　03230

규 | 장 | 수 | 칙

1. 기도로 기획하고 기도로 제작한다.
2. 오직 그리스도의 성품을 사모하는 독자가 원하고 필요로 하는 책만을 출판한다.
3. 한 활자 한 문장에 온 정성을 쏟는다.
4. 성실과 정확을 생명으로 삼고 일한다.
5. 긍정적이며 적극적인 신앙과 신행일치에의 안내자의 사명을 다한다.
6. 충고와 조언을 항상 감사로 경청한다.
7. 지상목표는 문서선교에 있다.